W0203050

Hamilelik Gelişmesi

-> Cinsiyet

-> Para kaygısı

Doğum esnasında

Çocuğu kucağına alma

Doğumdan sonra

Emziği Atma!

-> Başına hafif vurup! Güvendesin bu sesin

suçun değil. Güvendesin!!

DOĞAN KİTAP TARAFINDAN YAYIMLANAN DİĞER KİTAPLARI

Beynine Format At
Sağlığına Format At
Yıka Beynini
Neuro Aşk
Gecikmeli Teslimiyet

ANNE BENİ İYİLEŞTİR

Yazan: M. Barış Muslu
Editör: Handan Akdemir

Yayın hakları: © 2022 Doğan Yayınları Yayıncılık ve Yapımcılık Ticaret A.Ş.
Bu eserin bütün hakları saklıdır. Yayınevinden yazılı izin alınmadan kısmen veya
tamamen alıntı yapılamaz, hiçbir şekilde kopya edilemez, çoğaltılamaz ve yayımlanamaz.
1. baskı / Haziran 2022 / ISBN 978-625-8344-27-1
Sertifika no: 44919

Kapak tasarımı: Cüneyt Çomoğlu
Kapak fotoğrafı: Muhsin Akgün
Sayfa uygulama: Taylan Polat
Baskı: Mega Basım Yayın San. ve Tic. A.Ş.
Cihangir Mah. Güvercin Cad. No: 3/1
Baha İş Merkezi. A Blok Kat: 2
34310 Haramidere-İstanbul
Tel. (212) 412 17 00
Sertifika no: 44452

Doğan Yayınları Yayıncılık ve Yapımcılık Ticaret A.Ş.
19 Mayıs Cad. Golden Plaza No. 3, Kat 10, 34360 Şişli - İSTANBUL
Tel. (212) 373 77 00 / Faks (212) 355 83 16
www.dogankitap.com.tr / editor@dogankitap.com.tr / satis@dogankitap.com.tr

Başlangıç: 02.05.23
Bitiş: 12.06.23

Anne Beni İyileştir

M. Barış Muslu

Doğan Kitap

İçindekiler

Giriş

Kitabıma hoş geldiniz!

Yeni bir kitapla sizinle buluşmanın heyecanı içindeyim!

Buluşmanın ötesinde bir nedeni daha var heyecanımın: Bu kitabın ortaya koyduğu gerçekler ve anlatacağım vakalar dünyaya ve varoluşa bakışınızı tümden değiştirebilir! Bunu paylaşıyor olmak da benim için ayrıca heyecan verici.

Artık hepiniz biliyorsunuz. Ben bir mühendisim. Bu ne demek? Tamamen pozitivist yani bilim temelli bir eğitimim var. Dünyaya da hep bu gözlükle baktım. Bilimsel olarak ispatlanamayacak hiçbir şey benim için geçerli değildir desem yeridir. Bilimsel karşılığı varsa bana göre tamamdır yoksa çok da itibar etmem! Buydu yaklaşımım.

Peki nedir bilim temelli yahut pozitivist yaklaşım? Bu bakışa göre her şey maddedir. Her şeyin belli sınırları vardır. Bir canlı da hücreleriyle, içinde barındırdığı bakterilerle beraber olsa da yine sınırları olan bir varlıktır. Benim sınırlarımın bittiği seninkilerin başladığı yer vardır...

İtiraf edeyim NeuroFormat'ın bugün geldiği yer bu pozitivist ve saf bilim temelli bakışımı önce biraz sarstı. Çünkü "bildiğimiz" bilimin açıklayamayacağı şeyler olmaya başlamıştı. Başlarda şöyle dedim: Enteresan! Belki bir tesadüf! Münferit bir olay da olabilir... Sonra sonra peş peşe gelen hikâyeler artık istatistiki olarak da öyle çoğaldı ki tesadüf olma sınırlarını aştı!

Olan biten iyileşmeler, anlatılan hikâyeler öyle çarpıcı, öyle şaşırtıcı ve ezber bozan nitelikteydi ki yaşananlar ispatın önünde gidiyordu. Evet, bu cümleyi tekrar okuyun: yaşananlar ispatın önünde gidiyordu. Bu inanılmaz, fenomenvari durumları dinledikçe bir yandan da bu mucizevi durumların bilim temelli ispatı üzerine düşünmeye başladım. Malum mühendis kafası! İspatı olmadan inanmam bakış açısı...

Bu kitabın en çarpıcı bir diğer yönü de bu işte. Ortaya tüm varoluşu, makro anlamda iyileşme dediğimiz şeyi anlamlandırabilecek yeni bir tez koyması. O yüzden sadece yeni bir kitaba değil iyileşme mantığını açıklayacak yepyeni bir teze de beraberce şahitlik ediyoruz!

Evet, dünyadaki her şeyi anladığımı iddia etmiyorum. Her şeyi bildiğimi de iddia etmiyorum. Ama akılla mantıkla anlaşılmayacak pek az şey olduğunu düşünürüm hâlâ. Anlayamadığımı ise bilim bir gün açıklar diye düşünürüm. Ve NeuroFormat tekniğinin kendisi, tonlarca iyileşme olup biterken adeta bir kez daha kendini bir üst sürüme çıkardı. Bilimin geldiği yeri yaya bıraktı.

İyileşmelerde geldiğimiz akıl almaz nokta. Bizi birbirimize bağlayan görünmez bağlar. Ve şimdi bu bağların mantığını ortaya koyduğum bu kitap. Yani müthiş eşik!

Görünmez bağlar!

Çocuk sahibi olmak dünyanın en muhteşem deneyimi! Ben de kızım olduktan sonra bu mucizevi deneyimi yaşadım. Her günü bir hediyeye dönüştüren bir şey benim için baba olmak. "İnsan çocuk sahibi olunca kartlar yeniden dağıtılıyor." Çok sevdiğim birine aittir bu cümle. Kastettiği, yaşamda ne gibi öncelikleriniz olursa olsun bir kez çocuğunuz oldu mu bu önceliklerin sıralamasının kökten değiştiği. Her şeyin artık çocuğunuzun mutluluğu, sağlığı, esenliği için yeniden düzenlendiği. Bu girizgâhın nedenini ise birazdan anlatacağım...

Beni takip edenler biliyorlar ama bilmeyenler için söyleyeyim. 3,5-4 senedir sosyal medya üzerinden hemen her akşam canlı yayın yapıyorum. Çok nadir, ekstrem durumlarda o günü pas geçtiğim, yayın yapmadığım oluyor ama neredeyse her gün iyileşme hikâyelerini bizzat yaşayanlar yayına katılarak anlatıyorlar.

Binlerce binlerce iyileşme hikâyesi duydum. Bu yayınlar üzerinden sizlerle paylaştım. Ve bu iyileşme hikâyeleri arasında öyle çarpıcı, öyle ezber bozan vakalar vardı ki, sık sık kendimi "Bu kadarı da olabilir mi?" derken buldum. Evet! Tekniği geliştiren benim. 40 civarı uzman psikolog çalışanım var ve kurduğumuz merkezde her gün danışanların iyileşmez denilen rahatsızlıklardan iyileşmelerine katkı sağlıyorlar. Ama bir yandan da sosyal medya üzerinden hep beraber en ama en sıradışı iyileşmelere tanık oluyoruz. Adeta dünyanın en canlı "iyileşme laboratuvarında" beraber yaşıyoruz! Eşzamanlı olarak laboratuvar ve sistem de kendi kendini sürekli güncelliyor, üst sürümlere çıkarıyor. Müthiş bir duygu bu benim için.

Hiç bilmeyenler için NeuroFormat'ın ne olduğunu, nasıl mucizeler yarattığını, hangi tekniklerle yapıldığını hızlandırılmış özet bir ders niteliğinde ilerleyen sayfalarda paylaşacağım. Ama şu kadarını söyleyeyim; NeuroFormat tekniğinin en basit tanımı şudur: Bütün hastalıkların kaynağı beynimizdir. Beynimiz travma anlarında bedene kendince "hayatta kalmayı garanti altına almak" amaçlı komutlar gönderir ve bizim egzamadan kansere, diyabetten çoklu besin alerjisine, fobilerden obeziteye çeşitli isimler verdiğimiz durumların tümünün altında yatan neden bu komutlar ve bu komutlarla başlayan süreçtir. Travmayı bulur, temizlemeyi başarırsak süreç tersine döner! Hastalık, fobi, kilo, değersizlik... artık adını siz koyun sorun neyse o çözülür!

İşte en hap haliyle NeuroFormat'ın tanımı...

Şimdi baştaki girizgâha, çocuklarımıza dönelim... Bu kitabın ilhamını biraz da çocuklardan aldığını söylesem hiç yanlış olmaz! Onlar kıymetlimiz, geleceğimiz. Ve girişten itibaren anlattığım, beni NeuroFormat 3.0 noktasına getiren, bir tür "bağlar tezi" için uzun zamandır çalışmama vesile olanlar da bir anlamda çocuklarımız!

Doğrusunu söylemek gerekirse NeuroFormat sistemini geliştirdiğim ilk günlerden beri çocuklarla çalışmaya hep mesafeli durdum. Çok da mantıklı bir gerekçesi vardı bunun. Bana çocuklarının sağlık sorularıyla ilgili soru soranlar çok oluyordu. Elbette morallerini bozmak istemiyordum ama elimin kolumun bağlı olduğu bir noktaydı burası, adeta gri bir alandı. Neden mi? Çok bariz bir nedeni var. NeuroFormat sisteminin işe yaramasının en önemli koşullarından biri travmayı bulmak! Sağlık sorunu olan bir çocuktan travmasını hatırlamasını nasıl beklersiniz? Yahut bir bebekten? Diyelim ki bir şeyler hatırladı. Nasıl temizlersiniz? Hayli zorlu, çetrefil bir durum! Bu yüzden çocuklarla ilgili soruları, sorunları pek yayına almadım. Ama gelin görün ki son birkaç yıldır yayınlarımızın en popüler konularından biri de çocukların iyileşmesi oldu! Hem de ne iyileşme hikâyeleriyle.

İşte bu kitabı çok çok önemli yapan nokta! Bağlar tezi ve iyileşen çocuklar... Kitabımın ismini *Anne Beni İyileştir* koymamın nedeni de bu işte. Ayrıca ister büyük ister küçük olsun ötekini iyileştirmek! Bir başkasının travmasını temizlemek...

Biraz açayım: Önceki kitabım *Gecikmeli Teslimiyet*'i bu yeni kitabın yakında geleceği müjdesiyle bitirmiş ve size *teaser* niyetine birkaç vaka anlatmıştım.

Bu vakaların en ilginç olanlarından biri de Senem'in hikâyesiydi. Senem'in üç yaşındaki kızında çoklu gıda alerjisi vardı. Ne yese dokunuyor, vücudu kabarıyor, derisi pul pul oluyordu.

NeuroFormat tekniğinden canlı yayınlar sayesinde haberdar olan, kitaplardan da sadece birini, *Beynine Format At*'ı okuyan Senem biraz da el yordamıyla bir çalışma yapmış ve kızının gıda alerjisi adeta sihirli değnek değmiş gibi geçmişti! Peki neydi bu sihrin sebebi derseniz... Zorlu bir doğum olmuştu Senem'inki. Kordon sarkması yaşanmış, bebek bir süre nefessiz kalmış ve yaşamının ilk 21 gününü kuvözde geçirmişti.

Senem NeuroFormat tekniğini yine dediğim gibi el yordamıyla uygulayarak kızına doğduğu günü ve takip eden zamanları –kızı uyurken– mırıl mırıl anlatıyor. Adeta uykudaki çocuğa masal anlatır gibi. "Doğum böyle zor oldu, sonra seni yanımdan aldılar ama ben seni hep kapıda bekledim. Belki de korktun ama biz hep oradaydık" gibi ve benzeri cümleler kurarak. Yine hatırlatayım, kızı uykudayken! Kızı bir süre sonra uyanık halde de sorular soruyor. "Ben nasıl doğdum, ne olmuştu anne?" diye. Senem tekrar anlatıyor. Aslında o 21 günlük ayrılık süresince kızını hiç bırakmadığını söylüyor. En özet haliyle anlattığım bu hikâyenin sonucunda ise kızının çoklu gıda alerjisi geçiyor. Burada kullandığı birinci teknik uykuda konuşma... Bunun detaylarını da ilerleyen sayfalarda öğreneceksiniz...

Bir de Reşide Hanımcığımız vardı. O da NeuroFormat'a gönül verenlerden. Onun derdi kocasının aşırı cimri olmasıydı. Reşide Hanım kocasının gençlikte bir cinsel utanma travması olduğunu öğrenince kocası uyurken ona çalışma yapmıştı. Kocası uykudayken ona "Sen şunu yaşadın, böyle utandın, ama geçti" gibi gibi cümleler etmişti. Ve finalde, bize anlattığına göre, cimri koca cömert kocaya dönüşmüştü... Yine uykuda çalışma... Yine travmayı yaşayanın değil ötekinin temizlemesi...

Bir diğer vakada ise şu oldu: Bir gün yayına bir genç bağlandı. 25 yaşında. Glokoma hastası ve diyor ki "Hocam Allah sizden razı olsun!" "Ne oldu ki?" dedim. Anlattı. Annesi, hamilelikte yaşadığı travmasını temizliyor, 25 yaşındaki oğlunun glokomunda iyileşme yaşanıyor. "Annen sana çalışma yaptı, değil mi?" diyorum. Yanıt: "Hayır hocam, kendine yaptı ve ben daha iyi görmeye başladım."

Bu vakaları böyle üçer beşer cümleyle anlattım ama kitabın devamında çok daha çarpıcı, dudak uçuklatan hikâyelere birlikte şahit olacağız...

Peki şimdi soralım: Bu hikâyelerin ortak noktası nedir? Yanıtı sizin de bulduğunuzu tahmin ediyorum ama ben yine de söyleyeyim: Çalışmayı başka biri yapıyor, iyileşen bir diğeri oluyor! Yani bir başkasının iyileşmesi... Yani aramızdaki bağlar...

Oysa dediğim gibi çocuklukta başlayan şeyler veya bir hastalıkla doğan çocuklar benim için hep gri alandı. Çünkü NeuroFormat'ın çıkış noktası kendi beynimizdi. Sen bir travma yaşadın. Beynin birtakım süreçler başlattı. Travmayı temizle, o süreçler geri dönecek noktasıydı.

Şimdi o gri alan, çığır açıcı şeylerin ortaya çıktığı, sadece bize danışan, yayınlarımıza katılanları değil beni de büyük bir heyecana sürükleyen bir iyileşme havuzu haline geldi. Sadece çocuklar da değil; büyüklerde yapılan çalışmaların da bir diğerine etkisi NeuroFormat sistemini yepyeni boyutlara taşıyan yeni bir tezin oluşmasına neden oldu.

Tekrar söylemek isterim ki hayatı çok madde olarak görmeye alışmış, alıştırılmış, tamamen Batı tedrisatında eğitimden geçmiş biri olarak bu yazdıklarımı yazmaktan, bu iyileşmeleri anlatmaktan, hatta uzaktan iyileşmelere çok mesafeli bakmış biri olarak bu söylediklerimi söylemekten çok da gurur duymuyorum.

Hatta yayınlarımda sık sık Hababam Sınıfı'nın meşhur İnek Şaban sahnesinde olduğu gibi şakayla karışık şöyle derim: Tünelin ucu bombok bir yere çıktı!

Ama binlerce kanıt gösterdi ki özellikle duygu yükseldiği zaman çok daha farklı bir dünya sözkonusu. Ve ben bunları, gördüklerimi, tecrübe ettiğimiz iyileşmeleri, bana ne kadar inanılmaz gelse de yazmadan edemezdim. Bu kanıtları görmezden gelemezdim.

Bu kitapta işte bunları konuşacağız. Hatta bugün bildiğimiz anlamda bilimin bildiğinin de ötesine uzanacağız. Demiş olayım, çok ama çok şaşırmaya hazırlıklı olun...

Bilim ne biliyor?

Kitabın başında da söyledim. Bilimle açıklanamayan hiçbir şeye prim vermeyen bir yapım var. Taa ki NeuroFormat'ın bizi getirdiği noktayı görene kadar. (Onu da bilim temelli açıklayacağım tabii, hiç merak etmeyin.) Hayatta yetenekli olduğun konu nedir diye sorsanız hiç düşünmeden matematik ve analiz derim. Okul hayatıma bakan herkes de bunu onaylayacaktır. Amerika'da iki senede liseyi, üç senede elektrik elektronik mühendisliği bölümünü dereceyle bitirdim. Matematik kafalıyım. Analitik bir kafam var.

Şimdi çok hızlı bir tur yapalım. Bilim nedir, daha doğrusu bilim dünyayı nasıl açıklar ona bir bakalım...

Bugün bilimsel kabul ettiğimiz pek çok şeyin temelinde hani hepimizin lise yıllarından çok iyi hatırladığı Newton var. Newton çok büyük bir başlangıç yapıp özellikle üç temel yasayla fiziği mekanik bazda tanımlayan kişi. Bugün inşaat yapabiliyorsak, giden bir arabanın frene basıldıktan ne kadar süre sonra duracağını biliyorsak, birbirine çarpan iki bilardo topundan hangisinin hangi yöne gidebileceğini öngörebiliyorsak bunların hepsi Newton sayesinde.

Oysa 1800'lerin ortasından itibaren yepyeni bir fizik ortaya çıkıyor. Kuantum fiziği. İkisi arasında ne fark var ve konumuzla ne ilgisi var derseniz çok özet bir şekilde açıklayayım. İlerleyen bölümleri anlamak için faydası olacak.

Newton fiziği nispeten orta "büyük"lükte ve yavaş cisimlerin fiziğini inceliyor. Biz Newton fiziğini yaşadığımız hayatta rahatlıkla kullanıp işimizi görebiliyoruz. Ama ne yazık ki Newton fiziğinin unuttuğu, çözemediği iki farklı dünya var. Dünya ve evren asla ve sadece Newton fiziğiyle anlatılamaz.

Zaten bu yüzden de atom altı parçacıklarının yani mikro evrenin incelendiği yepyeni bir fizik teorisi oluştu. Buna da kuantum fiziği dendi. Yani kuantum fiziği de bunu anlatıyor. Atom ve atom altı parçacık boyutundakileri inceliyor.

Buradaki durumlar ise mevcut dünyayla hiçbir şekilde bağlantısı olmayan, inceleyenlerin bile tamamen hâkim olamadığı, beyin yakıcı sonuçları ve kuralları içeriyor.

Çok daha büyük nesnelere, gezegenlere, kara deliklere, ışık hızına yakın hareketlere geldiğimizde ise Einstein'ın ortaya çıkardığı görelilik yahut Rölativite Kanunu'nu ve fiziğini konuşmaya başlamış oluyoruz.

Yani şöyle söyleyeyim. Aslında baktığımızda tek bir evren varsa, tek bir fizik yasası bunu anlatabilmeli. Oysa fizik biliminin en büyük sorunu, evren tek olmasına rağmen bütün evreni anlatan tek bir fizik teorisinin olmaması!

Sorun şurada: Birbiriyle hiç ilgisi olmayan iki farklı yasa aynı evreni anlatmaya çalışıyor.

Çok küçük cisimler için ayrı çok büyük cisimler için ayrı iki farklı fizik modeli kullanılıyor.

Fizik bilimi dünyasının en büyük arayışı da tek bir genel teoriyle bütün evreni anlatmaya çalışmaktır. Hani "her şeyin teorisi" diye bir ifade var ya. İşte aslında aranan teori tam da bu. Yani evreni tek bir teoriyle anlatma çabası...

Ama bunun çok da kolay olmadığını biraz derinine baktığımızda anlıyoruz.

Klasik fizik bakış açısı madde gibi görünen her şeyi gördüğü şekliyle inceler, evrenin katı maddelerden oluştuğunu varsayar. Ama odağımızı işin özüne çevirdiğimiz zaman yani maddenin çok daha özüne gidip atom altı parçacıklara baktığımızda aslında yapının çok daha farklı olduğunu görüyoruz. Farklı ne kelime. Hatta oralara indiğimizde görüyoruz ki aslında ortada madde diye bir şey bile yok.

Sizleri bilimsel detaylarla çok sıkmak istemiyorum ama bu nokta çok önemli.

Kuantum alan teoremine göre evren dediğimiz yapı yani evrende gördüğümüz canlı-cansız her şey aslında madde değil.

Peki o zaman ne? Kuantum alan teoremine göre madde dediğimiz şey on altı farklı atom altı parçacığına ait alanın birbiriyle etkileşiminden oluşuyor.

Bu söylediklerimin kulağa çok karmaşık geldiğinin farkındayım. Ama anlatmak istediğim aslında ortada hani hepimizin duyduğu elektron, proton dediğimiz atom altı parçacıkların da olmadığı.

İyi de bir elektron bile yoksa elektronlar nasıl oluşuyor?

Bu alan teorisine göre evreni tamamen kaplayan 16 farklı alan var. Bunlardan biri olan elektron alanında belirli seviyede enerji titreştiği zaman ve alan elektron alanı olduğu için tam da orada bir elektron oluşuyor. Elektronun oluşmasının tek sebebi o alanda enerji seviyesinin belli bir eşiğin üzerine çıkması. Yani elektronu oluşturan saf, doğru yerde titreşen enerji. Ve diğer atom altı parçacıkların oluşması da aynı prensibe dayanıyor.

Aslında her şeyi ortaya çıkaran şey enerji.

Peki madde nasıl ortaya çıkıyor?

Madde ise enerjinin tetiklediği atom altı parçacıkların birbirleriyle olan bağlantılarına göre ortaya çıkıyor.

Hangi kimyasal madde, hangi element ortaya çıkıyor, bu aslında enerjinin tetiklediği atom altı parçacıklarının birbirleriyle olan bağlantılarıyla ilgili.

Altının, bakırın, oksijenin ortaya çıkması, kaç elektron kaç proton kaç atom altı parçacığın orada olduğuyla ilgili. Yani enerji tarafından tetiklenmesiyle ilgili.

Bir başka deyişle madde diye bir şey yok. Maddeyi tetikleyen belli seviyede ortaya çıkan enerji. Konuya aşina olanlar Einstein'ın $E=mc^2$ teoremini de hatırlayacaklardır.

Şimdi kaba bir özet yapacak olusak: Newton diyor ki madde var, sınırlar var. Kuantum diyor ki iyice yakından bakınca, atom altı düzleme inince sadece enerji var, her şey akışkan, sınır yok, kurallar da değişebilir.

Şimdi bu aşırı seyreltilmiş bilgileri cebimize koyalım ve NeuroFormat mucizesinin geldiği noktayı daha iyi anlamak için başka bir konuya geçelim...

Genetik ve epigenetik

Şimdi fizikten biyolojiye doğru biraz uzanalım. Malum işimiz travmalar ve iyileşmek. İyileşme deyince bedenimiz mercek altında. Beden deyince de kaçınılmaz olarak yolumuz biyolojiye, genetiğe düşüyor.

Neydi genetik? Hadi yine lise günlerine dönelim ve biraz hatırlayalım.

Genetik diğer adıyla kalıtım bilimi bize nesilden nesile aktarılan özellikleri söyler. Hani halanız mavi gözlüdür siz de mavi gözlü olursunuz. Yahut bazı hastalıklar için denir; mesela diyabet genetiktir gibi... En basit haliyle durum şöyle: Bir annemiz bir babamız var. Onların birtakım özellikleri var. Ve bu özelliklerden baskın yahut güçlü olanlar bize geçiyor...

Hemen hızlı bir özet geçelim:

1860'larda bezelyeler üzerine çalışmalar yapan Gregor Mendel kalıtımın temel kurallarını tanımlayan ilk kişi olarak kabul ediliyor.

1909'da Danimarkalı botanikçi Wilhelm Johannsen kalıtsal özellikle ilgili "gen" kelimesini kullanıyor.

1910'da Thomas Morgan meyve sinekleri üzerine çalışıyor. Genlerin kromozomlar üzerine oturduğunu ve bir ipteki boncuklar gibi dizildiğini buluyor.

1950'lere gelinince James Watson ve Francis Crick DNA'nın kimyasal yapısını keşfediyor. Bilginin DNA'dan RNA ve protein moleküllerine aktığını söyleyen sonuca ulaşıyor.

Biyokimya geliştikçe genetik kavramı her gen için bir enzim ya da proteinle ilişkilendiriliyor.

1999-2000'li yıllara geldiğimizde ise insan genomunun çözüldüğü ilan ediliyor. Başka bir deyişle insanın şifresinin çözüldüğü, her şeyi anlamak için genlere başvurabileceğimiz...

Genetik bilimi bir anlamda bize şunu diyordu: Bize aktarılan genler her şeyi belirler. Ne yaşarsan yaşa DNA dizilimin değişmez.

Fakat zaman içinde anlaşılıyor ki durum pek de öyle değil! Ve epigenetik kavramı da böyle ortaya çıkıyor. Epigenetik bir anlamda genetik üstü demek. Bana sorarsanız epigenetik dediğimiz aslında genetiğin işin içinden çıkamayınca sarıldığı kavram biraz da. "Aslında tamamen bilmiyoruz, bu da mümkün" demenin bir yolu...

Bize adeta "Genler de bir yere kadar" diyor epigenetik ve yaşarken kazanılan özelliklerin veya deneyimlerin de sonraki nesilleri etkileyebileceğini, onlara aktarılabileceğini söylüyor.

Sözün özü: Son yıllarda giderek artan sayıda araştırma gösteriyor ki, bizi biz yapan bütün biyolojik özelliklerimiz aslında sadece genlerimizle aktarılmıyor. Epigenetik bilimine göre DNA'ların dışında da kalıtımsal rolü olan mekanizmalar var...

Epigenetik mekanizmalar aracılığıyla anne babalar yaşadıkları çevrenin etkilerini, –konumuz gereği travmalarını diyelim– çocuklarına ve hatta birkaç kuşak sonraki torunlarına bile aktarabilir.

Sizi fizikten sonra bir de biyolojiye boğmak istemem. Ama ötekini iyileştirmek, annenin çalışıp çocuğunun iyileşme hikâyelerinde bu bilgileri hatırlamak işimize yarayacak, güvenin bana.

Şimdi biraz şunu konuşalım: Açıklamasını ister genetik yapsın ister epigenetik, anne babamızdan bize miras durumlar nasıl gelişiyor...

Korku ve kiraz çiçeği kokusu

Genetikten bahsederken zaten söyledim. Bir anlamda anne babamızın özelliklerinden bir seçkiyiz. Mesela dişlerimiz babamıza ağız biçimimiz annemize çekiyor, saç rengimizi birinden saçımızın kıvırcık mı düz mü olacağını ötekinden alabiliyoruz...

Ama epigenetik bize gösteriyor ki aldıklarımız bununla sınırlı değil... Anılarımız da bir anlamda aktarılıyor diyebiliriz... Bir anlamda hafıza da aktarılıyor. Ki bu hafıza meselesine, hafızanın ne olduğu meselesine ilerleyen sayfalarda döneceğiz.

Epigenetik diyor ki bazı durumlarda DNA değişmese de birtakım çevresel faktörler genlerin farklı davranmasına neden olabiliyor. Hatta buna "hatıraların mirası" da diyorlar...

2014 yılında yayımlanan bir araştırmada Brian Dias ve Kerry Ressler şunu yapıyorlar:

Erkek deney farelerinin ayaklarına öldürücü olmayan dozda elektrik şoku veriyorlar; bu sırada fareler aynı zamanda kiraz çiçeği kokusuna benzer bir kokuya maruz bırakılıyorlar. Yani bu kokuyu koklamaları sağlanıyor.

Nature Neuroscience dergisinde yayımlanan araştırmanın sonuçları ise çok ilginç: Yavru nesiller yani bu kiraz çiçeği kokusu-elektrik deneyimini yaşayan farelerin çocukları da kiraz çiçeği kokusunu duyunca aynı ürkme tepkisini veriyorlar. Adeta ayaklarına elektrik şoku verileceğini hissetmiş gibi korkuyorlar.

Hem de daha önce ne bu kokuya ne de elektriğe maruz kalmış olmalarına rağmen.

Bilim insanları bu araştırmayla birlikte bir de şu soruyu gündeme getirmişler. Acaba bu "bilgi" aktarımı gelecek nesillerin tehlikeye daha hazırlıklı olmalarını sağlıyor olabilir mi?

Peki bu fare deneyinin, kiraz çiçeği kokusunun bizim konumuzla ne ilgisi var diye düşünüyorsanız var, hem de çok var. Yavaş yavaş ezber bozan iyileşmelerdeki mantığın altyapısını oluşturuyoruz.

Şimdi bu yeni öğrendiğimiz "hatıraların mirası" meselesini de cebimize koyalım ve biraz da annelere odaklanalım... NeuroFormat yayınlarının en sadık takipçileri, iyileşme öykülerinin en güzel temsilcileri annelere.

İlk yuva: Anne...

Dünyada en eşsiz bağ nedir diye sorsanız cevabım net: Anne-çocuk ilişkisi. Zaten bizde denir ya "cennet annelerin ayağının altındadır" diye. Ben bu cümleyi yaşamın, annenin yaşam verme gücünün kutsanması olarak okuyorum. Annelerimiz başımızın tacı.

Düşünsenize hamileliğin kendisi bile bir mucize. Yaşamın ilk dokuz ayını annenin karnında geçiriyorsun. Onun kanından, onun oksijeninden besleniyorsun. Amnio sıvısının güvenliğinde balık gibi bir o yana bir bu yana dönerek sabırla hücrelerin dokulara, dokuların organlara dönüşmesini beklerken kulak kesildiğin kişi anne. Onun sesi, onun kalp atışı... Ama olay sadece seslerle sınırlı değil elbette. Duyguların da sesi var...

Ne mi demek istiyorum? Son birkaç yıldır öyle çok hamilelik travması ve sonra bu travmaların çözüme kavuşmasıyla iyileşen çocuk hikâyesi dinledim ki, hamilelik dediğimiz sürecin doğacak çocuğun yaşamındaki en önemli dönem olduğunu düşünmeye başladım. Sadece hamilelik mi, elbette sizi çok ama çok şaşırtacak biçimde hem öncesi hem de sonrası var... Onları da anlatacağım.

Birkaç ilginç bilgi paylaşayım:

Araştırmalar gösteriyor ki doğumdan sonra da annenin bedeninde çocuğun hücrelerinden kalanlar oluyor. Mikrokimerizm adı verilen bu durum, çocuğun hücrelerinin annede kalması durumu annenin sağlığını koruyor.

Anne çocuğuna sarıldığında ikisinin kalp atışları senkronize oluyor.

Ve annemize sarıldığımızda oksitosin yani mutluluk hormonu salgılıyoruz. Hatta denilen o ki bu hormonun salgılanması için ona sarılamıyorsanız annenizi telefonla aramak bile etkili.

Yani anne ile çocuk arasında inanılmaz bir bağ var. Ve bütün göstergeler, annenin hamilelikte yaşadıklarının öyle ya da böyle çocuklara aktarılabileceği yönünde.

Sözgelimi bir kadın, hamilelikte birden başlayan matkap sesinden korkuyor, sonuç: çocuğu işitme sorunuyla doğuyor. Travmayı buluyor, temizliyor ve sorun halloluyor.

Yahut eşinden şiddet görüyor, sevgisizlik görüyor, tam da hamileyken aldatılıyor. Mutsuz oluyor, çocukta bir rahatsızlık gelişiyor.

Çok da anlaşılabilir bir durum. Fiziksel olarak iç içe iki varlık. Anne ve çocuk. Anneye değen, anneyi etkileyen, annenin yediği içtiği kadar hissettiği her şeyin çocuğa yansımasından doğal ne olabilir?

Küçük bir anekdot anlatayım. Pek çok araştırmaya da konu olmuş tarihsel bir olay...

Tarihte Hollanda Açlık Kışı diye bilinen bir olay var. *Hongerwinter* ismiyle biliniyor. 1944 Eylül'den 1945 Mayıs'a kadar süren bu dönemde İkinci Dünya Savaşı sonrası Hollanda bir süreliğine Alman işgali altına giriyor, Hollanda hükümeti Londra'ya sürgün gidiyor. Nazi güçlerinin baskılarıyla ve çoğu gıdaya getirdiği ambargoyla Hollanda'nın temel besin ve yakıt kaynağı demiryolları ulaşımı duruyor. Sürgündeki hükümet bunu duyunca Hollanda üzerinden Almanya'ya girmeye çalışan Birleşik Krallık ve Amerika Birleşik Devletleri ile bir anlaşma yaparak harekâta dahil oluyor. Nazi güçleri ise bu girişimi, Hollanda'nın gıda kaynaklarını kesmekle cezalandırıyor ve Hollanda'da açlık kışı başlamış oluyor. Hollanda'daki yüz binlerce insan eşi görülmemiş bir kıtlığa maruz bırakılıyor. Tüm toplumu etkileyen kıtlık 20.000 insanın açlıktan hayatını kaybetmesine sebep oluyor ama sonuç bununla sınırla kalmıyor. O dönemde hamile olan kadınların çocuklarında vücut anomalileri, kronik hastalıklara yatkınlıklar, raşitizm ve büyüme gerilikleri görülüyor.

Hollanda Açlık Kışı'nı kapsayacak şekilde, Kasım 1943 ile Şubat 1947 yılları arasında Amsterdam'da doğmuş 2414 kişi inceleniyor. Kıtlık zamanı anne karnında olan kişilerin pek çoğunda kan basıncı yüksekliğinden glikoz seviyelerine bir sürü sorun tespit ediliyor. Kız bebeklerde ileride meme kanserinin 5 kat artmış olduğu gözlemleniyor.

Hollanda Açlık Kışı vakası daha birçok araştırmaya konu olmuş. Annelerin kıtlık içinde hamilelik sürecini geçirmelerinin yansımaları çocuklarında net olarak görülmüş. Ve bu en tahmin edilebilir durum. Yani annenin fiziksel durumunun çocuğa sirayet etmesi.

Bana sorarsanız hamilelik dönemi ideal bir yönetimde annelerin devlet tarafından korunup kollandığı, gözetildiği bir dönem olmalı! Gerekirse –ve ne güzel olur– hamileye maaş bağlanmalı, çocuğu iki üç yaşına gelene dek de bu sürmeli. Bebek bekleyen anneleri pamuklara sarmamız, bir dediklerini iki etmememiz şart! Hamile bir kadına yapılan her şey, söylenen her söz, her yanlış tavır sadece onu değil bebeği de etkiliyor. Yani hamile bir eşin varsa ona yaptığın her şeyle çocuğunun da geleceğini belirliyorsun.

Eşlere yani babalara, baba adaylarına da eşleri hamile kaldığında hamile eşi olmak eğitimi verilmeli. Net bir biçimde ortada. Anne hamileyken yaşadığı her şey çocuğa etki ediyor.

Ve biliyor musunuz, aktarım bizim sandığımızdan çok daha akıllı... Çünkü bu işin bir de sonrası var; doğum, doğum sonrası ve bir de öncesi... Annenin anne olmadan önceki travmaları...

Her biri nasıl olduğunu anlatacağım biçimde çocuğu etkiliyor... Güzel haber şu ki travma bulup temizlendiğinde ise iyileşme başlıyor.

Doğum

Doğum anımızı hatırlayabilseydik ne enteresan olurdu. Maalesef bilinçli hafızamız ikili üçlü yaşlardan önce oluşmuyor. Bilinçli dedim. Bu kelime tercihi bilinçli! Çünkü ilerleyen sayfalarda göreceğiz ki hafıza meselesi hayli karışık ve üzerine yepyeni bir tez, NeuroFormat iyileşmelerinin geldiği noktayı da aydınlatacak bir tez yazılmayı hak ediyor. Bilinçli olmadığımız hafızamıza dair ilk örneklerden birini fare-kiraz çiçeği kokusu-elektrik şoku anekdotunda anlattım zaten.

Dönelim doğuma. Anne için de bebek için de hayli önemli bir eşik doğum. Hatta çok ince bir noktadan bakarsanız doğumun kendisinin bile çocuk için bir travma olduğunu iddia edebiliriz. Neden derseniz anlatayım. Ilık, güvenli, beşik gibi bir sıvının içindesiniz. Acıkma refleksiniz yok, nefes alma derdiniz yok. Hayatta kalmanız mucizevi bir sistem sonucu kordon bağıyla, anneniz sayesinde sağlanıyor.

Sonra bir an geliyor. Sizi bu güvenli yuvadan dışarı iten bir güç oluyor. Kasılmalar. Duyduğunuz güçlü sesler –annenizin çığlıkları–... bir şeyler oluyor. Hem de oldukça tehditkâr bir şeyler. Başınız dar bir kanala doğru ilerliyor. Bir şey sizi yuvadan dışarı itiyor. Hep güvendiğiniz bir pusuladan, ritmik olarak atan anne kalbi sesinden uzaklaşıyorsunuz. Geçiş gerçekleştiğinde ise hiç ama hiç bilmediğiniz bir yerde buluyorsunuz kendinizi. Geldiğiniz yerden daha soğuk. Çok fazla ışık var. Çok fazla ses var. Ve ciğerleriniz yaşamı sürdürmek için ölene dek ihtiyaç duyacağınız oksijen için çığlık atıyor adeta. Oysa geldiğiniz yerde hiç böyle dertleriniz olmamıştı.

Sonrasında olanlardan, hiç bilmediğiniz bir dünyayı tanımanın dertlerinden ise hiç bahsetmiyorum.

Doğum konusunda kalırsak yaptığım yayınlarda çocuk iyileşmelerinde, anne çocuk ilişkisi açısından birkaç noktada travma oluşabildiğini görüyoruz. Çocuğunuz hasta ise bu hastalığın hangi dönemle ilgili olduğunu bulmak çok ama çok büyük önem taşıyor. Ayrıca bu bilginin sadece çocuğundaki bir sorunu iyileştirmek isteyen annelerin değil sağlık çalışanlarının, doktorların da çok işine yarayacağına eminim...

Elbette bir çocuğun doğduktan sonra yaşadığı travmalar da çok önemli, çok belirleyici. Ama doğum döneminde kalırsak şöyle diyebiliriz:

Sondan başa gidersek bir çocuğun herhangi bir rahatsızlığı varsa bakmamız gereken önemli yerler şunlardır:

1. Çocuğun doğduktan sonra yaşadığı travmalar
2. Çocuğun doğum sırasında yaşadığı travmalar
3. Annenin doğum sırasında yaşadığı travmalar
4. Çocuğun hamilelik sırasında yaşadığı travmalar
5. Annenin hamilelik sırasında yaşadığı travmalar
6. Annenin henüz hamile değilken, hatta bekârken veya çocukken yaşadığı travmalar
7. Babanın gençken, birleşmeden önce yaşadığı travmalar
8. Atalardan, anne babanın atalarından geçmiş olabilecek travmalar, hatıraların mirası.

Sondan başa gittik ama öncelik sırası nedir derseniz şu dört aşama en önemli:

- Çocuk doğduktan sonra yaşayacağı travmalar
- Annenin doğum sırasındaki travmaları
- Çocuğun doğum sırasındaki travmaları
- Annenin hamilelik sırasındaki travmaları.

Bir sonra bakacağımız yerler ise şunlar:

- Annenin bekârken veya çocukken yaşadıkları

- Bebeğin hamilelik sırasında rahimde yaşadıkları
- Babanın gençken yaşadıkları
- Ataların yaşadıkları...

Yani anlayacağınız üzere aslında bizim bildiğimizden çok daha farklı aktarımlar da söz konusu. Travmalar çocuğa epeyce karışık bir bilgiyle aktarılıyor. Bunu nereden mi biliyoruz? Anlatayım.

Önceki kitaplarımı okuyanlar bilirler –okumayan kaldıysa kendinize bir iyilik yapın ve okuyun derim– hangi travmanın hangi rahatsızlığa yol açtığını ya da hangi travmayla tetiklendiğini detaylıca anlatıyorum. Bu kitabın sonunda da yine size pusula olacak bir liste vereceğim.

Diyelim ki bir anne çocuğuna hamileyken bir ayrılık travması yaşadı. Kocası onu tam da böylesine hassas bir dönemde terk etti yahut haliyle tavrıyla terk edilmiş hissettirdi. Ne oluyor? Anne sadece stresli olmakla kalmıyor. Kuvvetle muhtemel ki ayrılık travmasının en bildik sonuçlarından biri olan cilt sorunları yaşıyor. Mesela egzama.

Ama bir bakıyoruz beklediğimiz egzama bir başka yerde ortaya çıkmış! Çocuk doğdu. Anne bir ayrılık stresi yaşadı ama cildinde bir sorun yok. Ama çocukta var! Çocukta egzama gelişmiş.

Peki bu nasıl olabilir? Stresi, ayrılık duygusunu yaşayan anne. Çocuk niye egzama oldu? Çünkü aktarım var. Çünkü çok ama çok akıllı, nedenini, sistemini detaylıca anlatacağım bir aktarım var.

Çocuk doğuyor, alnında egzama çıkıyor. Aslında annede çıkacak bir sorunken çocukta çıkıyor. Diyelim eşi karısından kopuşu sezdiren bir şeyler söylüyor, gözlerini kaçırıp kadının alnına doğru bakarak konuşuyor. O bölge ayrılık travmasının nişan noktası gibi. Ve çocukta da orada egzama çıkıyor.

Burada olan şu: Kadının vücudunun vermesi gereken tepkiyi çocuğunun vücudu veriyor. Ama doğru tepki veriyor, bizim beklediğimiz tepkiyi veriyor. Yani gelişigüzel bir tepki değil bu. Tam nokta atışı. İşte travmaların yarattığı duygular ve bedende değişiklik yapma, sorun çıkarma potansiyeli böylesine güçlü.

Aslında bu duruma bir bilginin aktarılışı da diyebiliriz. Ayrılık-acı-tehlike-alında sabitlenmiş bakış... Anne bu duygu ve tespit bilgisini çocuğa geçiriyor.

Hamilelik dönemindeki duygular başka biçimlerde de kendini ortaya koyabiliyor. Bizimle hikâyesini paylaşan bir başka anne vardı. Hikâyesi şöyle:

Burcu Hanım hamile. İkizleri olacak. Biri kız biri erkek, ultrason görüntülerinden bunu biliyor. Ama en çok kız çocuğu olmasını istiyor. Erkek de bonus gibi düşünüyor. Bir anlamda asıl olarak kızın gelişine odaklanmış. Hani anneler hamileyken bebekleriyle konuşur ya. "Güzel kızım, canım kızım" diyerek Burcu hanım da konuşuyor. Ama hep kıza hitaben. İçeride bir de oğlan olduğunu adeta unutarak...

Bebekler sağlıklı biçimde dünyaya geliyor. Her şey güzel. Mama yiyorlar, mışıl mışıl uyuyup büyüyorlar... Çocuklar, artık dillenmeye başladıklarında, o en tatlı dönemlerinde erkek olan "Ben kızım... bana kız deyin... saçım benim de öyle uzun olsun" diyor. Yani aslında kız olmak istiyor...

Bu ufaklıkların annesi Burcu Hanım da NeuroFormat takipçilerinden. Yayınlarımızı izliyor. Oğlunun "ben kızım" demeleri üzerine zihninde bir ampul yanıyor. Neden olmasın ki? Ben bir deneyeyim diyerek oğluna uykusunda konuşma yapıyor. Hamilelik döneminde karnındaki bebeklerden en çok kızına seslenmesinin, hep onunla konuşmasının yaratmış olabileceği travmayı temizliyor. Diyelim ki şu tarz cümleler kuruyor: "Seni çok seviyorum. Karnımdayken seni çok sevdim, bekledim. Arada kızım diye çok konuştum ama bunun nedeni küçüklüğümden beri kız çocuklarını çok tatlı bulmam. Yoksa en az kız kardeşin kadar büyük bir heyecanla senin gelişini bekledim. Seni çok istedim..." Oğlana uykusunda konuşuyor.

Sonra ne oluyor? "Ben kız olacağım" diyen erkek çocuğu cinsiyetiyle barışıyor. Erkek oyunlarına, erkek dünyasına ilgisini yeniden kazanıyor. "Erkekler güçlüdür! En güçlü erkekler" filan demeye başlıyor.

Çok ilginç bulduğum bir başka hikâye daha. Yine hamilelik dönemine ait bir travma var altında.

Yayınlarımıza katılan, "Çocuğum benden nefret ediyor" diyen bir annemiz vardı. Çocuk adeta anneye ezelden tepkili. Konuşmuyor, kale almıyor. Sadece babayla muhatap. İçinde hep öfkeli ve kızgın bir çocuk. NeuroFormat yayınlarımızı izleyen annemiz kendi doğum hikâyesini hatırlıyor. Zorlu geçmiş doğumu. Bebek olduktan hemen sonra sarıp sarmalayıp kucağına getirmişler. O da acısı çok fazla olduğu için "Çok acım var, vermeyin bana" demiş, ilk anda istememiş kucağına almak.

Uykusunda bunu çocuğuna anlatarak çalışma yapıyor ve sonuç beklediğimiz gibi. Anneye kızgın, onunla adeta temas kurmak istemeyen çocuk gidiyor yerine anneye sevgi dolu çocuk geliyor. Annemiz "Çocuğumla aram düzledi, Allah sizden razı olsun. Tamamen değişti oğlum" diyor.

Kıssadan hisse: Çocuklarımız bir et parçası değil! Hamilelik herhangi bir dönem değil! "Çocuk annenin karnındayken annenin bir mutsuzluk yaşadığını nereden bilecek? E yeni doğmuş, kuvöze konduğunu nasıl hatırlayacak?" demeyin. İster anne karnında olsun ister emzirirken olsun hissediyorlar. Bilgiyi bilinç düzeyinin altında bir kanaldan alıyorlar.

Nereden anlıyoruz? Çok bariz ortada. NeuroFormat ile kendi travmasını (hamilelik-emzirme) temizleyen annenin çocuğunun iyileşmesinden anlıyoruz. Çocuğun yaşamının ilk günlerine dair travmaları (kuvöz-anneden ayrı kalma) temizlenince iyileşen hastalıklardan anlıyoruz. Mesela kuvözde (anneden ayrı kalıp) beslenen çocuğun besin alerjisi geliştirmesinden anlıyoruz.

Yani tersten anlıyoruz. Tersine mühendislik yapıyoruz.

Şimdi aklınıza şöyle bir düşünce gelebilir: Sonuçta çocuk dediğin sperm ve yumurta kanalıyla anne ve babadan bir şeyler alıyor. Anne babanın, özellikle de onu dokuz ay karnında taşıyan annenin travmalarından etkilenebilir tabii.

Peki şu soruya nasıl cevap veririz: Çocuk doğdu, büyüdü, beş yaşında, on yaşında... Artık anneyle fiziki bağı yok. Emmiyor, anne karnında değil. Ve anne travmasını çalıştığında iyileşiyor.

Veya daha ileri gidelim... Anne daha çocuğu yokken, hamile değilken, hatta bekâr bir genç kızken veyahut kendisi de bir çocukken travmatize edici bir şeyler yaşıyor. Üzerinden belki on yıl geçmişken hamile kalıyor. Sonra bu travmayı çalışınca çocuğundaki rahatsızlık iyileşiyor!

Olayların epeyce karmaşıklaştığı, ezberlerimizi bir kez daha bozmaya kararlı olduğu noktadayız işte.

Detaylarını, bunun nasıl ve neden böyle olduğunu anlatacağım.

Şimdilik bir sonraki bölüme geçmeden önce şunu söyleyeyim. Buradaki kritik mesele "tehlike". Travma demek bir anlamda tehlike demek. Tehlike demek bu bilgi aktarılmalı demek.

Önceki kitaplarımda travmanın ne olduğunu çok detaylı anlattığım için burada NeuroFormat sistemiyle ilk kez bu kitapla tanışanlar için çok hızlı bir özet geçelim:

Travma demek kontrolü kaybetme duygusu demek. Travma, beyni tetikleyen "kontrolü kaybediyoruz" alarmı. Tehdit var alarmı. NeuroFormat sistemi açısından bakarsak genelde bir olayın, yaşantının travma olmasını belirleyen bazı temel unsurlar vardı. Onları hatırlayalım:

Dramatiklik: Yaşadığımız olayların bizi etkileyecek kadar dramatik olması.

Şok: Yaşanan durumun, olayın bizde bir şok duygusu yaratması, bir başka deyişle, olup biteni daha önceden kestirememememiz.

Çaresizlik: Beynimiz, bir çare bulamadığımız, elimizden hiçbir şey gelmediğini düşündüğü zaman yaşadığımız travmaları çok daha fazla ciddiye alıyor.

Yalnızlık: Ve son olarak, eğer bu duruma özellikle de yalnız yakalanmışsak, paylaşacak kimse olmayışı durumun şiddetini artırıyor. Veya fiziki olarak yalnız olmasak bile çok ama çok yalnız hissettiysek.

Bu koşullar altında yaşanan bir travmada ise "tehlike" bilgisi aktarımın temel odağı oluyor. Ve bu bilgi mucizevi biçimde çocuğa, daha ileri aşamalarda düşünecek olursak nesiller sonrasına bile aktarılabiliyor. Burada amaç, aktaramın amacı elbette bir lanet falan değil. Bilakis hayatta kalma şansını artırmak. Sonraki nesillere tehlikeyi haber verip onların vücutlarının ve psikolojilerinin gerekli tepkiyi vermesini sağlamak.

Ama tabii ki bu tepki ilkel bir şekilde verildiği için aslında normal giden, gitmesi gereken işleyişi değiştirerek hastalığa dönüştürüyor. Bunun neden böyle olduğunu da ilerleyen sayfalarda okuyacağız.

Travma ve tehlike bilgisiyle alakalı olarak işin en ilginç yanlarından biri ise şu: tehlikenin türü, spesifik olarak neyi tehdit ettiği, tehlikeyi yaratanın kim olduğu adeta şifrelenmiş bir mesaj gibi aktarılıyor. Konunun sosyal medyada geçtiğini hayal edersek adeta oraya etiket konuyor: #korku #anne #baba #ses gibi etiketler konmuş oluyor.

Hafıza nerede?

Şimdi çok kritik bir soru sorayım: Sizce hafıza nerede? Nerede duruyor? İlkokulda tahtaya kalkıp soruyu bilemediğiniz o gün nasıl da utanmıştınız. O günün bilgisi nerede? Yahut ilk öpüşmeniz? Aşkı ilk hissettiğiniz an? Hoşlandığınız kişiyle buluştuğunuz o bahar günü... Veyahut çok sevdiğiniz birini kaybettiğiniz o gün? Ölüm, cenaze...

Hayatımızın pek çok önemli anı, günü var. Kişisel hikâyemizin mihenk taşları anlar...

Şimdi soruya dönelim... Tüm o görüntüler, o sesler, o hisler nerede depolanıyor? Sadece beynimizin içinde mi acaba?

Bu sorunun yanıtı çok ama çok önemli. Ama yanıta geçmeden önce bu soruyu niye sormamız gerektiğini bir hatırlayalım.

Hani bahsetmiştim. Çocuklarla çalışmaya hep mesafeli durdum ama bir noktadan sonra annelerin kendi inisiyatifleri, öğrettiğim sistemi bu alanlarda da denemeleri sonucu yüzlerce çocuğun iyileşmesine tanık olduk diye.

Bu iyileşmeler bizleri de şaşırtan bir orana ulaştı. Çok farklı kapılar açtı. Pek çok çocuğun deyim yerindeyse hayatını kurtardı.

Ben çocukların hastalıklarının çözülmesinin yetişkinlerden biraz daha çetrefil olduğunu düşünüyordum. Hele de bir şekilde hasta doğan çocukların. Yani doğumdan itibaren bir sağlık sorunu yaşayanların.

Bunun nedeni de çok barizdi. Çocuğa travmasını nasıl hatırlatacaksın, nasıl temizlik yapacaksın modundaydım. Benim için gri alandı burası. Temelde NeuroFormat ile şunu diyordum: Beynin travma anında bir süreç başlatıyor. Bu süreç hastalığa neden oluyor. O travmayı temizlersen süreç geriye dönüyor. Dikkatinizi çekerim "beynin" yani senin beynin. Peki ama sorun bende değil başkasında çıktıysa?

Çözüm yine NeuroFormat ile beni bile şaşırtan şekillerde geldi. Çünkü gördük ki travmada başlangıç noktası pek çok durumda başka bir kaynaktaydı. Yani çoğu kez annede, nadir durumlarda babada. Anne bir travma yaşamış oluyor, hastalık çocukta çıkıyordu. Ve anne çalıştığında çocuk da iyileşiyordu. Bazen bu çalışmayı kendi üzerinde yapıyordu bazen de gıyaben. Yani kendisi o çocukmuş gibi travmayı önce tetikliyor sonra temizliyordu. Ve inanılmaz iyileşmeler yaşanıyordu.

NeuroFormat 3.0 derken biraz da bunu kastediyorum işte.

Hafıza nerede sorusu ve "gıyaben" kelimesi bu yüzden önemli. Çünkü bizi yepyeni bir tezin kapılarına taşıyacak.

Bu arada bu çalışmalar, uykuda konuşma, gıyaben yapma yani onun yerine geçme, kendi üzerinden temizlik... hepsinin yöntemini de ilerleyen sayfalarda anlatacağım. Hiç merak etmeyin...

Kişisel gelişim dünyasının çok sevdiği bir cümledir: "Hepimiz birbirimize bağlıyız". Evet katılıyorum. Ama bu haliyle bu cümleyi satın almıyorum. Yani beni iknaya yetmez. Başlarda da söylediğim gibi bilimsel temelle en azından mantığını çözemediğim veya çok net bir kanıtını görmediğim herhangi bir şeyi öylece kabul edememe gibi bir huyum var.

Beni ikna edecek şey bilim temelli yaklaşım ve kanıtlardır. Zaten bu yüzden bu cümleyi "kuantum fiziği" söylediğinde benim için bir anlam içeriyor. Yahut da ilerleyen kısımlarda anlatacağım "morfogenetik alan" teorisi. Yoksa aman diyeyim! Burada anlattıklarımın uzaktan şifayla, kişisel gelişimin köpürtülmüş seyreltilmiş kuantum bilgeliğiyle hiç ama hiç alakası yok. Benim alanım onlar değil. Benim tezim bilimin rehberliğinde ama onun da henüz erişmeyi başaramadığı alanda şekil alıyor. Kafanız karışmasın.

Şimdi hafıza meselesine dönelim. NeuroFormat tekniği ve geldiği nokta açısından, gıyaben yapılan çalışmaların bile mucize yaratmasından hareketle kendi tezimizi ortaya koyalım.

Bir durumu travma haline getiren koşulları yukarıda paylaşmıştım. Tek cümleyle tekrarlarsak: Travma dediğimiz şey aslında bir tehlike durumu yaşanması, duygunun çok ama çok yükselmesi, deyim yerindeyse tavan yapması ve bir anlamda da bir iz, bir etiket bırakması.

Diyelim ki büyük bir olay yaşıyorsunuz. Başınızı bir çeviriyorsunuz bir araba son hızda üzerinize doğru gelmekte! Büyük bir korku. Ölüm korkusu. Çaresizlik hissi. Hani derler ya "hayatım film şeridi gibi gözümün önünden geçti" diye. Tam da o an. Çok ama çok yüksek bir duygu anı. Gerçek bir travma. Zaten önceki kitaplarımı okuyanlar çok iyi bilirler, böylesi anlarda, ister bir kazadan kıl payı kurtulalım ister çok sevdiğimiz babamızı kaybedelim, duyguların yükseldiği bu anda zaman adeta yavaşlıyor. Saniye saniye tüm detaylar aklımıza kazınıyor. Zaman ağır çekimde ilerliyor gibi oluyor. Duyular keskinleşiyor. "Hayatım film şeridi gibi gözümün önünden geçti" meselesi de buradan çıkıyor. Duygularımız tavana vuruyor ve o saliseler içine tonlarca işaret yerleşiyor. Hafızamıza kazınıyor.

Hafıza tezimizi oluştururken bizim için en önemli konu bu işte: "Duygu."

Duygular hem tehlike işareti olarak bir uyarı düğmesi gibi hafızada yer ediyor, hem de iyileşmenin düğmesi haline geliyor. NeuroFormat'a gönül vermişlerin çok iyi bildiği gibi en etkili çalışmalar da duyguyu iyice yükseltince oluyor.

Diyoruz ki bir anne çocuğunu hasta eden, çocuğuna aktarılan travmasını çocuğundan habersiz çalıştığı zaman, çocuk konudan tümüyle bihaber olsa da tamamen iyileşiyor. Bunun yüzlerce farklı örneğini gördük, hatta öyle ki bunu bir mucize olarak görmüyoruz artık. Olmadığı zaman neden olmuyor diye sorguluyoruz. Bu bizim için standart bir durum.

Peki nasıl oluyor da anne çalıştığı zaman çocuk iyileşiyor?

Birinci ihtimal ve herkesin aklına gelecek ihtimal, hafıza annenin beynindeyse o bilgi bir şekilde çocuğun beynine de aktarılıyor. Yani hafızanın adeta iki kopyası var. Birisi annenin beyninde birisi çocuğun beyninde. Bu varsayıma göre anne kendi beynindeki hafızayı değiştirdiği ve nötrlediği zaman evrende her şey birbiriyle bağlantılı olduğu için çocuğun beynine bağlantı kuruyor ve bu tehlike geçti diyor. Tehlikenin geçtiğini çocuk da farkında olmadan biliyor. Birinci varsayım bu. Hafızanın aslında iki beyinde de olduğu varsayımı.

Peki ya bu böyle değilse? Ya aslında hafıza tek bir yerdeyse? Ayrı bir yerde...

Mesela diyelim ki resimlerinizi internet yoluyla yüklediğiniz bulut gibi bir yerde. Yahut bir ana server'da, bilgisayar terminolojisiyle ana sunucuda.

Tıpkı bankadaki hesabınız gibi düşünün. Bankada bir hesabınız var. Bazen Üsküdar'dan bazen Beyoğlu'ndan para çekiyorsunuz. Adana'dan da yeri geliyor Berlin'deki bir ATM'den de para çekebiliyorsunuz. Ama oradan oraya gittiniz diye farklı bakiyeler çıkmıyor. Çünkü binlerce şubede, ATM'de olup biten işlemlerin bir kaydı da ana merkezde var.

İşte hafızayı da bu hesapların bağlı bulunduğu ana merkez gibi düşünün. Yaşantılarınızın en kritik anlarının da işte böyle bir anlamda ana sunucuya yüklendiğini düşünün.

Diyelim ki anne bir travma yaşadı. Bu travmayı eksiye giden bir hesap gibi de düşünebiliriz. Eksiye düşen hesap. O travma çözüldüğünde, eksi hesap artıya geçtiğinde, çocuğun beyni bankanın ana merkezine direkt bağlı olduğu için bununla bağlantılı olarak o da değişiyor.

Bu ihtimale göre de özellikle çok önemli olaylar her beyne kopyalanmak yerine ana merkezde tutuluyor. Önemli bilgilerin çok daha güvenli bir yerde tutulması gibi. Birisi ana merkezdeki kaydı değiştirdiği zaman, ana merkezle bağlantılı olan bütün beyinlerde değişiklik oluyor.

Şimdi bu hafıza bulutu yahut ana sunucu dediğim şeyi daha makro bir ölçekte formülize eden çok ama çok enteresan bir deney paylaşayım. Bizim tezimize destek verecek, itiraf edeyim sizi biraz da şaşırtacak bir deney bu. Sonrasında ana sunucu meselesinin detaylarında buluşacağız.

Yüzüncü maymun

Çok ilgimi çeken bir çalışma, çok enteresan bir deneydir bu: Yüzüncü Maymun deneyi olarak geçiyor. Bizler de yazar Ken Keyes Jr. tarafından kaleme alınmış gerçek bir öyküden öğreniyoruz bu deneyin detaylarını.

Neymiş bu Yüzüncü Maymun deneyi, konumuzla ne ilgisi var onu anlatayım.

Pasifik Okyanusu'nda, Japonya'nın Koshima adasında Macaca Fuscata türü maymunlar üzerinde otuz yılı aşkın süre boyunca bilim insanları gözlem ve deneyler yapıyorlar.

Malum en akıllı yaratıklar arasında kabul ediliyor maymunlar. Bilim insanları 1952 yılında adadaki maymunların beslenmesi için kumların içerisine patates bırakıyorlar. Patatesin tadı maymunların çok hoşuna gitmesine rağmen kumlu olmaları hoşlarına gitmiyor. Yine de yemeye devam ediyorlar.

Bir gün, henüz on sekiz aylık olan İmo isimli dişi maymun kumlu olan patatesleri yakındaki bir su birikintisinde yıkıyor ve o şekilde yiyor. Daha sonra İmo'nun yapmış olduğu bu davranışı annesi öğreniyor ve o da aynı şekilde patatesleri yıkayarak yemeye başlıyor. Bu davranış önce maymun ailesinin bireylerine yayılıyor sonra da diğerlerine. Ve bilim insanları görüyor ki artık zaman içinde maymunların çoğu patatesleri yıkayarak yemeyi öğrenmişler. Hâlâ bu muhteşem yöntemi öğrenemeyen maymunlar da var. Onlar kumlu patates yemeye devam ediyorlar. Fakat 1958'in sonbaharında ilginç bir şey oluyor; Koshima'daki maymunların yüz tanesinden doksan dokuzu artık patatesi yıkayarak yemeyi öğrenmiş oluyor.

Asıl daha da ilginci ise tam da bu sırada gerçekleşiyor. Yüzüncü maymun da patatesi yemeden önce yıkamayı öğrendiğinde adadaki bütün maymunlar patatesi yıkayarak yemeye başlıyorlar. "Yüzüncü Maymun"un patatesi yıkayarak yemeye başlaması adeta bir eşik olmuş oluyor.

Ve buradan öğrenme ve bilme davranışına dair çok çarpıcı bir teori çıkıyor: Yüzüncü Maymun etkisi!

Olay bununla da kalmıyor. İşler çok geçmeden daha da ilginçleşiyor. Kısa süre sonra bu adayla doğrudan ilişkisi olmayan başka adalardaki maymunlar da patatesleri yakın bir su birikintisinde yıkayarak yemeye başlıyorlar. Ne acayip. Aralarında bir iletişim yok. WhatsApp ya da mail kullanmıyorlar. Dumanla haberleşmiyorlar. "Abi süper bir teknik bulduk bizim adada, kumlu patatesi suya batırıp çıkarınca o kumlar gidiyormuş. Bak muhakkak siz de deneyin memnun kalacaksınız!" diye arayıp haber verecek halleri yok.

"Yüzüncü Maymun Fenomeni" Duke Üniversitesi'nden Doktor J.B. Rhine tarafından değişik deneylerde tekrarlanıyor. Her deneyde ise aynı sonuçla karşılaşılıyor.

Biyokimya profesörü Rupert Sheldrake bu Yüzüncü Maymun deneyinden de ilham alarak Morfogenetik Alan ya da yapı teorisini öne süren kişi. Bu teoriye göre doğada bir tür hafıza var. Her şey, bir kolektif hafızaya sahip. Ve Sheldrake'in "morfik alan" adını verdiği bu hafıza her organizmanın hem içinde hem dışında bulunuyor. Adeta bir arşiv bilgisayarı gibi. Her bilgi kayıt altında.

Yüzüncü Maymun ve Sheldrake'in morfik alan teorisiyle anlıyoruz ki bağlantıların sistematiği bugün bilimin geldiği noktada tam da açıklayamadığı kadar karmaşık ve bir o kadar da etkileyici!

Şimdi size çok sevdiğim başka bir anekdot anlatayım. Bu seferki ise daha basit. Ama zihnimizde açtığı olasılık kapılarıyla ilginç.

Yine bir deney yapılıyor. Amerika'da. İnsanlara Japonca deyimler öğretiyorlar; bu deyimlerin bazıları gerçek bazıları uydurmasyon. Yani Japonca gibi tınısı olan uyduruk laflar. Yapılan deney sonucunda görüyorlar ki insanlar "gerçek" deyimleri "çakma" olanlardan daha kolay ve çabuk öğreniyor. Ve diyorlar ki belli ve çok sayıda insanın bildiği bir şey bir biçimde tüm insanlarda bir aşinalık hissi uyandırıyor olabilir.

Belki de bu durumun açıklaması doğal seleksiyondur. Belki de o gerçek deyimler zihne, söyleyişe çok daha yakın olduğu için zaten yıllar içinde kabul görmüş, öğrenilmiştir. Ben orasını tam bilemiyorum ama yine de makro anlamda bir bağlantılılık halini anlatması açısından sevdiğim bir anekdottur bu da.

Hatta şöyle araştırmalar da var. Topluca girilen sınavlardan bir gün sonra –siz bunu üniversite sınavı, LGS sınavı gibi düşünün– ilk gün giremeyip bir gün sonra aynı soruların sorulduğu sınava giren öğrencilerin daha başarılı olduğu da gözlemlenmiş. Elbette yanıtları öğrenme, soruları alma gibi bir durum yok.

"Peki bu bilgiler ne işimize yarayacak Barış Bey?" dediğinizi duyar gibiyim. Şu işimize yarayacak: Öncelikle girişte de belirttiğim gibi "bilim" dediğimiz şeyi doğru tanımlamamızı sağlayacak. Evet, iflah olmaz bir pozitivistim. Tekrar söyleyeyim, bilimle açıklayamadığım hiçbir şeye inanmam. Ama bilimin bilmediği çokça alan olduğunu da biliyorum. Ve bu alanlar tam da benim en merakımı çeken yerler. Ve NeuroFormat'ın geldiği nokta, adeta canlı bir laboratuvar haline dönüşen sistemin bizi getirdiği yer, yepyeni bir bakış açısına ulaşmamızı şart koşuyor. İddia ediyorum, bilim insanlarının NeuroFormat laboratuvarından öğreneceği çok şey var.

Evet roketle uzaya çıkıyoruz, internet sayesinde kıtalararası anında buluşuyoruz ama her şeyi çözmüş değiliz. Bilim hayatın, insanın nasıl çalıştığını tam da bulmuş değil.

İnsanların en temel yanlışı şu: Fizikte iyi olmamız yaşamı çözdüğümüz anlamına gelmiyor. Akıllı telefonlar, Mars'ta yaşam planları... Fizik biliminin bize hediye ettiği birçok teknoloji olabilir ama şunu anlamalıyız ki cansız maddeler ile canlı yaşamın karmaşıklığını karşılaştırdığımızda belki de milyarlarca kat fark var. İnsanoğlu henüz, bütün bu teknolojiye rağmen, basit kimyasal elementlerden yaşayan tek bir hücreyi bile bir araya getirmiş değil.

Henüz bir yaşam başlatmış değiliz. İnsanoğlunun kısa bir süre içerisinde herhangi bir maddeye yaşam verebilmesi de sözkonusu değil.

O yüzden maddeye bakarak, fiziğe bakarak biyoloji ve yaşamı çözdüğümüzü iddia etmek, kendine bu kadar güvenmek bence çok abes.

Zaten bilimin yaşam konusunda kafasının ne kadar karışık olduğunu sağlık konusunda çalışan insanların görüşlerinin birbirinden dünyalar kadar farklı olmasından da anlamış olmamız lazım.

Biz insanlık olarak fizik dersini geçmiş olabiliriz ama biyolojide henüz sınıfı geçmek için küçük bir adım bile atmadık.

Pozitif, müspet bilimler yaşam ve biyoloji konusunda ne yazık ki her şeyi madde olarak görüyor ve kendine haddinden fazla güveniyor.

Şimdi ana merkeze dönüyoruz...

Yüzüncü Maymun deneyine ve Pasifik'teki adaya uğramadan önce ne demiştik? Hafıza sadece beynimizde değil adeta –bilgisayar terminolojisiyle söylersek– bir "ana sunucu"da depolanıyor. Travma anında duygu yükselince bu alana işaretler koyuyoruz. İyileşme sağlanınca o işaret ortadan kalkıyor. Bize bu tezin sağlamasını yapan yüzlerce iyileşme var. Annenin travmasını çalıştığında çocuğun iyileştiği yüzlerce vaka var. Şimdi anlatacağım hikâye ise sizi bir daha, bir daha ezberlerinizi bozmaya davet edecek. Ve bu hikâyeden hareketle "ana sunucu" tezimiz tüm detaylarıyla zihninize yerleşecek. Ana sunucuyla bağımızın nasıl sağlandığını, deyim yerindeyse sunucuya bağlı ötekileri tanıyacağız!

Burada kısa versiyonunu verdiğim hikâyenin detaylarını ayrıca uzun haliyle de okuyacaksınız...

Yayınlarımızın sıkı takipçisi, NeuroFormat'a gönül vermiş bir izleyicimiz vardı. Zeynep. Zeynep'in birtakım fiziksel, ruhsal sorunları var ve kendini iyileştirmeye kararlı. Yayınlarımıza katılıyor, kendi üzerinde çalışmalar yapıyor. Ekibimizden de destek alıyor.

Hikâyesi nedir diye sorarsanız: Zeynep babaya öfkeli. Uzun zamandır da babayla iletişimi yok. Anne üzerinden öğreniyor babanın nasıl olduğunu, ne yaptığını.

Zeynep ekibimizle öfke çalışması yapıyor. Duyguyu çok ama çok yükseltmeyi başarıyor. Babaya olan öfkesini, kırgınlığını çıkarıyor. Çalışmayı yaparken ağlıyor, bağırıyor, tüm duyguları çıkarıyor. Sonrasındaki günlerde daha sakin, daha kendinden emin biri gibi hissediyor; hafifletici bir sakinlik gelmiş yerleşmiş üzerine. Her şey güzel, hoş. Zaten NeuroFormat ile travmayı, duyguyu temizlediğinizde olan bu. Adeta yeniden doğmuş gibi bir his. Hiç katılmadıysanız size de tavsiye ederim. Sık sık, duyurularını da yaparak sosyal medyada toplu demo çalışmaları yapıyorum.

Ne dedik? Sonuç gayet güzel. Zeynep adeta yeniden doğmuş gibi, kuş gibi... Yüklerinden arınmış gibi. Ama başka bir şey daha oluyor. Annesiyle telefonda konuşuyorlar, havadan sudan sohbet ediyorlar. Zeynep'in çalışmayı yaptığının birkaç gün sonrası diyelim. Annesi diyor ki "Kızım, babanın ellerinde ayaklarında yaralar çıktı!"

"Nasıl oldu?" diyor Zeynep. "Bilmem ki" diyor annesi "Yara çıktı işte!" Ama Zeynep'in zihninde bir ampul yanmakta gecikmiyor. Sonrasında yayınımıza katılarak bizimle de bunu paylaşıyor.

Bağlantıyı kuramadıysanız tekrarlayayım. Zeynep babasına öfkesini çalışıyor, duygularını iyice yükseltip çıkarıyor, babayı affediyor, babanın ellerinde ayaklarında yaralar çıkıyor.

Evet her şey birbiriyle bağlantılı, evet aramızda görünmez bağlar var ama burada olup biteni kabul görmüş bilgilerle açıklayabilecek bir şey de yok. Aynı şehirde yaşasalar bile aralarında belki on belki yirmi kilometre olan iki insan. Tamam adam Zeynep'in babası ama Zeynep bir çalışma yaptı diye niye elinde ayağında yara çıksın?

Niye olduğunu söyleyeyim. Çünkü bu babamız gençliğinde biraz öfkeli biri. Hadi açık açık konuşayım. Evde şiddet uygulayan, çocuklarını döven biri. Zeynep'in bunca zamandır geçmeyen öfkesinin temelinde de bu yatıyor. Çünkü baba onu elleriyle dövüyor, ayaklarıyla vuruyor! Zeynep çalışma yapınca da sistemi hiç bilmeyen birinin "Bu nasıl olabilir? Mümkün değil!" diyeceği şey oluyor, adamın bu şiddette kullandığı uzuvlarında yaralar çıkıyor.

Bir şey yapıyoruz, bir travma üzerinde çalışıyoruz, karşıdaki, o travmayla bağlantılı kişi de etkileniyor! Şimdi içinizden belki de şöyle diyorsunuz: "Aman bu NeuroFormat tehlikeli bir şey mi? Adamın elinde ayağında yaralar çıkmış. Maazallah başına bir iş mi gelecek?" Demeyin. Bunun ismi iyileşme. Zeynep öfkesinden iyileşirken baba yaşattığı şiddetten affedilme yoluyla iyileşiyor.

Teknik olarak bu nasıl mümkün sorusunun yanıtını ise anlattığım "ana sunucu" tezimizle vermeye çalışıyoruz.

NeuroFormat 3.0'ın geldiği nokta bu işte. Artık karşıyı etkileyen çalışmaları, ötekini etkileyen, iyileştiren çalışmaları konuşuyoruz... Kitabın ilerleyen sayfalarında vaka hikâyelerine geldiğimizde kendi gözlerinizle okuyacak, çok ama çok şaşıracaksınız.

Şimdi biraz şu ana sunucu tezimizi açalım, tezin en ince detaylarına girelim.

Şöyle hayal edin. Hafıza beynimizde. Ama bir de yukarıda bir yerde, görünmez bir alanda. Bir anlamda ana sunucuda, arşivde. Oraya da yedekleniyor. Siz bir duygu yaşıyorsunuz, çok yüksek bir duygu, tehdit algısı. Beyniniz bu tehdidi kaydediyor. O tehdidin yaşandığı ortamın bilgileriyle, renkleriyle, kokularıyla... "Şu olunca bu oluyor" gibi bir pusulayla. Aslında bir tür bilgi notu bu. Tehlike bilgisi notu. Ve bu bilgi notu tıpkı hafızanızda olduğu gibi ana sunucuya da yükleniyor, durumla ilgili adeta bir etiket, bir pusula konuyor...

Şimdi en ilginç kısma geliyoruz. Yara çıkan eller ayaklar... Neden? Çünkü o bilgi notuna hem tehdidi yaşayanın hem de yaşatanın erişimi var. Kızdan ana sunucuya "baba canımı yaktı" bilgisi kaydoluyor. Kız öfkeyi temizliyor. Ana sunucudan babaya "hani sen kızının canını yakmıştın ya, o seni affetti" bilgisi iniyor.

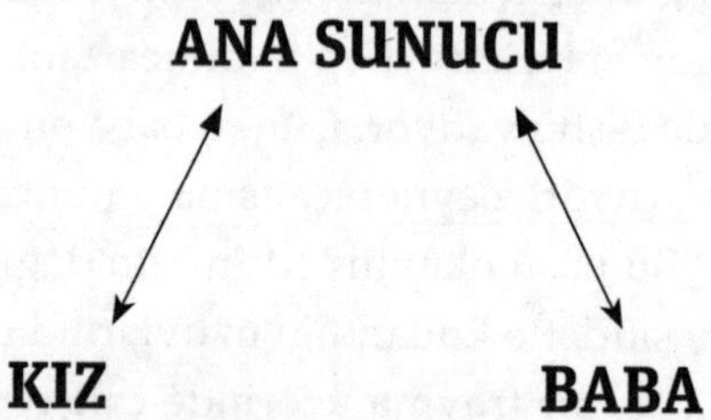

Ne enteresan. Baba şiddeti gören genç kız bu tehdit algısını zihninde ve ana sunucuda bir etikete dönüştürüyor. Kızı ana sunucudaki bilgiye duyguları yükselterek bağlanıyor. Aynı sunucuya maruz bırakan, olayı yaratan kişi de bağlı. Kız duyguyu yükseltiyor, travmayı temizliyor, öfkeyi çıkarıyor. Bu güncelleme ana sunucuya da ulaşıyor. Oradan babaya iniyor. Babanın ayağındaki elindeki yaralar olarak kendini gösteriyor.

Babada değişiklik olmasının sebebi, Zeynep'in ana sunucuya şiddeti yaşarken duygu yükselmesiyle bilgi yüklemesi sırasında babanın tehlikenin kaynağı olarak etiketlenmiş olması. Travma çözülünce babanın tehdit olarak etiketi kalkıyor.

Gıyabında yapılan çalışmalarda da öyle ilginç sonuçlar, iyileşmeler görüyoruz ki. Aynı şekilde travmanın birbirine bağladıklarından biri çalışma yapınca kaçınılmaz gibi ötekinde de belirtiler (fiziki yahut duygusal) görüyoruz. Mesela biri sizi çok üzüyor. Kalbinizi kırıyor. Dayak şiddeti kadar olmasa da bir travma yaşatıyor size. Siz o travmayı buluyor, çalışma yaparak temizliyorsunuz. Bu olay yaşandığından beri hiçbir iletişiminiz olmayan o kişi, kalbinizi kıran, çat diye arıyor, özürlerini ifade ediyor, gönül almaya çalışıyor.

Yani anlayacağınız travma yapanı da ona bir şey yapılanı da birbirine bağlıyor! Ana sunucu üzerinden birbirine bağlıyor.

Bir bakıyorsunuz karısına kötü laflar eden, onu aşağılayan adamın dili, karısı affetme çalışması yapınca şişiveriyor. Bir başka kadında yine sözlü şiddet, aşağılamayla eşine hiç rahat vermeyen adamın çalışma sonrası çenesi kilitleniyor.

"Aman Barış Bey, bu sistem kocaları ne hale getiriyormuş!" demeyin. Burada olup biten iyileşme. Tekrar ediyorum iyileşme. Bu çalışmalar sonucu karşıdaki kişide gerçekleşen semptomlar, etkiler de çok zaman geçmeden iyileşiyor çünkü.

Toplu demo çalışmalarında da çok görüyorum. Onbinlerce insan katılıyor. Öfke çalışması yapılıyor. Ve öfkenin kaynağı olan insanlarda da yani ana sunucuda "düşman" olarak kaydedilenlerde de birçok değişiklik yaşanıyor.

Nadiren fiziksel, çoğunlukla duygusal, bazen de davranış bazında değişiklikler oluyor. Öfke yükseltilip affedilen kişide sıklıkla etkiler görülüyor.

Ayrıca sen bir şey yapınca sende yahut başkasında bir etki görmek iyi bir şey. Tam da istediğimiz şey. Hep söylerim: Kendinizi iyileştirmek için bir çalışma yaptığınızda hiçbir fiziksel sonuç (sizde ya da ötekinde) görmüyorsanız bence o çalışma işe yaramış değildir.

Bu bağlantılılık hali elbette travmalarla sınırlı değil. O bağlantı bence duygusal ya da fiziksel ilişkisi olanlar arasında zaten var. Mesela hep denir ya, anneler çocuklarının başına bir şey gelince hisseder diye. Anne çocuk arasında, travmadan muaf olarak bu bağ olabiliyor. Bazen birbirine büyük tutku duyan sevgililer, eşler arasında da olabiliyor bu bağ. Bilmeden biliyorlar, hissetmeden hissediyorlar.

Şimdi şöyle bir toparlama yapalım: anlattıklarımızın üzerinden geçelim. Detayları derinleştirelim:

Ailemiz, duygusal olarak paylaşımda bulunduğumuz kişiler, hepimiz çeşitli kümeler halinde bir ana sunucuya, ana server'a, bağlıyız gibi düşünün.

O ana server'a bir şeylerin kaydolması için duygu yüksekliği gerekiyor. Belki bu durumu türün devamı, gelecek nesilleri korumak için oluşturulmuş uyarı levhaları gibi de düşünebiliriz.

Duygular yükselince, tehdit algısı oluşunca, travma anında oraya bir kayıt atıyoruz. "Bu böyledir! Şu durumda şu olur! Baba tehlikelidir. Ses tehlikelidir" gibi gibi.

Kayıt orada duruyor. Ne zaman ki NeuroFormat çalışmasıyla temizlik yapıyoruz, affediyoruz, öfkeyi boşaltıyoruz, bu bilgi ana sunucu'ya ulaşıyor. "O tehlike geçti" gibi bir güncelleme oluyor. "O artık öyle değil" bilgisi kaydoluyor. Ana sunucudan artık o uyarı etiketi kaldırıldığı için de travmaya maruz kalan iyileşiyor, travmayı yaratanda belli bazı etkiler görülüyor, onlar da bir anlamda affedilme yoluyla iyileşme yaşıyorlar.

Aslında hayatta kalmakla ilgili bir bilgiyi kaydediyorsun oraya. Hem seni hem gelecek nesilleri korumak için kaydolmuş bir bilgi bu. Özellikle tehlikede olduğumuz zaman, duygu yükseldiği zaman devreye giren ve çok kapsamlı bir bilgi aktarımının olduğu bir alan gibi de düşünebilirsiniz ana sunucuyu. Belki de bizi, türü hayatta tutmak için oluşmuş bir alan bu. Çünkü yüksek duygularda ve çarpıcı travmalarda ana sunucuya büyük bir yükleme, büyük bir kayıt yapılıyor.

Kendi bedenin açısından ise bu bilgi travmayla tetiklenen hastalıklar demek. Beynin "tehdit var hücre artır, su sorunu çıkabilir ödem tut" gibi komutlar vermesi demek.

Çalışma yapıp travmamızı temizlediğimizde beynin verdiği komut geri alınıyor, hastalık geriliyor, iyileşiyor. Ama bir yan fayda olarak duruma neden olanda da bir şeyler iyileşiyor.

"Yani babanın elinde kolunda yaralar çıkması da mı iyileşme?" diye soruyorsanız; evet, bilimin geldiği yerden açıklaması çok kolay olmasa da bu da bir iyileşme.

Zaten yaşama dokunan, sağlığa dokunan şeylerde bilimdeki sorun her şeyi parça parça, ayrı ayrı görmesinde. Oysa biliyoruz ki bakmamız gereken yer parçalar değil bağlantılar ve bunların nasıl, hangi durumda kurulduğu.

Yanlış anlaşılmasın "Aslında hepimiz birbirimize bağlıyız" cümlesi çok çekici bir laf ama sadece felsefi bir bakışla davranarak bu cümleye sığınmak meselenin özünü kaçırmamıza neden olabilir.

Benim kastettiğim fizikte iyi olmamız biyolojiyi de, yaşamın tümünü de çözdüğümüz anlamına gelmiyor. Roket yapmamız, Mars'ta yaşam hayalleri kurmamız her şeyi çözdüğümüz anlamına gelmiyor. Gidecek çok yol var ve NeuroFormat iyileşmeleri bu yola ışık tutacak önemli bir laboratuvar haline gelmiş durumda.

Bölümü kapatmadan belki ilk kez duyanlarınız için "demo" kelimesini de açıklayayım: Demo kelimesini ve bu kelimeyle ilgili travmamı.

Demo aslında İngilizce gösteri örneği demek. Bir deneyimin kısa, hızlandırılmış versiyonu gibi de düşünebilirsiniz. Bir araba alırken o arabının bir örneğiyle yapacağınız test sürüşüne de demo diyebiliriz. Ben de eskiden seminerlerimde insanlara sistemin nasıl çalıştığını göstermek için bir kişiyi sahneye alıp ona demo kelimesini kullanarak küçük çalışmalar yapar ve işte böyle yapılıyor derdim. Örnek çalışmalara demo dedik. Ama sonra bu teknik çalışmaları önce seminerlerde toplu çalışmalara döndürdük. Herkesin bu tecrübeyi yaşaması için topluca çalışma yapmaya başladık. Ve demo kelimesi böyle kulanılmaya devam etti. Sonra sosyal medyada yüz bine yakın insana aynı anda yaptırdığım toplu çalışmaya da demo denmeye başlandı.

Sonra insanlar sürekli "Hocam demo yapın, demo yapın" demeye başladılar. Binlerce insan aynı anda duyguya girip birçok iyileşme yaşadılar. İnsanlar sürekli demo yapın dedikçe bu laf öyle çok kullanılmaya başlandı ki artık NeuroFormat çalışmasının ismi bir anlamda demo kaldı. Evde çalışma yapan bile "Demo yaptım" demeye başladı. Demo NeuroFormat çalışmasının özel terimi haline geldi.

Bu arada şunu da eklemekte fayda var: İnsanlar zannediyorlar ki ben belli konularda toplu çalışma yapıyorum diye bütün hastalıklarını toplu çalışmalarda iyileştirebilirler. Ama bir toplu çalışmada hangi rahatsızlığın geçeceğini seçemezsiniz. Ve söylemek isterim ki hastalık demosu yapılamaz. Çünkü en basit haliyle bile egzama ayrılık travmasıyken bazısı babasını kanserden kaybettiği için, bazısı köpeği elinden alındığı için, diğeri yatılı yurda gittiği için, bir başkası hayatında istemediği bir insan olduğu için bu egzamayı yaşıyor olabilir. Yani temelde tema ayrılık olsa da bunlar toplu bir çalışmayla yönetilemez. Kişinin önce kendi travmasını bulması, ardından da kendi travmasına özel bir çalışma yapması gerekiyor. Ve her her travma eşsiz, birbirinden farklı, film senaryosu gibi sonsuz varyasyonlar barındırıyor. Bu yüzden kişiye özel çalışmaların toplu çalışmalarda çözülme ihtimali yoktur.

Elbette toplu demo çalışmalarından ilham alabilirsiniz, tekniğe dair bir içgörü kazanabilirsiniz ama kişiye özel travmaların kişiye özel çalışmayla temizlenmesi gerekir.

Ana sunucu tezini toparlayalım...

Şimdi hızlı bir turla tezimizin üzerinden geçelim.

- Hafıza dediğimiz sadece beynimizde olmayabilir, bazı önemli kayıtlar bir tür ana sunucuda da saklanıyor olabilir.
- Bir travma yaşandığında önce hayatta kalma, ikincil olarak da sonraki nesillere tehlike işaretlerini aktarma amaçlı olarak tehlike bilgisi ana sunucuya yükleniyor olabilir.
- O ana sunucuya, o bilginin durduğu yere –mesela bu travma anne hamileyken yaşandıysa– anne de ulaşabiliyor çocuk da.
- Her şey iyi hoşken, hayat rahat rahat akarken ana sunucuya bilgi aktarmıyoruz. Bilgi aktarmanın koşulu alarm durumu, duygu yükselmesi. Bir tür tehdit oluşması. Bir anlamda ana sunucuya yazmanın mürekkebi duygu!
- Duygu bize bir şeyin ne kadar önemli olduğunu söyleyen bir pusula aynı zamanda. Bir şey ne kadar duygu yoğun olarak varsa beyinde o kadar öncelikli. Duygunun asıl gösterdiği şey öncelik sırası.
- Ana sunucuda bilgiyi hem sen kullanabiliyorsun hem de o konuyla ilgili diğer insanlar.
- Bilgi ana sunucuya detaylarıyla kaydediliyor. Durum, koku, renk, adres, düşmanın tarifi ve kim olduğu...
- Hastalıkları –travmayı yaşayan kişinin kendisi ya da aktarım sonucu yaşayan çocuk gibi– ana sunucuda kaydın aktif halde durması olarak yorumlayabiliriz.
- Birisi bu ana sunucudaki kayda ulaşıp temizlik yapınca o kayıttan etkilenen herkesin hayatı değişebiliyor.
- Ana sunucudaki yazıyı değiştirmek için başka birinin yeri-

ne çalışma yapmak da mümkün. Gıyaben, vekâleten çalışma yapılabiliyor.

- Nasıl ki kaydı oluşturmanın koşulu duygunun yükselmesiyse bu kaydı silmek için de duyguya iyice girmek, duyguyu iyice yükseltmek gerekiyor. Başkası adına veya vekaleten yaptığınızda da aynı şey geçerli.
- Ana sunucuyu aslında tehlikeyle ilgili dataları koruyan, tehlikeleri kümenin diğer üyelerine aktarıp bir şekilde hayatta kalma ihtimalini artırmaya çalışan bir koruma sistemi gibi de düşünebiliriz.
- Büyük, kolektif travmalar sunucuya daha derin yazılar yazabiliyor. Belli bir soydan gelenler o bilgiye ulaşabiliyor.
- Anne çocuk ilişkisi söz konusu olduğunda annenin hamile kalmadan önce ve hamilelik sırasında ana sunucuya yazdığı bilgilerin tümünün çocuğa aktarıldığını düşünebiliriz. Ya da çocuğun o bilgilere erişim imkânı olduğunu.
- Ana sunucuda önemli olaylar var ama annenin çocuğa oradaki bilgiyi, adresi ulaştırması için daha yüksek olasılıklı zaman dilimleri de var. Mesela hamilelik dönemi, doğum anı gibi. Bu durumlar ana sunucudaki tehlikenin aktarım ihtimalinin daha yüksek olduğu anlar.
- Hamileyken travma bilgisinin çocuğa aktarım olasılığı daha yüksek. Annenin çocuktan önceki yaşamına dair travmaların aktarım olasılığı ise çok daha düşük.
- Annenin çocuk doğduktan sonra yaşadığı travmalar çocuğun artık erişebildiği bilgiler olmuyor. Çocuk doğana kadar tüm bilgiler ana sunucuya aktarılmış oluyor gibi düşünebiliriz.
- Babanın durumunda ise babanın yaşadığı tehlike bilgileri, travmatik tehlike bilgileri sperm aktarımını yapana kadar geçerli, ondan sonra babanın çocuğa aktarım açısından bir etkisi kalmıyor.
- Travmaların bilgisinin duygu yüksekliğiyle ana sunucuya yüklenmesi, son tahlilde gelecek nesli tüm tehlikelere karşı uyarmak gibi bir anlam da taşıyabilir. Travma kendi neslini önceden uyarmanın bir yolu olabilir.

Durumdan vazife çıkaran beynimiz!

Buraya kadar epeyce yol aldık. Bilimin bildiklerinden çok bilmedikleri olduğunu anladık. Fizik bilmemizin biyolojiye de tamamen hâkim olduğumuz anlamına gelmeyeceğini kavradık. İnsan ve duygular söz konusu olduğunda son derece karmaşık sistemlerin devreye girdiğini gördük. NeuroFormat ile "öteki"ni iyileştirmede temel dayanak noktamız ana sunucu tezimizi ortaya koyduk, çerçeveledik.

Şimdi önce travma dediğimiz şeyin bedendeki adresine gideceğiz. Yani beynimize. Travma niye var... Ne oluyor da oluyor meselesini konuşacağız. Ardından iyileşmeye odaklanacak, yöntemlerin üzerinden geçeceğiz. Sonrasında ise ezber bozan, hepimize ilham veren iyileşme örneklerini okuyacağız...

Önce beynimiz... Beynimizin yüzde bilmem kaçını kullanıyormuşuz, hepsini kullansak belki de uçacağız, duvarların içinden geçeceğiz denir ya hani. Bu ifade eğlendirir beni. Beynimizle sağlam bir tanışıklığım olduğunu düşünüyorum. Evet, ben de her şeyine hâkimim diyemem, böyle bir iddiada bulunamam ama mesele hastalıklar, fobiler, bağımlılıklar, travmalar olduğunda beynin haritasını çıkarmak konusunda NeuroFormat sistemi içinde ciddi yol aldığımıza eminim.

Beynimiz başkumandan. Bizi o yönetiyor. Bizi canlı tutuyor. Uyurken de uyanıkken de milyon tane iş yapıyor. Her saniye, her durumda tonlarca veriyi analiz ediyor. Kararlar alıyor. Ama mükemmel mi? Vallahi değil! Hep derim. İşgüzar bir beynimiz var. Bazen durumdan gereksiz vazife çıkarıyor. Bazen pire için yorgan yakıyor. Bu konuda da kendisini suçlayamam. Çünkü yapısı öyle, yazılımı öyle.

Yazılım dedim, bu ifadeyi bilinçli kulandım. Beynimizi ve travma anında yaptıklarını anlamanın en ama en kestirme yolu şu: beynimiz üst üste binmiş yazılımlardan oluşuyor. Bu yazılımlarda en altta en ilkel hücre seviyesinin bilgisi var. Sürüngen beyninin bilgisi var. En üstte ise nezaket kurallarından sosyal tavırlara daha komplike bilgiler.

Bir durumun travma olmasının nedeni ise tamamen bu ilkel beynimizde yarattığı etkiden kaynaklanıyor. Alt beynimiz dünyayı SAVAŞ ya da KAÇ düzleminde okuyor. Radarı –çok da anlaşılabilir nedenlerle– tehlikeden uzak durma üzerine programlı.

Alt beynimiz için plazalar yok, iPhone'lar yok, internet yok, marka giymek yok... O kendini genelde vahşi bir ormanda yırtıcılarla çevrili hissediyor. Her an av olacak gibi hissediyor. Ya aç kalırsam ya susuz kalırsam diye korkuyor. Bu yüzden de bugün yaşadığımız dünyadaki sosyal pek çok durumu bambaşka okuyor.

Beynimizin defolarını, neyi nasıl anladığını önceki kitaplarımda da detaylıca anlattım. Ama şu örneği verdiğimde hiç bilmeyenleriniz için de durum aydınlanmış olacak. Ardından da madde madde haritasını çıkaracağız.

Şöyle düşünün: Bir şirkette çalışıyorsunuz. Diyelim ki müdürsünüz yahut uzmansınız. Toplantıdasınız. On kişi olsun bu toplantıda. Masanın başında da patron. Tek tek işleri soruyor. Yorumlar yapıyor. Sıra sizin söyleyeceklerinize geliyor. Bir rapor hazırlamışsınız, onu sunacaksınız. Mesela bir lojistik şirketiymiş burası. Diyorsunuz ki "Şu şu malların sevkiyatı gerçekleşti. TIR'lar şuraya ulaştı. Şurada bir sorun çıktı, küçük bir gecikme yaşandı ama halledildi". Objektif olarak durumu rapor ediyorsunuz, olan bu. Ama patron bir anda öfkeleniyor. Size bağırıp çağırmaya başlıyor: "Bu nasıl olur? Benim niye haberim yok! Gecikmeden kim sorumlu? Böyle saçma iş yapılmaz..." gibi sözlerle esip gürlüyor. On kişinin arasında sizi yerin dibine sokuyor. Ne iş bilmezliğiniz kalıyor ne beceriksizliğiniz. Yer yarılsa da içine girsem modundasınız. İşin kötüsü bir kabahatiniz de yok. Sizin işiniz durumu rapor etmek. Ama patronun içinden bir canavar çıkmış, tutmasalar üzerinize atlayacak sizi parçalayacak!

Şimdi biz ne yaşadık? İş hayatı, patron sinirlendi, haksız yere size bağırdı, sizi ekip arkadaşlarınızın önünde rezil etti. Hiç de kabahatiniz yokken sizi yerin dibine soktu. Aslında olan, iş hayatının en gıcık yüzüne maruz kalmak.

Ama beyniniz için durum öyle değil. Beyniniz için durum bir ölüm kalım savaşı. Ayrıca ona göre hadsiz bir patronun üslupsuz tavrı yok. Çünkü beynimiz kavramsal durumları anlamıyor. Onu okumasını bilmiyor. Ve kendi bildiği dilden okuyor. "Ooooo" diyor beyin. "Çok fena! Sindiremeyeceğimiz bir şey yuttuk. Midemizde takılı kaldı. Taş gibi duruyor! Ne yapalım? Biz bunu sindirmek için hücre artıralım. Ki sindirim kapasitesi artsın. Yahut yolu açalım, suyu salalım, içerdeki çıksın gitsin! Boşaltalım içerde ne varsa!"

En kaba, en özet haliyle anlattım ama işte beynimiz bunu yapıyor. Patronun seni yerin dibine sokan cümlesi onun için sindirilmemiş gıda, vücuttan atılması gereken bir şey oluyor. Ve nasıl algılıyorsa ona göre bedene komutlar gönderiyor: Kapasite artır! Suyu tut! Suyu bırak!

Şimdi tabloyu anladığınızı düşünüyorum. Beynimiz bizim gibi düşünmüyor. O vahşi ormanda açlıkla, başka yırtıcılarla mücadele eden, ya su kaynağına ulaşamazsam, ya sürüden kopup kurtlara yem olursam diye korkan biri.

Ve duygunun yükseldiği an da onun için alarm durumu. Hayatta kalmak, ne pahasına olursa olsun hayatta kalmak için bedene komutlar göndermek zorunda kaldığı alarm durumu. Travmalarımız işte bunun için önemli. NeuroFormat'la travmaları temizlemek işte bunun için önemli.

Travmayı bulmak, duyguyu yükseltip temizlemek beyne "Tehlike geçti" demek oluyor. Hastalıkların sihirli değnek değmiş gibi geçmesinin, iyileşmeyen kanserlerin iyileşmesinin, doğuştan gelen rahatsızlıkların çözülmesinin nedeni bu: Tehlike geçti diyebilmek.

Detaylarını öğreneceğiz ama şimdi madde madde özetleyerek beynin neye nasıl baktığının üzerinden geçelim:

- Beynimizin tek önceliği var: Bizi her ne pahasına olursa olsun hayatta tutmak! Bunun için bizi hasta edebiliyor.
- Beynimiz işgüzar. Durumdan vazife çıkarmakta üstüne yok! İster sağlık sorunları olsun ister fobiler ister kilo sorunları ve alerjiler ya da kronik ağrılar, tüm dertlerimizin kaynağı işgüzar bir beynimiz olması!
- Beynimiz bilinç ve bilinçaltı diye iki bölümden oluşuyor. Adeta üst üste binmiş yazılımlardan oluşuyor. Bu programların bazısı milyar yıl öncesine dayanıyor bazısı daha yeni.
- Beynimizde yeni programlar eskilerle beraber çalışıyor.
- Beynimizin en ilkel yazılımı için temel mesele savaş ya da kaç!
- Hastalıkların temel nedeni beynin savaş moduna geçmesi ve savaşta güçlü hissetmek için bedende, organlarda birtakım değişiklikler yapmaya karar vermesi.
- Beynimiz biraz küt! Çünkü bilinçaltımız modern dünyada yaşarken, siz bir sunum yapmak için toplantı sırasında ayağa kalktığınızda olup biteni pek anlamıyor. Bunu aslan tarafından parçalanma yahut aç kalma tehdidi olarak okuyabiliyor.
- Bilinç dediğimiz beynimizin kullandığımız, kontrol ettiğimiz, aynı anda gerçekten farkında olarak tek bir konuyu düşünebilen, değerlendirebilen yönü.
- Bilinçaltı ise geriye kalan her şey. Duygularımızı oluşturan, vücudumuzda biz farkında olmadan kalbimizi çarptıran, kontrol edemediğimiz ama yaşamımız için tüm temel işlemleri gerçekleştiren. Uyuduğumuz zaman da, biz farkına varmasak da hayatı, canlılığı devam ettiren o.
- Bilinç ya da bilinç üstü modern dünyadaki kodları okuyabilen daha yeni yazılım.
- Bilinçaltı ise ilkel, hayatta kalmaya odaklı yönümüz. Her şeyi fiziksel görüyor. Kavramlardan anlamıyor. Bütün olayları fiziksele indirgiyor
- Bilinçaltımızın amacı bizi mutlu etmek değil bizi hayatta tutmak. Ve bunu bizi mutsuz etme pahasına yapabiliyor.

Tüm vücudumuzu kontrol ediyor. Dışarıdan gelen bütün işaretlere yanıtlar vererek sistemi canlı tutmaya çalışıyor. Ancak, hayatta tutma olayını biraz da "buluttan nem kapar" modda devam ettiriyor.

- Beynimizin bu değişim komutlarını verdiği ana Travma deniyor.
- Beyin için geçmiş veya gelecek yok. Hepsi şu anda, aynı anda yaşanıyor.
- Beynimizin önemli değişiklikler yapması da hep önemli günlerde oluyor. Beyin hep önemli günlerde yaşıyor. Her şey yolunda giderken, sen mutluyken değişim yapmaya ihtiyacı yok.
- Yapılan değişiklik zaten mevcut yazılımdaki bir komutu devreye sokmak oluyor.
- Bu komutlar milyonlarca yıllık hayatta kalma bilgisiyle oluşmuş durumda.
- Su olmadığı zaman ödem tutmak, bir besin sindirilemediğinde enzim artırmak beynin milyonlarca yıldır bildiği kurallar.
- Travma sonucu vücutta yapılan değişiklikler kişiden kişiye, ortamdan ortama değişiyor.
- Babasını kaybedip travma yaşayan birinde sonuç böbrek sorunları bir diğerinde göğüste kist gibi ortaya çıkabiliyor.
- Travma anında bazen sapla saman birbirine karışıyor. Kötü olay yaşanırken oradan geçen, ortamda olan bir koku, bir besin, bir ses suçlu ilan edilebiliyor. Beyin "tehlikeyi yaratan"la o an "tesadüfen o mahalden geçen" arasında ayrım yapamıyor. Kurunun yanında yaş da yanabiliyor.
- Bilinçaltı negatifi işleyemiyor. Aklımıza her ne geliyorsa o bilinçaltımız tarafından "istediğimiz" ya da karşı karşıya kaldığımız bir durum olarak algılanıyor.
- Beynimiz "yokluk" kavramını bilmiyor. "Sakın aklına kedi getirme" dediğim anda aklınıza kedi gelmesinin nedeni bu. Beyin için YOK yok. Negatif ya da pozitif ne düşünürsek o VAR!

- Beynimiz önceliklerini duyguya bakarak belirliyor! Duygu yüksekse burada bir durum var diyor. Neyin önemli olduğunu duygunun yüksekliğine göre belirliyor.
- Travma yüksek duygu demek. Yüksek duygu karşısında beyin "önlem almalıyım" diyor. Bedendeki değişimler de böyle başlıyor.
- NeuroFormat'la duyguyu yükselterek temizlemek, beyindeki önceliği kaldırmak anlamına geliyor.
- Travma anında sakin kalmak hayatımızı kurtarabiliyor. Sonrasında teslim olarak duyguyu temizlemek ise müthiş iyileşmeler yaratıyor.

Önceki kitaplarımda da kullandığım çok sevdiğim bir tabir vardır: Kelebek Etkisi.

Kelebek Etkisi bir fenomene verilen isim: Bir kelebeğin kanat çırpmasının binlerce kilometre uzaktaki bir başka kıtada kasırgaya neden olabileceğini öngören felsefeyi anlatıyor.

Bu teoriyi her şey her şeyle bağlantılıdır şeklinde de okuyabiliriz. Afrika'daki bir kelebeğin kanat çırpışı Japonya'da kasırgaya sebep olabilirken, başka bir kelebek, Güney Amerika'da başka bir hava durumuna, söz gelimi tufana, hortuma neden olabiliyor.

Aslında kelebek ne biliyor musunuz? Beyindeki sıkışmış duygu. Adına hastalık dediğimiz kasırgalar, tufanlar da bu kelebeğin kanat çırpışıyla oluyor.

Ve o kelebeği sakinleştirmeyi başardığımızda, sakinleştirip uçurarak özgürlüğüne kavuşturduğumuzda sorunlar çözüm yoluna giriyor.

İlginç bir not: bu kitapta hepinizi şaşırtacak hikâyelerde göreceğiniz gibi bazen o kelebeğin sizin beyninizde olması bile gerekmiyor!

Ötekini iyileştirmek

Beyni de bütün foyalarını ortaya sererek aradan çıkardık ve artık konumuza yani iyileşmeye dönebiliriz.

Kitabın başında da söylemiştim. Bu kitabı yazarken ben bile hâlâ şaşkınlığımı koruyorum. Çünkü geldiğimiz noktadaki iyileşme hikâyeleri fenomen boyutuna çoktan ulaştı. Bunları tüm okurlarımla paylaşmak boynumun borcu diye hissediyorum.

NeuroFormat 3.0'da artık öyle inanılmaz noktalara geldik ki sistem kendi kendini güncellemeye, iyileşme yöntemleri çeşitlenmeye başladı.

Ötekini iyileştirmek dedim. Hemen iki örnek anlatayım. Çok da çarpıcı örnekler... Ardından ötekini iyileştirmede kullandığımız temel 4 yöntemin detaylarına geçeceğiz...

Bana çok ilginç gelen, her ikisi de bir tür utanma öyküsü içeren iki vaka.

Yayınlarımıza katılan izleyicilerimizden biri heyecanla iyileşme öyküsünü paylaşmıştı bizimle. Esra Hanım'ın oğlu dokuz yaşındaydı. Altına kaçırma sorunu vardı. Bundan çok utanıyor, çok mutsuz oluyordu. NeuroFormat iyileşmelerine sosyal medyadaki yayınlarımdan şahitlik eden Esra Hanım bu sorunun kaynağını bulmaya karar vermişti. Ve çok uğraşmasına gerek kalmadan travmayı bulmuştu. Esra Hanım daha küçük bir kızken, altı yaşlarında komşu evinde üzerini değiştiriyor. Hiç beklemediği bir anda kapı açılıyor ve kendinden yaşça büyük erkeklere çıplak yakalanıyor. Bu anısını hatırlıyor. Nasıl utandığını. Ve bu travması üzerine çalışıyor. Sonra inanılmaz bir şey oluyor, iki gün sonra oğlunun altına kaçırma sorunu pat diye bitiyor.

Bir başka hikâyede travma biraz daha sert! Bu izleyicimizin 12 yaşında bir kızı var. Ama erkek kıyafetleri giymek istiyor, adeta erkek olmak istiyor. İzleyicimiz de kızının bu halleri üzerine düşünüyor. Sonra da kendi hayat hikâyesi üzerine... Kaynağı bulmakta gecikmiyor. 6-7 yaşlarındayken kendi kız kuzeninin tacizine maruz kaldığını hatırlıyor. O güne, o ana dönüyor. O duyguları önce yükseltiyor sonra boşaltıyor ve yine bir mucize olmuş gibi kızı birden artık kız olmaya karar veriyor! "Ben artık erkek olmak istemiyorum. Kız kıyafetleri giyebilirim, sorun yok" diyor annesine.

Uzaktan bakan biri için beyin yakan hikâyeler. Ama sistemi bilen biri için öyle değil. Çünkü neyin neden olduğunu biliyoruz. Sistemin nasıl çalıştığını biliyoruz.

Şimdi gelelim yöntemlere...

Ne dedik? Anne çocuk ilişkisinde travmanın yaşanmış olabileceği yerler belli: Onları hatırlayalım.

1. Çocuğun doğduktan sonra yaşadığı travmalar
2. Çocuğun doğum sırasında yaşadığı travmalar
3. Annenin doğum sırasında yaşadığı travmalar
4. Çocuğun hamilelik sırasında yaşadığı travmalar
5. Annenin hamilelik sırasında yaşadığı travmalar
6. Annenin henüz hamile değilken, hatta bekârken veya çocukken yaşadığı travmalar
7. Babanın gençken, birleşmeden önce yaşadığı travmalar
8. Atalardan, anne babanın atalarından geçmiş olabilecek travmalar, hatıraların mirası.

Hani dedim ya, hamilelik döneminde anneleri korumamız gerek diye. Gerçekten ama gerçekten tüm kalbimle inanıyorum buna. Öyle çok hamilelik travmasının çözüldüğüne tanıklık ettim ki tüm beylere tavsiyem şudur: çocuğunuzun hasta olmasını istemiyorsanız annesini hamilelikte pamuklara sarın sarmalayın, baş tacı edin.

Doğumun kendisi anne için de çocuk için de travma potansiyeli taşıyabiliyor. Kanalda takılmalar oluyor, kordon dolanıyor, çocuğun çıkmasında sorun oluyor yahut anne çok sancılı, kaygılı bir doğum yaşadıysa bu da çocuğa bilgi olarak ulaşıyor.

Bu travmalar neler olabilir diye düşünürsek sayalım:

Kuvöz, yeni doğan yoğun bakımı, bu sırada anneden ayrı kalma, özellikle bu sırada verilen besinlere alerji, tahliller, iğne, hastanede yaşanan müdahaleler...

Bebeğin doğduktan sonra kucağa alınmaması, annenin bebeği reddediyor gibi hareketler yapması, anneye bebeğin geç ulaşması.

Doğumdan sonra çocuğun bilinçsiz olduğu düşünülerek yanında yapılan tüm yüksek sesli, sert davranışlar, tartışmalar, kavgalar...

Annenin doğum izninin bitmesiyle işe dönmesi, emzirememek, sütten hızlı, hazırlamadan, kandırarak, memeye biber sürmek gibi değişik yöntemlerle kesmek...

Emzikleri atmak, zorlamalı uyku eğitimi, çocuğun travma yaşayacağını düşünmeyerek ağlayarak uyutma eğitimi vermek...

Doğum izni bitince çocuktan ayrılmak... Her şey bir travma nedeni olabilir.

Doğum sırasında çocuğun travmaları: Sezaryen, kordon dolanması, ters geliş, doğum sırasında olabilecek her tetkik... Doku almak... Doğum sonrası sünnet.

Doğum sırasında annenin travmaları: Uzun sancı, verilen endişe verici kötü haberler, epidural sırasında yaşanan terslikler, bayılma tehlikesi geçirmesi... Narkozda olabilecek şeyler...

Annenin doğumda eşine, yakınlarına ulaşamaması. Doğum sırasında yöntem konusunda kararsızlık yaşanması. Doğum sırasında başkalarının önünde bedenini açmanın rahatsız etmesi. Cinsel utanma... Bazı durumlarda doktorun cinsiyeti (erkek olması). Doğumda utanma. Diğer hamilelerin bağırışlarından etkilenme....

Çocuğun hamilelik travmaları: Çocuğun yükse sese maruz kalması. Fiziksel şiddete, darbeye maruz kalması vs. vs.

Annenin hamilelik travmaları: Annenin şiddete maruz kalması. Duygusal çalkantılar. Verilen kötü haberler... Tetkiklerde kötü sonuçların çıkması. Yeterince şefkat, ihtimam görmediğini düşünmek. Aile içideki kayınpeder kayınvalide tutumları. Çocuğun cinsiyeti anlaşıldıktan sonra çevreden gelen negatif yorumlar.

Hamilelik şoku... Çocuğu istememe.... Ayrılık, ölüm, kayıp travmaları...

Çocuktan öncesi:

Annenin gençlik travmaları... Özellikle cinsel travmaları.... Cinsel utanma travmaları.

Babanın gençlik travmaları. Her tür travma olabilir. Cinsel utanma, şiddet travmaları etkili olabilir.

Atalardan gelen travmalar.

Atalardan aktarılan travma bilgileri...

Peki nasıl çalışıyoruz? Tekniklerden önce ilk işimiz travmanın kime ait olduğunu bulmak. Zaten hep söylerim. Travmayı çözmenin ilk ve en önemli adımı da önce onu bulmak.

İlk iş soruyoruz: Bu mevcut durum, rahatsızlık... Nedeni annenin travması mı yoksa çocuğun kendi travması mı?

Anneye ait olduğunu düşünüyorsak önce onu çalışıyoruz. Ona odaklanıyoruz. Çocuğa ait olduğunu düşünüyorsak da birkaç yöntemle onu çalışıyoruz.

Bu arada bir not, kimi durumlarda annenin hem kendine hem çocuğa çalışma yapması da hızlı ve etkili sonuçlar doğurabiliyor.

Çocuk iyileşmelerinde (genele vurursak ötekini iyileştirme de diyebiliriz) kullandığımız dört yöntem var.

Bu kitapta daha çok anne-çocuk ilişkisinden bahsettik çünkü yüzdesel olarak daha çok anne travmalarının çocuğu etkilediğini görüyoruz. Erkeklerin çalışma yapması daha sınırlı olduğu için anne diyerek ilerleyeceğim ama babanın çalışma yaptığı örnekler de okuyacağız.

Atalar ve baba travmalarını bir kenara bırakırsak yüzdesel olarak travmaların pek çoğu anne kaynaklı oluyor. Bu sisteme göre genele vurduğumuzda büyük bir yüzdeyle travma ya annenin ya çocuğun çıkıyor.

Şimdi size dört sistem anlatacağım.

1. Annenin travmayı kendi üstünde çalışması
2. Çocuğa uykudayken anlatarak çalışması
3. Çocuk dinleyebilecek yaştaysa uyanıkken çalışması
4. Annenin gıyaben, vekaleten çocuk için çalışması, onun yerine geçerek travmayı temizlemesi

Travma anneye aitse çalışmayı kendi üzerinde yapıyor. Çocuğa uykuda çalışıyor. Çocuk uyanıkken de çalışıyor.

Travma çocuğa aitse çocuğa vekâleten çalışma yapıyor. Uykuda çalışıyor. Uyanıkken çalışıyor.

1.

Yukarıda verdiğim çıplak görülüp utanma travmasını kullanarak ilerlersek anne bu durumda şunu yaparak travmayı temizliyor: Utandığı o ana gidiyor, rezil olma, belki cinsel utanma, kendini pis hissetme... artık hangi duygular bu travmanın içinde yuvalanmışsa hepsini tek tek tespit ediyor, iyice yükseltiyor, çıkarıyor, temizliyor. Kendini affediyor. Oradaki utanmış, kendini bir anlamda rezil olmuş hisseden çocuğu sakinleştiriyor, teskin ediyor. Kendi çocukluğundaki bir yarayı iyileştirmiş oluyor. Ve çocuğunun altına kaçırma sorunu çözülüyor.

Burada çok çok özet anlattığım, kişinin kendi travmasına çalışmasını önceki kitaplarımda detaylı olarak verdim. Başlı başına derya bir konu çünkü. Basit bir şey değil. Çünkü çalışma şekli travmadan travmaya, senaryodan senaryoya değişiyor, birçok değişiklik gösterebiliyor. Burada yapılması gerekenin klasik bir NeuroFormat çalışması olduğunu söylemekle yetineyim. Bu çalışmada çocuğun travmadan herhangi bir şekilde haberdar olmasına gerek yoktur, doğru travma bulunmuşsa çocuk da kendiliğinden çalışma sonrası iyileşir.

Sonuç: Anne kendi travmasını çalıştı, çocuk iyileşti...

2.

Uygulanabilecek ikinci yöntem ise uykuda çalışma yapmak. Burada da travma yukarıda söylediğim gibi annenin kendi travması olabilir, çocuğun olası travması olabilir.

Mesela girişte bahsettiğim, önceki kitabımızın son

hikâyelerinden biri olan Senem'in öyküsü... bebeği doğduktan sonra 21 gün kuvözde kalmıştı. Ve kızda çoklu besin alerjisi gelişmişti. Bu ayrı kalma durumu uykuda çalışma yapmak için güzel bir örnek sağlıyor bize. Zaten anne kızına uykuda çalışma yapmış ve besin alerjisi durumu çözülmüştü.

Peki nasıl yapıyoruz uykuda çalışmayı? Anlatayım...

Çocuk uyuduktan on-on beş dakika sonra yanına yaklaşıp duyabileceği bir şekilde detaylar vererek, özellikle hislerden çok bahsederek travmayı anlatın. Yaklaşık bir-bir buçuk dakika kadar yapabilirsiniz. Bu aslında seminerlerimde mücadele tekniği olarak anlattığım yönteme benziyor. Ama elbette birebir aynısı değil. Senem'in hikâyesini örnek olarak kullanırsak uykusundaki kızına şuna benzer şeyler diyecekti: "Sen doğdun. Hasta oldun. Seni benim yanımdan aldılar. Günlerce göremedim seni. Belki sen kendini çok yalnız hissettin. Terk edilmiş olduğunu düşündün. Kuvöz çok soğuktu. Kimse seninle ilgilenmiyordu. Korktun, çok korktun..." Bu kısımlar emprovize biçimde anlatılabilir. Ama tek bir önemli koşul var. Duygudan çok bahsetmek. Hatta duyguyu yükseltmek.

Mümkünse atmosferi, kokuyu, ışığı anlatın. Olayın örgüsünü de verin.

Siz bunları anlatırken çocuk geriliyorsa, sağa sola dönüyorsa, daha iyi. Çünkü etkilendiğini gösteriyor. Bir buçuk dakikanın sonunda çocuğa sakinleştirici sözleri söylemek gerekiyor. Travma anneninse "Ama bu senin değil benim başıma geldi. Benim travmam. Hem zaten ben o kişiyi, durumu affettim. Artık bana zarar veremez... Serbest bıraktım. Ben artık rahatladım..." gibi cümleler kuruyorsunuz. Senem'in kızının durumu içinse şöyle denebilir. "Sen kuvözdeydin ama biz seni terk etmedik. Hep hastanedeydik. Kapıda bekliyorduk. Hem zaten sana sürekli bakıyorduk camdan. Yalnız değildin. Biz oradaydık... seni hiç bırakmadık. O günler de geçti... Güvendesin. Bizimlesin. Seviliyorsun..."

Bu kısım da yani duyguyu yükselttikten sonra pozitife çevirme kısmı da bir buçuk dakika yapılabir. On-on beş dakika boyunca bu bir buçuk dakikalık gitgelleri sürdürebilirsiniz.

Süreç boyunca kafa üstüne, köprücükkemiğine minik vuruşlar da yapın. Ama uykusunu bölme tehlikesi varsa vuruşları yapmayın.

Uykuda konuşmanın en kritik noktası çocuğun duyması önemli. Hatta tepki veriyorsa daha iyi. Mesela kasılması, yatakta dönmesi.

Bu sırada annenin de konuşurken, anlatırken kendisinin duyguya girmesi de önemli. Çünkü bir anlamda annenin de çalışma yapmasına vesile oluyor. Anne kendine de vuruşlar yapabilir. Özellikle bu çalışmayı yaparken ağlayan anneler kendileri de deşarj olduğu için çift taraflı bir etki olabiliyor.

Teslim olurken, rahatlatma bölümünde onun bedenindeki duygu yerlerini de sayabilirsiniz. "Kalbimdeki, karnımdaki, boğazımdaki bu duyguları serbest bırakalım" gibi cümleler kurulabilir.

Enteresan bir alternatif olarak çocuğun birisine kızgın olabileceğini düşünüyorsanız uykuda çalışma sırasında onun kendi sözleriymiş gibi kulağına da söyleyebilirsiniz. Onun ağzından çıkıyormuşçasına kızgın olduğu insana öfkesini çıkarabilirsiniz. Dikkat, onun sözleriyle! Onun ağzından çıkıyormuş gibi. Duyguyu yükseltip söyleyebilirsiniz. Mesela çocuk kardeşine kızgınsa "Ali sen geldin benim odamı işgal etin. Annemi elimden aldın..." gibi cümleler söyleyebilirsiniz. Kızgınlıkları bu şekilde ifade etmek çok etkili olabiliyor.

Sonuç: Anne uykuda çalışma yapıyor, çocuk iyileşiyor.

3.

Yukarıdaki aynı yöntemi çocuğunuz dinleyebilecek yaştaysa uyanıkken anlatarak da yapabilirsiniz. Yine önce duyguyu iyice yükselterek sonra pozitife çevirip sakinleştirerek.

Yine bir buçuk dakikalarla gidip gelerek yapıyoruz. Yukarıdaki yöntemden tek farkı çocuğun uyanık olması. Çocuk ağlıyorsa bu çok değerli. Bunu aşırıya kaçmadan tetikleyebilirsiniz.

Kafa üstüne, köprücükkemiğine minik vuruşlar da yapıyoruz.

Unutmayın ki duygunun çıkıyor olması iyileşmenin en önemli işareti. Yani siz böyle bir hikâye anlatırken çocuğunuz ağlarsa hiç korkmayın. O da duygusunu boşaltmış olacak. Ama pozitife çevirerek rahatlatmayı sakın unutmayın:

Sonuç: Anne konuşarak çalışma yapıyor, çocuk iyileşiyor.

4.

Şimdi ise çok daha enteresan bir iyileşme tekniğine geçiyoruz: Vekaleten çalışma.

Ben aslında vekaleten çalışmayı uzun yıllardır biliyordum, farkındaydım. Gerek olayın biraz zor inanılır olması gerek de kanıtlarını çok görmediğim için bunu hiçbir zaman paylaşmamıştım ama NeuroFormat'ın çok etkili bir sistem olması iyileşmelerin çok derin ve kalıcı olması son zamanlarda NeuroFormat ile yapılan vekaleten çalışmalara da yansıdı.

Duygu üzerine yoğunlaşarak vekâleten çalışmanın çok çarpıcı sonuçlarını gördüğüm için paylaşıyorum. Vekaleten çalışmada önemli nokta yine duyguyu yükseltmek.

Vekaleten çalışma için gereken koşul travmanın çocuğa ya da karşıdaki kişiye yani ötekine ait olması. Ama bir annenin belki aralarındaki biyolojik bağdan belki çocuğuna olan sevgisinden derin duygulara girmesi çok daha mümkün, çok daha kolay oluyor. Bir annenin çocuğuna vekaleten çalışması herhangi bir yabancıya göre çok daha etkili ve iyileştirici oluyor.

Vekaleten çalışmada yine sevdiğin, empati yapabileceğin insanlara çalışmak yabancılara çalışmaktan çok daha etkili.

Ne dedik? Yine başarının anahtarı duygunun olabildiğince yükseltilmesi.

Senem'in örneğini model olarak kullanalım. Senem kızının travması için vekaleten de çalışabilirdi. Bu durumda şunu yapacaktı:

Öncelikle kendi kendinize konuşarak da olsa bir rıza alma konuşması yapın. "Kızım, senin iyiliğin sağlığın için travmana çalışacağım. Bana izin verdiğini biliyorum. İzninle şu an başlıyorum" gibi cümleler kurabilirsiniz.

Ayrıca "Ben şu anda Ayşe'yim (kızın adı olsun)" demeniz de iyi olur. Çünkü onun bedeninde hissedeceksiniz.

Yine uyguladığımız yöntem aynı. Bu kez çocuğun yerine geçmiş durumdayız.

Vekaleten çalışmanın bir insanın kendine NeuroFormat çalımasından çok farkı yok. Tek farkı başka bir bedende olduğunu hissetmek. Bu yüzden iyi vekâleten çalışma yapmak için NeuroFormat'ı iyi bilmek, püf noktalarını iyi bilmek çok önemli.

Ben burada en özet haliyle anlatıyorum ama bu derya gibi olan sistemi püf noktalarıyla bilmek çok önemli.

Bu çalışmayı yaparken vekaleten yapan kişinin kendini gerçekten o kişinin bedeninde gibi hissetmesi, onu hayal etmesi gerekiyor. Onun bedenindesin. Onun gözleriyle bakıyorsun dünyaya. Üzerinde onun kıyafetleri var. O anı yaşıyorsun, o korkuyu hissediyorsun. Ve duyguları mümkün olduğunca yükseltiyorsun.

Vekaleten çalıştığımız kişi bebek değil çocuksa, yetişkinse yine onun bedeninde, onun gördüğü biçimde bakmak, öyle algılamaya çalışmak gerekiyor.

Mesela bu Senem'in bebeği olsaydı kuvöz hikâyesini önce yükseltecek sonra sakinleştirecektik.

Duyguya girerek şöyle cümleler söyleyecektik: "Annemin güvenli karnından hiç bilmediğim bir yere geldim. Korkuyorum. Annem yok. Onun kalp atışını duyamıyorum. Beni soğuk bir yere koydular. Burnuma, ağzıma acıtan bir şeyler taktılar. Korkuyorum. Üşüyorum. Yabancı bir yerdeyim. Yapayalnızım. Annem beni terk etti..."

Bu türde duyguyu iyice yükselten cümlelerden sonra ise pozitife çevirme yapıyoruz: "Annem babam beni çok seviyor. Güvendeyim. Geçici bir süreliğine burada bulunmam gerekiyor. İyileşeceğim. Annem beni kucağına alacak. Beni çok seviyorlar. Güvendeyim..."

Bu çalışma gerçekten duygu yükseltilip yapıldığında inanılmaz iyileşmeler yaşanıyor.

Ana sunucu tezimizi hatırlıyorsunuz zaten. Burada yaptığımızı ana sunucu tezimiz üzerinden açıklarsak şunu yapıyoruz:

Duyguyu iyice yükselterek ana sunucudaki kayda ulaşıyoruz. Bebeğin kuvözde geçirdiği 21 yalnız günün kaydına. O bilgiyi duyguyla açıyoruz, yükseltiyoruz, ortaya çıkarıp temizliyoruz, sonra sakinleştiriyoruz.

Bunu yaparak da, yine duyguyu kullanarak, kaydı ana sunucudan silmiş oluyoruz.

Sonuç: Anne vekaleten çocuğun travmasına çalışıyor, çocuk iyileşiyor.

Tekrar edelim: Bu dört yöntem için de en temel pusula önce travmayı bulmak. Sonra da travmanın kime ait olduğu bilgisiyle uygun yöntemi uygulayarak temizlemek. Ve olmazsa olmaz şartımız dört senaryo için de duyguyu iyice iyice yükseltmek.

Çünkü ana sunucuya yazı yazmanın yolu da ana sunucudan yazı silmenin yolu da duygu!

Bir küçük not daha: Çocuğunuzun travmasını çalışırken eğer kendisiyle konuşma yoluyla travmasını temizlemeyi tercih ettiyseniz, yapmanız gereken anlayacak yaşta ise çocuğa travmasını hatırlatıp sorularla onu yönlendirmek... Diyelim ki çocuğun okulda travma yaşadığını biliyorsunuz. Ama çok konuşmuyor, anlatamıyor. Onunla sohbet eder gibi başlayıp rahatsız olmayacağı şekilde minik minik vuruşları yaparken ona sorular sorabilirsiniz: "Canım, dün okulda kötü bir şey mi oldu, hatırlıyor musun?" Cevap vermeyebilir. Bu kez atmosferden ilerleyin. Dün okula giderken yağmur yağıyordu değil mi? Islandın mı? Bulutlar çok karaydı değil mi?... bu tarz sorularla ortama girmesini, travma yaşadığı ortamın kokusuna, atmosferine ulaşmasını, duyguya yakınlaşmasını sağlayabilirsiniz. Atmosferle ilgili soru sormaktaki amacımız bir şekilde onun gerçek sorunu anlatmasını sağlamak.

Çocuğunuz sorunu anlattıktan, duyguya girdikten, temizlik yapıldıktan sonra yine konuşarak ve minik vuruşlar yaparak onu rahatlatın. "Güvendesin, bu senin suçun değil, güvendesin" mesajlarını verecek en doğru cümleleri kurun.

"Annecim, niye başıma vurup duruyorsun?" diye sorarsa da muzip, güzel bir cevap vereceğinizden eminim.

Hangi travma...

Her biri birbirinden ilginç hikâyelerimize geçmeden önce son bir bölüm.

Travmalarımızın da türleri var ve iyileşme yöntemleri, iyileşme hızı travmanın türüne göre de değişebiliyor. Travma kelimesi bazen çok sert, çok kötü bir durumu çağrıştırsa da aslında travma derken basit bir çatışmadan, rahatsızlık veren bir durumdan, hatta başı kötü sonu tatlı biten bir şakadan bile bahsediyor olabiliriz.

Peki travmayı nasıl buluyoruz?

Gerek canlı yayınlarımda gerek seminerlerimde NeuroFormat sistemiyle sorunlarını çözmek isteyenlerin en çok sordukları soru budur işte. "Travmamı nasıl bulacağım?"

En öncelikli işimiz de bu zaten. Çünkü NeuroFormat sisteminde travma doğru biliniyor ve hatırlanıyorsa çözüm kesine yakındır.

Travmayı bulabilmek için ilk sorulması gereken soru şu: Bu sorun ilk kez, ilk semptomlarıyla ne zaman başladı? Bir dostunuz size sorununu söylüyor, nasıl çözerim diyorsa ilk bunu sorun. Ne zaman başladı?

Eğer yetişkinlikte başlayan bir sorunsa bu çoğunlukla kişinin kendi hayatında yaşadığı travmalarla ilgilidir.

Bir sıkıntı ne kadar erken yaşta başladıysa onun anneden, babadan, eski nesillerden gelme ihtimali o kadar artar.

Yetişkin birinin travmasını bulmak istiyorsanız, sorunun ilk semptomlarının başlamasından beş yıl önceye kadar gidilerek, yaşanan travma en yüksek olasılıkla bulunabilir.

Genelde en çok bulunduğu yer hastalık başlamadan iki üç sene öncesidir. Ama travmaların sadece bu beş senelik dönemde yaşandığı garantisi de asla verilemez.

Mesela Obsesif Kompulsif davranış bozukluğunda ilk başlangıçtan daha geriye gidilmelidir. Ayrıca kas hastalıklarında, MS, Parkinson gibi kas motor hastalıklarında da bu süre onlarca yıl geriye kadar gidebilir.

Hatta bazen bulunan travma, olayı tetikleyen zanlı travma ana travma olmayabilir. Sorunu tetikleyen ikincil bir travma da olabilir. Bir sorun tek bir travmadan kaynaklanır gibi bir garanti de yoktur.

Zamanlamanın önemli olduğunu söylüyoruz. Ayrıca olası travmaları daha da daraltıp nokta atışı yapabilmek için bir diğer bakılması gereken konu da travma konusudur.

Yani biz hangi rahatsızlıkların hangi travmalarla başlayabileceği bilgisine zaten belli oranda sahibiz. Mesela cilt hastalıkları sözkonusuysa genelde ayrılık, kayıp travması ararız. Diyelim ki 2010 yılında başlamış bir cilt hastalığı için 2005-2010 arasında yaşanmış kayıp ayrılık travmalarına odaklanırız.

Bir başka deyişle travmayı bulmak için analiz yaparken hem zamanlamaya hem de rahatsızlığın kendisinin hangi travmalardan kaynaklanabileceğine bakmalıyız.

Bununla ilgili olarak kitabın sonunda çok kapsamlı bir listeyi de zaten sizlerle paylaşıyorum.

Biz travmaları temelde üçe ayırıyoruz.

1. Birinci türdeki travmalar bir anlamda travma tanımını en çok hak edenler. Bizi şoke eden, kendimizi çaresiz hissettiğimiz, duyguları zirvede yaşadığımız durumlar. Kaza, ölüm, şiddet, bu türden travmalara örnek.
2. İkinci türdeki travmalar bir zirve anından ziyade uzun zamana yayılan travmalar. Kimi durumlarda yıllarca sürebiliyorlar. Örneğin birilerinin size kendinizi değersiz hissettirmesi, suçlu, başarısız hissettirmesi, hep küçük görmesi gibi...
3. Üçüncü tür ise epeyce farklı. Aslında beynin anlık çatışma olarak algıladığı durumlar. Ani ve tatsız bir görüntü, pis bir şeye bakmak, çok kötü bir koku duymak... Bu türden

travmalar. Baktığımız kişinin yüzündeki bir sivilceden iğrenmek, rahatsız olmak bile bu türde bir travma.

Bu üç genel türün kapsamına giren onlarca travma türü var. Elde edememe, kayıp travması, iğrenme, alana yapılan müdahale, değersizlik, ölüm korkusu, sindirilemeyen öfke, şiddetli ayrılık... Pek çok farklı travma türü var.

Daha kapsamlı bilgi almak için *Gecikmeli Teslimiyet* ve *Sağlığına Format At* kitaplarımı detaylıca incelemenizi tavsiye ederim.

Travma çalışma felsefesi Mücadele / Muhasebe

Travmaların türlerini yukarıda anlattım. Şimdi NeuroFormat çalışması için önemli iki kavramı öğreneceğiz.

Travmanın yaşanma şekline göre sonsuz sayıda senaryolar olabilir. Kişiye, hikâyeye, travmayı yaşayan kişinin değerlerine, karakterine göre yapılması gereken travma çalışması değişik ihtimalleri barındırır. Bu yüzden travmaları çalışırken standart, herkesin toplu uygulayabileceği, her travmada tamamen aynı şekilde uygulanan bir metodoloji bulunması mümkün değildir.

Bir travmayı travma yapan iki tane ana bölüm vardır: Mücadele ve Muhasebe.

Nedir mücadele: Bir travmayı travma yapan en önemli şey başına hiç beklemediğin, şoke olduğun, durumun kontrolünü kaybettiğin, belki kendi canına veya yakınının canına kasteden, belki de işinde, okulunda itibarına kasteden çok kötü bir olasılığın gelmesi ve o anda beynin başlatığı savunma tepkisidir.

Yani bir tehlike zili çaldığı zaman kişinin panikle kontrolü yeniden kazanmak, tehlikeye karşı mücadele etmek için yaşadığı Savaş/Kaç durumundan bahsediyorum. Bu bazen tamamen fiziksel mücadeleler olur, bazen de kötü bir haber almakla, beynindeki bir düşünce ya da bir sosyal durumda itibarını koruma mücadelesi olabilir.

Ama buradaki ortak nokta kontrolün kaybedilip yeniden kazanılması için mücadele etme durumudur. Beyin bizi özellikle böylesi durumlarda hasta eder.

Tehlike algısını daha önceki kitaplarımda da anlattığım gibi yanlış ve fiziksel algılayan beyin, tehdit sırasında bize yardım etme amaçlı olarak çeşitli organlarda kapasite artışı başlatabilir.

Bunun en bariz örneği işimizle ilgili negatif bir haber aldığımızda bile kalbimizin bir anda daha hızlı çarpmasıdır.

Aslında beyin konuyu fiziksel zanneder. Senin o anda savaşabilmen ya da kaçabilmen için iç organlardaki kanı hızlı bir şekilde savaşma veya kaçma amaçlı olarak kollara, bacaklara pompalar. Biz de kalbimizin hızlı çarptığının farkına varırız.

Ama bu sadece kalple sınırlı değildir.

Beyin tehlikeyi algılamasına göre tüm organların dokusunda, hücrelerinde ve çalışma şekillerinde değişiklikler yapabilir.

Bunlar iyi niyetle yapılsa da aslında pire için yorgan yakma niteliğinde olduğu için süreç bizi hasta etmekle sonuçlanabilir.

Bu anlattığım travmanın mücadele kısmı basit anlamda Savaş/Kaç'tır.

Biz NeuroFormat'ta bu süreci temizlemek için eski ve yanlış anlaşılan adıyla hikâye yeni adıyla Mücadele tekniğini kullanıyoruz.

Diyelim ki işyerindeyken bir telefon alıyorsunuz. Evinize haciz gelmiş. Belki o sırada eşiniz ve çocuğunuz da evde. Bir mücadeleye giriyorsunuz. Eve yetişmeli, mümkünse bu haciz işlemini durdurmalısınız. Bu arada komşulara rezil olacağız kaygısı da var. İşten eve ulaşma, belki bu arada telefonlar etme, uzaktan engel olmaya çalışma ile saatlerce sürebilecek bir mücadeleye girebilirsiniz.

Haberi aldığınızdan itibaren süreci belli noktaya getirene kadar beyniniz büyük bir mücadele içine girip yaşadığınız bu olayı travma olarak kaydedecektir. Ve iyileşmek için özellikle bu olay sırasında yaşadığınız duygunun mücadele tekniği ile yeniden yaşanması, sürecin sonunda zihinsel ve ruhsal olarak duruma teslim olunması, tehlikeye teslim olarak bu durumun, mücadelenin, savaşın beyinde sonlandırılması gerekmektedir. Bu travma sırasında beyinde sıkışan duyguya çok yoğun şekilde ulaşılarak, tercihen ağlayarak, çeşitli vuruş ve göz hareketleriyle, telkin ve tetiklemelerle o duygunun deşarj edilerek travmanın nötrlenmesi sağlanır.

Gelelim Muhasebe dediğim bölüme.

Muhasebe dediğim bölüm ise travmanın adalet arayışıdır. Biz yaşadığımız olaylar sırasında sadece mücadele etmeyiz, yaşadığımız olayı değerlendirir, durumu içimize sindiremeyerek kızacak, hesap soracak sorumlular ararız. Yani birilerine öfke duyar, kızarız. Burada öfkemizin iki hedefi olabilir.

Böylesi bir olay yaşandığında biz ya karşıdaki insanlara ya da kendimize öfkeleniriz. Travmanın muhasebe bölümü ise işte tam anlamıyla bu içimizdeki konuyla ilgili öfke ve hesaplaşma isteğidir. Eğer travmanın mücadele bölümünü travmanın çekirdeği gibi düşünürseniz travmanın muhasebe bölümü ise çekirdeğin çevresindeki destekleyici, büyütücü duygulardır.

Bir şeftalinin çekirdeği travmanın mücadelesi ise şeftalinin yediğimiz etli kısmı travmanın muhasebesidir.

Muhasebe çekirdek kadar önemli gözükmüyor gibi gelse de bazen travmayı beynimizde yoğunlaştıran şey içimizdeki bu öfke ve hesaplaşma isteğidir.

Mesela biraz önce verdiğimiz örnekte, eğer bu haczin gelmesine eşimiz sebep olduysa ona öfke duyarız. Bu travmada karşıya duyduğumuz öfke eşimize hatta bu haciz işlemini başlatan kişiye, avukata bile olabilir.

Ama öfke sadece karşıdakilerle sınırlı kalmaz.

Öfke kendimize de yönelir.

Neden daha önce farkına varmadım, neden engellemeye çalışmadım, tam da böyle bir günde neden çocuğu evde bıraktım diye düşünerek kendimize kızabiliriz.

Öfkeyi kendimize de yönlendiririz.

Bir başka deyişle muhasebe de ikiye ayrılıyor:

- Travmayla ilgili karşıya olan öfke
- Travmayla ilgili kendimize olan öfke

Ben verdiğim, uygulamayı öğrettiğim NeuroFormat seminerlerinde travmayı çözmek için çok önemli bir kısaltma, bir kontrol listesinden bahsederim.

Üç harfle veririm bunu: "MKB" olarak geçer kontrol listesi.

M: Mücadele

K: Karşıya öfke

B: Ben, bana öfke

Bu üç parça o kadar önemlidir ki zaten bütün travmaları ortak özelliği bu üç parçayı barındırmasıdır. Travmayın travma yapan başka bir parça bulunmamaktadır.

Bu kontrol listesi bizim travma çalışmalarımızda eksik kalmamasını sağlar.

Yine örneğimizden gidersek evine haciz gelen kişinin hem beynindeki sıkışmış Savaş / Kaç duygusunu hem de bu durumla ilgili kızdığı insanlara öfkesini, kendine öfkesini deşarj etmeden travmayı temizlemesi mümkün değildir.

Yani bir travma anında birden çok önemli parça vardır. Ve bu parçalar temizlendiğinde travma gerçekten çok kalıcı ve çok derin bir şekilde temizlenir.

Burada size travma temizlemenin felsefesini vermeye çalıştım. Bu felsefeyi bilmek çok çok önemli çünkü takipçilerimden görüyorum ki insanlar travmayı temizlerken sadece ağlamanın yeterli olduğunu zannediyorlar. Ama bir travmayı beyindeki simsiyah bir duygu olarak düşünürseniz onu beyaza getirmek için sadece birazcık ağlamak yetmez.

Öncelikle travmayı çözmek için travmayı oluşturan tüm önemli anların tamamen çözülmesi gerekmektedir.

Bu örnekte eğer konu ilerleyip mahkemelere, karakollara kadar giderse çalışılması gereken farklı travma anları da ortaya çıkacaktır. Ve bu anlar bizim sistemimizde travmacık olarak adlandırılırlar. Ve tüm travmanın çözülmesi için önemli tüm travmacıkların da ayrı ayrı çalışılarak çözülmesi gerekmektedir. Yani karakol anı da mahkeme anı da önemliyse çözülmelidir. Ve ayrı ayrı çalışılmalıdır.

Bu da yetmez, o siyah duygunun beyaza dönmesi için hem karakol anının hem mahkeme anının MKB felsefesiyle çalışılması gerekmektedir. Yani o sırada beyinde yaşanan mücadele, karşıya duyulan öfke ve kendine öfkenin çözülmesi.

Ancak bunlar yapıldığı zaman travma gerçekten siyahtan açık beyazlara inip beyinde tamamen temizlenebilmektedir.

Hazır olun! Ezberleriniz bozulacak

Kitabın başında demiştim: NeuroFormat sistemini geliştirdiğim günden bugüne çok şey oldu. Kitaplarım toplamda milyona yakın satış rakamına ulaştı, bugün 40 uzman psikoloğun çalıştığı merkezimizde her gün mucizevi iyileşmelere tanık oluyoruz. Ama daha da çarpıcısı, son birkaç yılda sistemin adeta kendini güncellemesi. NeuroFormat 3.0'a yükselmesi.

Hep söylüyorum: NeuroFormat canlı yayınlarımızla yaptığım şey şu anda dünyanın en etkileyici, canlı iyileşme laboratuvarına dönüştü. Dışardan bakan birinin mucize dediği şeyler artık bizim için yeni bir iyileşme.

Sağlık konusunda merakı olan, neyin neden olduğunu anlamak isteyen herkesi bu canlı laboratuvara davet ediyorum. Gelin, izleyin, dünyanın bize öğretildiğinden farklı bir yer olduğuna kendiniz tanıklık edin...

Birazdan her biri birbirinden çarpıcı 41 iyileşme hikâyesi okuyacaksınız. Bu hikâyeler canlı yayınlarımıza katılarak bize kendi öyküsünü anlatan NeuroFormat dostlarının hikâyelerinden derlendi.

Kişilerin mahremiyetini korumak adına hepsinin kayıtları olmasına rağmen isimler değiştirildi. Hikâyelerde söz konusu kişiyi direkt işaret eden detaylar çıkarıldı.

Bizimle hikâyesini paylaşan tüm dostlarımıza bu kitap vasıtasıyla da bir kez daha teşekkür edeyim.

Bu canlı iyileşme laboratuvarının gönüllü elçileri, gönüllü sahipleri onlar aslında.

Hazırsanız başlayalım. İyileşerek ezberlerimizi bozalım!

Utanç mirası

Utanç, utanmak konusunda ne düşünürsünüz bilmem. Ama bana sorarsanız toplum olarak "ayıp" meselesi muhtemel ki her birimizin hikâyesine ufak tefek çizikler atmıştır. Hayır, utanmak da neymiş, ayıp da neymiş, bırakalım bunları, canımız nasıl istiyorsa öyle takılalım demiyorum. Elbette sosyal normlar, gelenekler, kabul edilmiş kurallar var. Ama özellikle kız çocuklarımız için "ayıp" kavramını rasyonel bir zemine taşıyalım. Onlarla ayıp diyerek anlattıklarımızı da konuşalım. Gerçekten utanmamız gereken şeyler ile doğamızın sonucu olanları ayıralım.

Bir utanma hikâyesi okuyacağız şimdi. Girizgâhta kısacık bahsetmiştim. Uzun yıllar öncesine dayanan ve sonuçları bizi şaşırtan. En çok şaşırtacak olan ise iyileşmenin kendisi...

"Barış Bey inanamıyorum!" diyerek başlıyor Esra Hanım sözlerine. "Ne oldu? Anlatın bakalım" diyorum. En sevdiğim anlar bunlar işte. Yepyeni bir iyileşme hikâyesine birlikte tanıklık edeceğimiz o an. Ben ve tabii canlı yayınımıza katılan tüm izleyicilerimiz pür dikkat konuşmasını bekliyoruz.

Esra Hanım son toplu demo çalışmalarımızdan birine katılmış. Demo sonrası yaşadıklarını bizimle paylaşacak.

"Barış Bey, sekiz yaşında bir oğlum var benim. Bezden çıkarır çıkarmaz altını ıslatma sorunu başladı. İki yaşına biraz kala çıkarmıştım bezden. Galiba biraz erken çıkardım diye düşünüyordum. Bayağı araştırdım. Kitaplar okudum. Bazı kitaplarda diyordu ki kasları henüz gelişmemiş bebekler erken bezden çıkarılırsa altına kaçırma sorunu olabilir. Baktım, bekledim, belki düzelir, zamanla alışır diye düşündüm. Ama yok! Altına kaçırma devam ediyor. Dört yaşına geldi daha da arttı, aşırı şekilde altına kaçırmaya başladı. Öyle ki bir gecede dört beş kere altını ıslatıyordu. Her saat başı kalkıyordum; hem onu tuvalete götürüyordum hem altını değiştiriyordum. Artık durumu kabullenmiştim. Çok doktora götürdüm, muayene ettirdik, hiçbir sorun yoktu. Doktor genetik olabilir böyle şeyler demişti. Oğlum da artık büyüyor, sorunun farkında. Diyorum ki böyle şeyler olabilir, normal, kendini kötü hissetme. Üstüne gitmiyorum. Yani anlayacağınız kabullenmişim. Katıldım demonuza. Benim kelimelerime odaklanmayın. Yaşadığınız ana odaklanın diyorsunuz. Tam da dediğinizi yaptım."

"Peki sonra?" diyorum. "Ne oldu? Anlatın bize."

"Sonra şu oldu Barış Bey. Ben oğluma geceleri bez bağlıyordum artık. Bir türlü yetişemiyordum. Çişe götürmek için uyanıyorum, ama yine oluyor. Demonun ertesi günü oğlum dedi ki 'Anne ben bugün bezlenmeden yatmak istiyorum.'

Sabah kuru uyandı, kendisi de şaşırdı, 'Anne bak hiç yapmadım' dedi. 'Demek ki ben yapmayabilirim, artık bez bağlamayalım bana' dedi. Tamam dedim, ertesi gün tabii ki öyle olmadı. Yine altına kaçırdı. Ama iki gün sonra oldu, tamamen kesildi. Yatarken sadece bir kez tuvalete götürüyorum o kadar. Bir ayı geçti, bir kez olsun altını ıslatmadı. Benim için o kadar önemli ki, oğlumun özgüveni yerine geldi, kendini çok iyi hissediyor."

Peki soralım. Esra Hanım toplu demo çalışmasında neye odaklanmış? Onca doktor ziyareti bir işe yaramamışken nasıl olmuş da demodan birkaç gün sonra oğlunun durumu düzelmiş? Cevap bir utanç anı. Esra Hanım'ın kendi hikâyesinden bir utanç anı.

"Kendi küçüklüğümden bir şeye çalıştım Barış Bey" diye anlatmaya devam ediyor Esra Hanım. "6-7 yaşlarındayım. Komşularımızla çok iyiydik, çok yakındık. Hatta birbirimizde kalırdık. Kapı komşumuz. Birbirimizin evine girip çıkıyoruz. Bir gün yine oyun oynuyoruz. Çamurdan oyuncaklar yaptık. Üstüm başım kirlendi. Kirlenen üstümü çıkarmak zorunda kaldım. Üzerimi değiştirmeye onların evine girdim, kapıyı kilitlemek de aklıma gelmedi. Çocuk aklı işte! Tam soyunmuştum, ev sahibinin erkek çocukları, kuzenleri içeri girdiler. Çıplağım. Bilmiyorum onlar beni gördü mü görmedi mi ama o an için çok utanç hissettim. Kendimi nasıl kapatacağımı bilemedim, bağırmaya başladım. Çıksınlar diye. Hemen çıktılar ama ben bu olayın etkisinden çıkamadım. Şu anda bile hatırlıyorum nasıl titreyip ağladığımı. Ondan sonraki dört beş ay sokağa bile çıkmadım. Öyle utanmışım.

Demo sırasında o duyguyu serbest bırakmaya başladım; bu utanç hissini, ayıplanma hissini zihnimden, düşüncemden çıkardım. Bu utanç duygusunun bana yüklediği yükü omuzlarımdan, boynumdan, dirseklerimden, kollarımdan, bacaklarımdan, koynumdan serbest bırakıyorum dedim. O an beni çok kilitlemişti, biliyorum, hiçbir hareket yapamamıştım. Bunu üç kere tekrar ettim. Organlarımı sayarak bu utancı kendimden serbest bırakıyorum dedim.

Çok da ağladım çalışmayı yaparken. Serbest bıraktıktan sonra bile ağlamam devam ediyor, ben o andan çıkamadım. Hâlâ kendimi görüyorum. O halimi sanki. Kafamı hayalimde omuzuma yasladım, kendime sarılmış gibi, öyle okşamaya başladım, güzel sözler söyledim; sen daha iyi şeyler hak ediyorsun, geçti artık, güvendesin. Açıkçası nasıl etki edeceğini de bilemiyordum."

"Oğlunuzun konudan haberi yok değil mi? Siz ona söylemediniz böyle bir çalışma yaptığınızı?" diyorum.

"Hiç, hiç. Zaten onun konusu bile geçmiyordu. Onun bir rahatsızlık olduğunu bile söylemiyordum ki kendini kötü hissetmesin diye. Ama sonra bir anda oğlumun altına kaçırma sorunu çözüldü."

Ne dersiniz sevgili okurlar? Haksız mıyım ezberleri bozuyoruz demekte?

Anne ağlayarak, utanç duygusunu çıkararak temizliği yapıyor. Beyindeki o deli gibi duygu yükünün çıkmasıyla çocuğun beyni de o travmadan rahatlıyor, çocuğun sorunu da çözülüyor.

Ana sunucu tezimizi hatırlıyorsunuzdur. Burada olan annenin kendi çocukluk travmasının aktarımı. O bilgi, utanç bilgisi ana sunucuya atılmış. Anne çocuk arasındaki bağ nedeniyle çocuğun da ana sunucuya ulaşma, sunucudaki uyarı işaretlerine göre bir şeyler yaşama ihtimali olduğunu söylemiştim zaten. Annenin travması çocuğa aktarılmış durumda.

Esra Hanım aslında yaptığım toplu kilo demolarından birine katılmıştı. O demoda yaptığımız çalışmadan bir anlamda saparak kendi utancı üzerine çalışmış. Ve utanma duygusu serbest kalınca biraz da amatör şansıyla oğlundaki sorun ortadan kalkmış.

Yani anne travmayı temizlediğinde, kendi beyninde temizlediğinde ana sunucudaki kayıt da siliniyor, çocukta altına kaçırma sorunu olarak kendini gösteren kayıt da silinmiş oluyor.

"Anne bütün travmalarını çocuklarına geçiriyor mu yani?" diye sorduğunuzu duyar gibiyim. Her durumda, her çocukta bu olmayabilir. Ama kitabın başında anlattığım epigenetik teorisi de bunun mümkün olduğunu söylüyor. İşin hem ilginç hem de doğum gibi bir bağlantılılık nedeniyle çok anlaşılır bir yanı da şu: Anne travmayı aktarmak konusunda babadan daha önemli bir rol oynuyor.

Esra Hanım'ınki çok sert biçimde "cinsel utanma travması" olmasa da bir bilgi notu olarak şunu aklınızda tutun: Cinsel utanma travmaları kişide bipolardan tutun da obsesif kompulsif bozukluğa, sosyal fobilerden çeşitli psikozlara, beyni en çok bozan travmalardan. Kişiyi utanca sürükleyen küçücük anılardan tacize, tecavüze, anne babayı ya da bir yakını çıplak görmeye kadar uzanabiliyor.

Esra Hanım'ın durumunda travma cinsel utanmadan ziyade daha çok alana müdahale travmasına dönmüş. Neyse ki cinsel utanma travmalarının yaratacağı sert sorunlar olmamış. Daha çok alana müdahale travması gibi yansımış. Bedene müdahale olarak algılanmış. Çok şükür ki başka bir şey olmamış.

Siz de kendi hayat hikâyenizi bir de "utanç" üzerinden gözden geçirin. Belki ayıp kavramıyla korkma, belki çıplak yakalanma gibi bir hikâyeniz vardır. Ve bu anının siz farkında olmasanız da sizde yahut çocuğunuzda bir yansıması olabiliyor.

Dışarı çıkmak istemiyorum!

Hatırlarsanız doğumun kendisinin de bir travma olabileceğinden bahsetmiştim. Tekrarlamakta mahzur görmüyorum. Ne kadar söylesem az. Hamilelik de doğum süreci de kadınlarımızı pamuklara sarmamız gereken dönemler. Hatta bana sorarsanız doğumhanelerin, kadın doğum hastanelerinin baştan aşağı bu bilgiler ışığında düzenlenmesi gerekir derim. Renkten kokuya, sağlık çalışanlarının tavrından ışıklandırmaya... Çünkü çocuğun dünyaya merhaba dediği an, annenin kendi bedeninden başka bir canlıyı dünyaya getirdiği an öyle önemli ki... Şimdi okuyacağınız hikâyemizde spot ışıklarını doğuma çeviriyoruz. Okuyalım...

Bizimle hikâyesini paylaşan Öznur Hanım'ın dört yaşında bir oğlu var. Üç çocuk sahibi Öznur Hanım. İyileşme hikâyesini paylaştığı oğlu ortanca çocuğu oluyor. Oğlunun sorunu, tabiri caizse, annesinin eteğinin dibinden ayrılmak istememesi. Hatta hiçbir yere gitmek istememesi. Babaannesinde kalmak istemiyor, amcasına gitmek istemiyor. Anneannesi dışarı çıkarmak istiyor oğlan istemiyor. "Dışarı çıkmak istemiyorum!" diyor. Mümkünse hep evde, hep annesinin dizinin dibinde öylece durmak istiyor.

Şimdi gelinen noktada ise "Tamamen normale döndü çocuk" diyor Öznur Hanım. "Ne korkusu var ne de evden çıkmamak gibi bir durum. Kreşe götürdüğümde bile 'Görüşürüz anne' diyor, hemen arkadaşlarının yanına gidiyor. Eskiden yarım saat sürerdi ayrılışımız. Bırakmazdı."

Peki soralım şimdi. Neydi sorunu, travması çocuğun? Niye annenin yanından ayrılmak onun için bir tehdit gibiydi? Niye evden çıkmak istemiyordu? Ve ne oldu da şimdi her şey değişti?

Öznur Hanım da tahmin edeceğiniz üzere NeuroFormat takipçilerinden. Canlı yayınlarımızı izliyor. Bir şeyler öğrenmeye çalışıyor. Oğlunun durumu üzerine düşününce ilk aklına gelen üçüncü doğum için hastaneye gidişi oluyor. "Acaba" diyor, "doğuma giderken onu bıraktım diye mi böyle oldu oğlum?" Bu konuyu çalışıyor önce. Ama belli ki çocuğun travması bu değil. Çünkü bir şey olmuyor.

Evet, bazen bunu yaşarız. Gerçek travmayı bulana dek olası seçenekleri düşünmemiz, elememiz gerekebiliyor. Sonra aklına oğlunun doğumu geliyor. Belki de neden budur diyerek onu çalışıyor.

Çok ama çok zorlu bir doğum olmuş oğlanınki. Tam 21 saat sürmüş. Sancılar bitmek bilmemiş. Sonrasında ise iki saat boyunca bebeği görememiş.

Öznur Hanım çok da isabetli bir kararla bu doğum üzerindeki çalışmasını vekaleten yapmış. Yani kendini oğlunun yerine koyarak, onun bedeninde hissetmeye çalışarak çalışmış doğumu.

Ve duygularını iyice yükselterek şöyle cümleler kurmuş:

"Çıkmak istiyorum ama çıkamıyorum. Annem çok sancı çekiyor. Benim yüzümden acılar çekiyor. Ben artık buradan çıkmak istiyorum." Uzattıkça uzatarak, iyice duygularını yükselterek oğluymuş gibi konuşmuş.

Doğum sonrasındaki iki saat ayrılık için de, "Ben annemi istiyorum. Annem nerede? Korkuyorum. Annem niye hâlâ yanımda değil! Beni terk mi etti?.." gibi cümleler kurarak o aşamayı da temizlemiş.

Elbette burada anlattığım kadar özet ve basit biçimde olmuyor bu çalışmalar. Söylenen cümleleri okuyunca söylenecek cümlelerin bunlarla sınırlı olduğunu, çalışmanın burada anlatılandan ibaret olduğunu düşünmeyin.

Konumuza dönersek, sonrasını şöyle anlatmıştı Öznur Hanım: "Çalışmadan sonra uykum geldi, yattım. Gecenin bir vakti uyandım, affedersiniz ama ağzımın içi çok kötüydü, iğrenç bir balık kokusu var gibi. Sonra tam o sırada oğlum odaya girdi, anne yanıma gelir misin diye, yatırdım yatağına, dedi ki anne ağzımda bir balık var. Nasıl ya dedim. Ağzımda bir balık var, yok oğlum saçtır o dedim, peçete almaya gittim, kustu. Sonra oğlum 'rahatladım, korkum gitti benim' dedi.

Bu olay beni çok şaşırttı, bu kadarını beklemiyordum doğrusu. O ağzımdaki koku neydi? Oğlum niye ağzımda balık var dedi hiç anlamadım. Ama kusunca rahatladı. Ertesi gün eltim oğlana sor, bize gelmek ister mi diye mesaj attı. 'Oğlum gider misin yengenlere?' dedim. 'Evet anne gideceğim. Ben artık korkmuyorum' dedi. Hatta inanmazsınız bütün gün orada kaldı. 'Ben burada yatmak istiyorum' dedi."

Ne şaşırtıcı. Çocuğun bir anlamda anneyi kaybetme korkusu var. Anneden kopamama... Ama annesi vekaleten çalışma yapınca hemen ertesi gün durum 180 derece değişiyor.

Kendini oğlunun yerine koyarak, onun duygularını hissetmeye çalışarak ve iyice yükselterek yapılan temizlik çalışması sonuç veriyor.

Zaten hep söylüyorum ya. Travma temizliğinin birinci şartı travmayı doğru bulmak. Gerisi çorap söküğü gibi geliyor. Burada Öznur Hanım vekaleten çalışmayı tercih etmiş. Gördüğünüz gibi duygular yükseldiği zaman başkasının adına çalışmak bile inanılmaz sonuçlar verebiliyor. Ama elbette bu her zaman böyle olacağı anlamına da gelmez. Bunu da not edelim.

Teknik bir bilgi olarak Öznur Hanım bu çalışmayı oğlu uykudayken yapmayı da deneyebilirdi.

Böylesi bir durumda çocuğumuza güven vermek, ben seni çok seviyorum sakın korkma demek işe yaramıyor. Bazen tıpkı bu hikâyedeki gibi o travma düğmesini bulup kapatmak, ana sunucudaki o bilgiyi silmek gerekiyor ki gerçek bir iyileşme olsun. Yoksa beynimiz öyle bir çalışıyor ki geçmişteki bir pire için bütün yorganları yakabiliyor.

Şunu da paylaşmak isterim. NeuroFormat kendini güncelliyor, 3.0 sürümüne geçtik diyorum ama yanlış anlaşılmasın. Daha önce de biraz bahsettim. Vekaleten çalışma kavramı benim için yeni değil. Aşağı yukarı on beş yıldır bildiğim bir teknik. Ama kişisel gelişimin uzaktan şifa vs gibi kavramlarına kendimi kilometrelerce uzak hissettiğim ve vekaleten çalışma biraz buna döndürülmeye çalışıldığı için yakın zamana dek çok paylaşmadığım bir yöntemdi. NeuroFormat'ın kendisi bizi buraya getirdi, artık ben de telaffuz eder oldum diyelim.

"Peki Barış Bey annenin ağzındaki o balık kokusu neydi? Çocuk neden ağzımda balık var dedi ve kustu?" derseniz. Aklıma gelen birkaç hipotez var elbette. Kusma mesela bizim çalışma sonrası en sevdiğimiz, çalışmanın işe yaradığını adeta teyit eden durumlardan biridir. Ama balık kokusu konusundaki hipotezlerimle şimdilik kafanızı karıştırmak istemiyorum. Belki sonraki kitapta da biraz bunlardan bahsederiz. Yine bilimin henüz ulaşmadığı yepyeni alanlarda geziniriz.

Kızım devrim yaşadı

Hayatın bir simetrisi var ve bu benim çok ilgimi çekiyor, biliyor musunuz? Çünkü bir anlamda ana sunucu tezimizin tekrar tekrar ispatı gibi geliyor bana bu simetri.

Ne demek istiyorum? Anlatayım. Bir öğrenme güçlüğü hikâyesiyle hem simetriyi hem de sunucudaki kodları çözünce iyileşmenin nasıl mümkün olduğunu görelim.

Meral Hanım konuşkan, bıcır bıcır bir hanımefendi. O da bizimle iyileşme hikâyesini paylaşanlardan. Sekiz yaşında bir kızı var. Ve Meral Hanım kızının öğrenme güçlüğünden dertli. Daha doğrusu dertliydi. NeuroFormat çalışması sayesinde artık mutlu! Şöyle anlatıyor hikâyesini Meral Hanım:

"Kızım şu an sekiz yaşında. Üçüncü sınıfa gidiyor. Etraftan gördüğümüz çocuklarla karşılaştırınca gayet cin fikirli, parlak bir çocuktu. Tabii ki biz de çok mutluyduk. Derken ilkokula bir başladı, hüsran! Üst satıra A yazıyorum çocuk alt satıra geçince unutuyor. Hem unutuyor hem de dikkati sıfır. Çalışmak da istemiyor. Alt satıra geçince soruyorum. Kızım bu neydi? Bilmiyorum diyor. Üstte gördüğü A'yı alta yazamayacak derecede. Sınıfta da harfleri öğreniyor ama aslında öğrenemiyor; sevimliliğinden idare ettiriyor kendini, öyle bir kız çocuğu. İkinci sınıfa geldi, yok, yine okuma yok. Birleştirebiliyor heceleri ama onun seviyesindeki çocuklar kitap okuyorlar. Bizimki okuyamıyor.

Bir sürü canlı yayınınıza katıldım. En az dört beş kere katılmışımdır. Size soru soran kişilerden öğrenme güçlüğü filan diye duyunca, a dedim, hakikaten böyle bir şey varmış. Sonra size sordum, artık kaçıncı soruşumdu bilmiyorum, hamilelik travmasıyla ilgili olabilir dediniz.

Ama düşünüyorum. Benimki çok sorunsuz bir hamilelikti. Hatta rutin kontrollere bile gitmeme gerek olmadan; benim kafamda hamileliğim böyleydi. Sorunsuz, normal bir şekilde geçti gibi. Ve inanın buna çalışmak hiç aklıma gelmemişti."

Biraz araya gireyim. Meral Hanım hamileliğinin sorunsuz geçtiğini düşünüyor, öyle hatırlıyor. Ama o günlere dair hafızasını biraz daha yoklayınca aslında tüm süreç boyunca büyük bir stres içinde olduğunu fark ediyor. Nedeni de şu: Tam da hamile olduğu dönemde eşiyle birlikte bir süre başka bir şehirde yaşamak durumunda kalıyorlar. Bir işletmenin muhasebe işlerini yeni bir sisteme geçirmek, yeni sistemi kurmak üzere. Meral Hanım da orada çalışıyor. Vazifesi de bir muhasebe ekibi kurmak ve yeni programı onlara öğretmek. Bu arada yeni hamile.

"Bu muhasebe kurulumu o kadar zamanımı aldı ve öyle zorlu bir süreç oldu ki kendimi sürekli öğretirken hatırlıyorum" diyor Meral Hanım. "Sabah dokuz, gece bir, durmadan öğretiyorum. Bir de sürekli eleman değişiyor, tekrar yetiştiriyorum, tekrar anlatıyorum, mesaiden sonra bilmeyen arkadaşlar var, muhasebe dersi veriyorum. Onlar sürekli hata yapıyor, ben ha bire düzeltiyorum. İnanın dokuz ayım bu şekilde geçti. Ve hep bir başarısızlık hissi; hep bir öğretememe hissi. Bu arada eşim de firmanın benden daha üst yöneticisi olduğu için onun tarafından da stres altındayım. Yapamadım, olmadı, niye olmadı... O dönemi hatırlayınca Allah Allah, ben sorunsuz hamilelik geçirdim derken aynı sahneleri çocuğumla yaşadığımı fark ettim. Birebir aynısını. Siliyorum, düzelt diyorum, kızım düzelt getir diyorum. Beş kişiyi bir araya getirip bir kadro kuramıyordum o zaman da. Olmadı bak böyle olacak diyorum sürekli kızıma da. Resmen aynı manzarayla karşı karşıyayım. Kendi kızımda."

Meral Hanım düşündükçe o dönemde bir türlü sistemi oturtamamaktan nasıl özgüvenini kaybettiğini hatırlıyor. Kendini başarısız hissettiğini hatırlıyor. Hep yaptığım şeyi niye yapamıyorum diye düşündüğünü hatırlıyor. Ve aynı başarısızlığı çocuğunda da görüyor. Çünkü bir türlü olmuyor!

Ve sonuçta canlı yayınlardan da aldığı ilhamla bu stres dolu, kendini başarısız hissettiği dönem üzerine çalışmaya karar veriyor.

Çalışmayı da kendi kızıyla yapıyor. Işıkları kapatıyor. Hamilelikte yaşadığı zorlukları kızına uzun uzun anlatıyor. Minik minik vuruşları da yapıyor.

Sonuç mu? Artık tahmin edersiniz.

"Eylül başından bu yana inanılmaz bir devrim yaşadı kızım" diyor Meral Hanım. "Sınıfın sonuncusuydu, bütün sınıfı geçti, okuma yazmayı bu çalışmalardan sonra öğrendi. Hâlâ biraz daha çalışma yapmak istiyorum ama büyük bir devrim yaşadı. Resmen okula sürüye sürüye götürme aşamasından buraya geldik, artık her gün ödevlerini kendisi yapıyor, bir de online'da oturuyor kendisi açıyor, kendisi saatini ayarlıyor, ödevimi yaptım anne, kontrol edebilir misin anne diyor. Yatarken test de çözüyoruz. Kendi istiyor. Böyle bir noktaya gelebilmek, benim için mucize..."

Meral Hanım'ın kurmak istediği muhasebe kadrosunda yaşadığı blokaj, bir türlü öğretememe durumu simetrik bir yansımayla kızında da yaşanmış anlayacağınız. Ve kızına hamile olduğu bu döneme çalışınca da kızının öğrenme güçlüğü hızla geçiyor. Motivasyonu, öğrenme isteği artıyor.

Hani ne demiştik, travmanın da türleri var, hatırlıyor musunuz? İlle tek bir anlık, şiddetli, sert, tek bir olay olması gerekmiyor. Uzun soluklu stres de bir travma türü. Ama güzel haber şu ki temizliği yapınca işler yoluna giriyor. Bir türlü öğrenemeyen çocuk öğrenmek için can atar hale geliyor.

Aile kader değildir

Şimdi anlatacağım hikâye bana öyle umut veriyor ki, sizinle paylaşmaktan da özellikle çok mutluyum. Hani bir laf var ya, aile kaderdir diye. Bence öyle olmak zorunda değil! Düşündükçe her seferinde iyi ki Figen Hanım gibi kadınlar var, iyi ki onun gibi "anneler" var diyorum. Çünkü elverişsiz koşullarda doğan, seçmediği bir hayatın acılarına maruz kalan çocuklar onlar gibi iyi yürekli insanlar sayesinde ikinci bir şansı elde ediyor. Mutlu çocuklar, mutlu bireyler olmak için kaderini resetlemiş oluyor.

Figen Hanım iki çocuk sahibi bir anne. Ama hikâyesi standart hikâyelerimizden biraz farklı. Çünkü başvurduklarında biri bir, diğeri dört yaşında olan iki çocuğu evlatlık almışlar. İki kardeş bu çocuklar. Bu arada "Evlatlık almış" dedim ama kendisi bu tabiri çok sevmiyor. "Çocuklarımız yaklaşık 11 ay önce hayatımıza girdi" demeyi tercih ediyor.

Figen Hanım ve eşi yurtdışıda yaşıyor. Ve çocukları evlatlık alma süreci de yaklaşık iki yıl sürüyor. Kontroller, görüşmeler, tekrar görüşmelerle, evlatlık alan ailelere verilen eğitimlerle, prosedürlerle geçen iki yıl. Sonunda süreç tamamlanıyor.

Çocuklardan büyük olanı, belli ki doğduğu evde zorlu süreçlerden geçmiş bir kız çocuğu. "Onun için de bizim için de hiç kolay olmadı" diye anlatıyor Figen Hanım. Mutlu, sakin, kucaklayıcı bir yuva sağlıyorlar bu iki çocuğa ama kızının yaşı daha büyük olduğu için travmalarının daha ağır olduğunu da hissediyor Figen Hanım. Ve hikâyesini şöyle anlatıyor:

"Her gece özellikle aynı saatte uyanıyordu. Hep aynı saatte uyanıyor ve korkunç bir şekilde aynı şeyleri yaşıyormuş gibi saatlerce ağlıyordu. Ne yaptıysak başarılı olamadık. Ben bazen yapamıyorum, galiba benden kaynaklanıyor, acaba başka bir aileye mi gitmeleri gerekiyordu diye vazgeçecek noktaya bile geldim.

Sonra sizi keşfettim, enteresan bir şekilde. Bazen şuna inanıyorum, tesadüf diye bir şey yok. Çok ama çok yoğunlaştığımız, ihtiyaç duyduğumuz bir dönemde Allah çözümü karşımıza çıkarıyor.

Takibe aldım sizi. Hiç demolara katılma fırsatım olmadı. Ama söylediklerinizi, başarı hikâyelerinizi, YouTube'taki videolarınızı izledim. Öncelikle çok inandım, inanç çok önemli bence bu noktada, her şeyde olduğu gibi. Çok inanarak yaptım. Bir deneyeyim dedim, denemekte fayda var, kaybedecek bir şeyim de yok."

Tahmin edeceğiniz gibi videolardan, yayınlardan gördüğü haliyle yapıyor çalışmayı. Biraz da el yordamıyla.

"Üç hafta üst üste yaptım, bazen olmuyor mu acaba diye düşündüğüm zamanlar da oldu açıkçası. Her yaptığımda ben de çok kötü oluyordum. Kızımı uyuttuğumda istisnasız her gece yanına gidip sizin söylediğiniz şekilde, kafasına, uyanmayacağı şekilde vuruşlar yaparak anlatıyordum: Onun yaşadığı şeyleri aslında anne babasının bilinçli bir şekilde yapmadığını, evet, çok zor süreçlerden geçtiğini, bunları yaşamaması gerektiğini, anne babasının sağlıklı düşünemediğini, korumaları gerektiği noktada onları koruyamadıklarını ve zarar verdiklerini söylüyordum. Ama her şey bitti. Artık senin ailen biziz. Biz sizi hiç bırakmayacağız. Sizi her zaman seveceğiz diyordum. Hep bunları vurguluyordum. Üç haftanın sonunda ne oldu biliyor musunuz? O çocuk gitti yerine başkası geldi sanki. Ağlamaları, gece çığlık atarak uyanmaları bitti. Artık hiçbir şeklide ağlamıyor. Hiç yemek yemeyen çocuk yemek yemeye başladı; çok mutlu, bize sevgisini de fazlasıyla belli ediyor. Tamamen başka bir çocuk oldu. Ne diyeceğimi bilemiyorum. Eşim bile şu anda inanamıyor, nasıl oldu diyor. Eminim ki izleyen herkes de nasıl oldu diye sorguluyordur. Nasıl oldu bilmiyorum ama oldu!"

Ne müthiş ne umut veren bir hikâye. Ailemiz kaderimiz olmak zorunda değil. Ve iyi ki Figen Hanımlar var. Çocuk sahibi olmak için kendisi doğurmak zorunda hissetmeyen, ihtiyacı olan tüm çocuklara annelik edecek büyük yürekli insanlar var.

Bir Leyla ile Mecnun hikâyesi

Şimdi size en sevdiğim hikâyelerden birini anlatacağım. İlginç bir Leyla ile Mecnun hikâyesi desem yeridir. Öyle tatlı bir hikâye ki bu; en son romanlarda, filmlerde görmüştüm böylesini diyeceğinize adım gibi eminim. Ve elbette bir iyileşme hikâyesi aynı zamanda.

Fatoş Hanım 60 yaşlarında. 91 doğumlu bir oğlu var ve oğlu Amerika'da yaşıyor. Oğlanın gözünde 15-16 yaşlarından beri üveit var. Bilmeyenler için söyleyeyim, gözün orta doku tabakası olan uvea'nın iltihaplanması durumu bu. Zaten halk arasında bilinen adı da göz iltihabı. Ama Fatoş Hanım'ın oğlu Cihan çok da ağır yaşıyor bu sorunu. Senede üç dört kez azıyor iltihaplanma. Cihan Amerika'ya gidiyor, orada da devam ediyor. Şimdi otuzlu yaşlarında, artık orada yaşıyor ama kabaca bir on beş senedir çekiyor bu rahatsızlığı. İltihaplanma nüksedince adeta görüşü dağılmış gibi oluyor.

"Ben bu duruma çok ama çok üzülüyordum" diye anlatıyor Fatoş Hanım. Zaten bu yüzden seminerlerimizden birine katılmış. Sırf NeuroFormat nasıl yapılıyor, öğrensem oğluma bir faydam olur mu diye.

Ve seminerde öğrendikleriyle oturuyor oğluna vekaleten çalışma yapıyor. Anne İstanbul'da oğlan Kaliforniya'da.

Fatoş Hanım üç gün üst üste çalışma yapıyor. Oğluna vekaleten. Yani anlayacağınız kendisi oğluymuş gibi yaşanan travmayı yaşıyor, bildiği, tahmin ettiği kadarıyla duyguyu çıkarıyor, muhasebesini yapıyor, kendini, söz konusu kişileri, bu duruma yol açan her şeyi affediyor. Bu üç günlük çalışmanın ardından oğlunu arıyor. Cihan diyor ki "Anne çok kötüyüm. Şimdi konuşamam." Zaten bir de saat farkı var. Fatoş Hanım uyurken çocuk uyanıp hayata başlıyor, o yatınca Fatoş Hanım için gün başlıyor. Arada on saat var. Fatoş Hanım sonra tekrar arıyor. "Ben sana döneceğim anne" diyor Cihan ve ancak birkaç gün sonra düzgünce konuşabilecek şekilde iletişim kurabiliyorlar.

Peki bu birkaç günde ne olmuş? Yani Fatoş Hanım'ın çalışmayı yaptığı üç günden sonraki günlerde... Şu olmuş:

Tam da çalışmanın ertesine denk gelen günlerde Cihan'ın gözü kapanmış. Alelacele doktordan randevu almış. Doktor incelemiş, bakmış, "Bu üveit değil. Sen on beş yirmi gün sonra gel" demiş.

Aradan biraz zaman geçip yeniden gittiğinde ise sadece Cihan ve Amerika'daki doktorumuz için değil Fatoş Hanım'ın kendisi ve bizler için de büyük bir sürpriz var.

"Ben böyle bir şey görmedim" demiş doktor. Çünkü Cihan'ın gözündeki durum –yani bizim iltihaplanmanın iyice alevlendiğini sandığımız hal– tamamen geçmekle kalmamış geçerken bir de yanında başka sorunları da götürmüş. Cihan'ın astigmatı geçmiş, göz derecesi 2.3'lerdeyken 1.0'lara düşmüş. Yeni gözlük ihtiyacı doğmuş. Gözlerden biri 1 civarında diğeri sıfıra inmiş.

"Gözlüğü de tamamen değiştirdim anne" diye anlatmış Cihan Fatoş Hanım'a. "Gözümün önü tamamen aydınlandı. Sanki Amerika tepemdeydi, onu indirmiş gibi hissediyorum kendimi. Hem gözüm iyileşti hem de sırtımda çok büyük bir yük varmış ve o kalkmış gibi hissediyorum."

Vekaleten çalışma, iyileşme krizi olarak semptomların, hastalığın alevlenmesi ve ardından gelen iyileşme... hem de organdaki bir değil birkaç meseleyi de düzelterek gelen iyileşme.

Şimdi gelelim işin en duygusal, en Yeşilçam filmlerini aratmayan kısmına. Bunu anlatırken büyük keyif alıyorum, itiraf edeyim. Zaten biraz da o yüzden en ilginç kısmını en sona sakladım.

Neymiş bizim Cihan'ın derdi?

Hemen söyleyeyim mi? Aşk! Hem de ne aşk!

Fatoş Hanım anlatsın bize yine hikâyeyi.

"Oğlum daha sekiz yaşında ama çok çapkın bir çocuktu. Çapkın derken âşık oldu. Mahalleden bir kıza âşık. Onu görmeden duramıyor. Bu iş böyle 10-12 yaşlarına kadar sürdü. Sonra bir gün ağlaya ağlaya eve geldi. 'Oğlum ne oldu?' dedim. 'Gamze'yi benden saklıyorlar, göstermiyorlar bana anne' dedi. Öyle fena durumda ki 'Anne ben yaşamak istemiyorum. Gamze'siz yaşamak istemiyorum' diyor."

Araya gireyim. Cihan Gamze'ye âşık ama bir süre sonra bir şey oluyor, aile Gamze'yi göstermiyor çocuğa. Kapıya gidiyor yok Gamze diyorlar. Bacadan girecek yok Gamze diyorlar.

Fatoş Hanım ve tabii Cihan da sonradan öğreniyor ki Gamze büyük bir kaza atlatmış. O yaşta sakat kalmış. Ve aile çocuğu göstermek istemiyor, gizliyor.

Çok da anlaşılabilir bir durum. En azından ailesi açısından.

Ama bizim Cihan için "yaşamak istemiyorum" noktasında bir acı bu. Dedim ya tam bir Leyla ile Mecnun hikâyesi.

Zaten üveit sorunu da hiç şaşırtıcı değil. Göz sorunlarında görsel ayrılık travması en etkili travmalardan. Çocuk bir daha Gamze'yi görememiş ve gözünde kronik bir sorun başlamış, uzun yıllar da sürmüş. Taa ki annesi vekaleten çalışmayı yapana kadar.

Fatoş Hanım bize bunu anlattığında, Cihan'ın tam da Gamze'yi arayıp bulamazken, görmesine izin verilmediği için ağlarken gözlerinin inanılmaz kızardığını da belirtmişti. Muhtemelen zaten olayın yaşandığı zamanda görsel ayrılık travmasına gözleri çok ciddi reaksiyon vermişti.

Yeşilçam hikâyesi gibi demekte haksız mıymışım? Var mı böyle aşk artık?

Yılan hikâyesi

Bizimle hikâyesini paylaşan takipçimiz "36 yaşındayım. Hayatım boyunca hep kaygı, hep bir şeyler olacak" duygusuyla yaşadım" sözleriyle başlıyor anlatmaya. Onun hikâyesi de bir anne-kız hikâyesi. Okuyalım...

Hülya Hanım yayınımıza katılma isteği gönderdiğinde hikâyesinin arkasından böyle bir travma çıkacağını doğrusu bilmiyordum. NeuroFormat takipçilerinden biri kendisi de. Birkaç ay önce annesinin iyi duymayan, sürekli uğuldayan, çınlayan kulakları için "Barış Muslu'yu takip etsene anne" diyerek annesine tavsiye ediyor. Annesi takibe alıyor yayınları. Bu arada annesinin durumu için olası travmalar ne olabilir diye de birlikte düşünüyorlar.

"Aslında annemin kulak uğuldaması için başladık ama iş nerelere geldi" diye anlatıyor Hülya Hanım. Bakalım nerelere gelmiş.

Başta da söylediğim gibi Hülya Hanım'ın sürekli bir kaygı hali var. Sürekli bir huzursuzluk. Boğazında hep bir düğüm. Bu arada elleri de sürekli titriyor. Öyle bir titreme ki acaba ileride daha da kötü olur mu diye endişeleniyor. Ne yapacağını da bilemiyor.

Hülya Hanım'ın annesi kulak uğuldaması, çınlaması için kızının da yönlendirmesiyle çalışmalar yapmaya başlıyor. Hatırladığı kadarıyla travmalarını çalışıyor. Kızına da söylüyor bugün çalışma yaptım diye. Bu konuşmanın üzerinden yarım saat geçiyor geçmiyor Hülya Hanım'ın ellerinin titremesi birden bıçak gibi kesiliyor.

"Hani Barış Bey insanın burnunda et vardır, onu aldırınca, ameliyat olduktan sonra aaa ben ilk defa nefes alıyorum, bugüne kadar hiç nefes almamışım der ya, inanın aynısı bana oldu. Her an öfke, her an kaygı. Annem çalışma yaptı benim adeta fıtratım değişti. Rahatladım ve sanki o düğüm geçti ve ilk kez nefes alıyorum" diyor.

Şimdi annenin travmasına bakalım. Üzerinde çalışılan travmaya.

Hülya Hanım'ın annesi ona dört aylık hamileyken hiç beklemediği bir anda bahçede kocaman bir yılan görüyor. İki metreye yakın uzunlukta irice bir yılan bu. Bir an korkudan nefessiz kaldığını hayal edebiliriz. Sonra bu travmatik an üzerine çalışıyor. Ve bu temizlikten çok değil yarım saat sonra Hülya Hanım'ın durmadan, sinsi sinsi titreyen ellerinin titremesi geçiyor. Boğazında takılı kalmış o düğüm gibi şey bitiyor, artık kendini ilk kez nefes alıyor gibi hissetmeye başlıyor.

Minnetini, nasıl mutlu olduğunu bizimle paylaşırken "Artık durmadan videolarınızı izliyorum" diyor Hülya Hanım. "Geçmiş tüm yayınları açıyor, tek tek izliyorum."

Ne mutlu bize, ne mutlu bana!

Hastalığın kendisi de bir travma

"Barış Abi size teşekküy edeyim!" 2.5 yaşında tatlı mı tatlı bir kız çocuğundan bu sözler. Annesi atmıştı videosunu. Ben de bir kız babası olduğum için kız çocuklarına başta türlü bir sevgim var. Bu güzel teşekkürü neden, nasıl hak ettiğimi anlatayım.

Meryem Hanım'ın iki buçuk yaşında bir kızı var. İşte bu teşekkürün sahibi tatlı kızımız. Doğuştan çoklu gıda alerjisi var. Daha 18 günlükken fark ediliyor. Yeni doğan sarılığı oluyor, Meryem Hanım'ın sütü yetersiz olduğu için hızla mamaya başlıyorlar. Birkaç mama denedikten sonra da bebeğin alerjik olduğuna karar veriyorlar.

"Aslında ben sizi yıllar önce görmüştüm Barış Bey. Trakyalı bir öğretmenin videosunu yayınlamıştınız" diye anlatmaya başlıyor Meryem Hanım. "Ama inanmamıştım. Sonra bir şekilde izlemeye başladım. Seminerinize de geldim. Orada size de sordum. Hamilelikte ne oldu ona bakın demiştiniz."

Hikâyenin nasıl başladığını böyle anlatıyor Meryem Hanım. Bu arada o sözünü ettiği Trakyalı öğretmenimizin videosu yıllar yıllar önceden NeuroFormat'ın nasıl inanılmaz iyileşmelere yol açtığının en eski ispatlarındandır. Özetle söyleyeyim: sadece kitaplarımı okuyarak yeniden yürümeye başlayan Avasküler Nekros hastası bir dostumuzun hikâyesidir o da. Fırsatınız olursa bulup izleyin derim. Videonun tarihine de bakmayı unutmayın. Bunca yıldır neden bunları anlatıyorum daha iyi anlayacaksınız.

Şimdi konumuza dönelim. Meryem Hanım bizi takibe alıyor, üstüne bir de seminerlere katılıyor. Beynimizin neler yapabildiği konusunda iyice aydınlanıyor. Ve kızının derdini çözmek için hamilelik günlerine dönüyor. Travmasının ne olduğunu bulmak için çok aramasına da gerek kalmıyor.

"Kayınvalidemi gırtlak kanserinden kaybettik. Haberi aldığımda yaklaşık 4-5 aylık hamileydim. Gece 12-1 gibiydi, uyumuştum, eşim aradı, ağlayarak, annem çok kötü, gırtlak kanseri tanısı kondu dedi."

Bu sözler Meryem Hanım'da herhangi birinde olacağından farklı hisler, farklı görüntüler uyandırıyor. Çünkü annesinin dayısını da, Meryem Hanım daha çocukken, gırtlak kanserinden kaybetmişler ve mideden beslenme, dayının hiçbir şey yiyememesi, kanlı kusmaları hepsi film şeridi gibi gözünün önünden geçiyor. Ve kayınvalidenin teşhisini duyduğu gece çok ağlıyor. Aynı senaryoları yakında yeniden yaşayacakları endişesiyle.

Travmayı tespit etmek çözüme ulaşmanın en kestirme yolu. Hep söylüyorum. Meryem Hanım da travmasını tespit ettikten sonra artık ne yapacağını biliyor. Seminerlerde öğrettiğim gibi kendi üzerinde çalışma yapıyor. O büyük endişe hali, o kötü görüntülerin yeniden yaşanacağı korkusu... hepsini ama hepsini duygularını iyice yükselterek temizliyor.

Sonuç: tatlı mı tatlı kızımız artık çok çok iyi! Yayına katıldığı gece şöyle anlatmıştı Meryem Hanım.

"Bu akşam sofraya ilk defa birlikte oturduk. Eskiden bizimle sadece makarna yiyebiliyordu. Onun dışında bütün gıdalarını Kayseri'den getirtiyoruz, özel. Bir tane de büyük kızım var, hep saklayarak, ona odada ye diyerek, ona göstermemeye çalışarak ikisini ayrı besliyorduk. Ama bir yerden sonra olmuyor, artık konuşmaya başladıktan sonra, algısı arttıktan sonra tepki göstermeye başlamıştı. Çok ağlıyordu, annecim ne olur azıcık ver diyordu, bizim yediklerimiz için. Çalışmaları yaptıktan sonra mucize oldu sanki. Bizim için en kötü reaksiyon veren erik ve kavundu, dün erik ve kızılcık karışımlı hoşaf verdim. Tereyağında yumurta yaptım, bugün kavun istedi kavun yedirdik, hiç sorun yok. Sadece çok hafif pişiği vardı, onu da beze bağladım, hava çok sıcak diye. Neredeyse bir tabak kavun yedi. Normal şartlarda yemiş olsaydı her tarafı pişik olacaktı. Sizi karşıma çıkaran Rabbime bin şükür olsun, yayına katılmayı ısrarla o yüzden istedim, çünkü günümüzün hastalığı, o kadar çok alerjik bebeğe sahip olan anne var ki..."

Gördüğünüz gibi hastalığa dair kafamızda yer etmiş görüntüler, acının detayları da bizim için travma olabiliyor.

Anne ben acıktım

Beynin travmalar, anlık çatışmalar karşısında nasıl bağlantılar kurduğunu, nasıl sonuçlara vararak bedende neler yapabildiğini giriş kısımlarında epeyce anlattım. Zaten kitabın sonundaki genişletilmiş travmalar/hastalıklar listesi de size evladiyelik bir hediye. Sorularınız için açıp bakacağınız bir pusula.

Bu girizgâhın nedeni şu: Ne dedik? Beyin kavramsal meseleleri anlamıyor, olaylara epeyce küt, epeyce işgüzar bakıyor, pire için yorgan yakıyor dedik. Bazı durumlarda ise çıkarımların, sonuca varmaların düz bir mantığı da olabildiğini görüyoruz. Şimdi okuyacağımız hikâye bu türden. Tam olarak ne demek istediğimi ise hikâyeyi anlattıktan sonra özetleyeceğim.

Arzu Hanım 15 yaşında kızı olan bir anne. Eşinden ayrılmış. Kızıyla birlikte yaşıyor. Kızının Arzu Hanım'ı çok çok üzen bir derdi var. Kız sürekli tok! Son 11-12 yıldır durum böyle. Sabah kalkıyorlar, hadi kahvaltı et diyor annesi "Daha dün yedik ya!" diyor kızı. Yemiyor yemiyor. Defalarca doktorlara gidiyorlar, o doktor senin bu doktor benim geziyorlar ama fiziksel bir sorun bulunamıyor. 15 yaşında ama 38 kilo. Çünkü yemiyor. Adeta yemeğe ihtiyaç duymuyor.

Arzu Hanım da NeuroFormat'a gönül verenlerden. Kendi irili ufaklı sorunları, kızının derdi için kendine seminerlerimizden birini hediye etmiş. Seminerimize katılmış. Bence çok da iyi yapmış. Yayınımıza katıldığında şu sözlerle anlatmıştı hikâyesini.

"Anne acıktım cümlesi bir insanı bu kadar mutlu eder mi? Benim için şahane bir şey. Çünkü ben bunu hiç duymuyordum. Biz bugün kızımla üç öğün yemek yedik. Şu anda kızım karşımda duruyor, bir şeyler yiyor. Sütlü bebe bisküvisini çok sever, onu yiyor. Gecenin bu saatinde hiç olmayacak bir şey ama anne ben acıktım dedi. Bizi yakından tanıyanlar bilir, kızım asla günde üç öğün yemez, ama bugün yedi. Ve ondan acıktım cümlesini duydum. Sabah da 9'da kalktı. Normalde kalkınca yemek yemek gibi bir âdeti yoktur. Günde tek öğün bir şeyler geveler ağzında. Sabah o yemediği için, ben kendime kahvaltı hazırladım, ayrı yiyoruz zaten. Kahvaltı mı edeceksin dedim, evet ben de acıktım dedi. Şaka yapıyorsun dedim, 'Acıktım anne, neyin şakası!' dedi. Kahvaltı etti. Saat 2-2,5 gibi acıktım dedi, yedi, akşam yemeği yedi, şu an bisküviyle dördüncü öğünü oluyor."

Arzu Hanım'ın seminer sonrası kızının durumuyla ilgili bulduğu travma tam isabet olmuş. O travma ise şuymuş: Yine kendinden dinleyelim.

"3-4 yaşındayken kızımla yaşadığımız bir konuşma aklıma geldi, çalışan anneyim. Kızım daha 2,5 aylıkken işime geri döndüm. Anneanne bakıyor, akşamları eve alıyoruz. 3-4 yaşlarındayken yokluğumu fazla hissetmeye, artık ben işe giderken ağlamaya başladı. 'Anne gitme, anne gitme' diyor ve ağlıyor sürekli. Babasıyla beraber anlatıyoruz; kızım çalışmam lazım, para kazanalım ki isteklerini daha iyi karşılayalım... Bak çalışmazsam şöyle olur böyle olur. 15-20 günü kötü geçirdik, o günleri hatırlıyorum. Ağlıyor, gitme gitme diyor. En sonunda bir gün biz yine böyle anlatırken dedi ki, 'Anne hiçbir şey istemiyorum, ekmek bile, yemek bile yemem, ne olur işe gitme'. O cümlenin bu kadar önemli olduğunu anlamıyorum tabii. Ben yine devam ettim, hayat şartları, çalışmaya devam ettim. Seminerden sonra bu geldi aklıma. Unutmamışım, arada bir dillendirirdik, konuşurduk ama bunun bir travma olabileceği aklıma gelmemişti. O aklıma gelince kararımı verdim. Ben buna çalışacağım dedim. Uykudayken kızıma çalıştım ve inanılmaz bir şey oldu! Sabahına ben acıktım, acıktım anne neyin şakası demeye başladı. Yıllardır duymadığım bir şeyi duydum. Öyle mutluyum ki!"

Anladınız değil mi? Yemek, ekmek ile anneden ayrılık arasında bir bağ kurulmuş. Arzu Hanım'ın kızı bu yüzden yemiyor. O travma üzerine çalışınca ise her şey normale dönüyor. Aklına yemek yemek gelmeyen kız acıktım demeye başlıyor.

Girizgâhta söylediğim gibi beynin direkt bağlantı kurduğu durumlara örnek bu hikâyemiz. Yemek yemezsem annem işe gitmez, beni bırakmaz gibi bir mantık kurulmuş. Ve o ayrılık travması bir yerlerde takılıp kalmış ki 15 yaşına gelmesine rağmen hâlâ yemek yemek istemiyor kız. Neyse ki travma bulunup temizlenince bütün sağlıklı genç kızlar gibi yemeye, acıkmaya başlıyor.

Kayan gözler

Anne karnındaki bir bebek için sesler, kokular, görüntüler, eğer şiddetli bir yapıya sahipse, bizi etkilediğinden daha farklı sonuçlar yaratabiliyor. Şimdi böyle bir hikâye okuyacağız.

Yayınımıza katılan Sevim Hanım'ın bir oğlu var. Ali. Ali gayet zeki, hareketli, başarılı bir çocuk. İlkokula gidiyor. Ali'de tek bir sorun var; gözünde kayma oluyor. Özellikle de sol gözünde. İstemsiz bir kayma bu, genellikle de korkunca oluyor. Öyle ki bazı anlarda, korkmuşsa, bir yere dalmışsa gözlerinden biri yukarı bırı aşağı veya yana bakıyor.

Sevim Hanım "Hani, hani oyuncak bebeklerin gözleri olur ya, biri başka yöne biri başka yöne bakar, biri aşağı doğru düşer, aynı öyle oluyordu" diye anlatıyor.

Ara ara aile içinde Ali diye seslenince de oluyor. Etraftakiler bazen bu durumu sevimli bulup gülüyorlar, hatta Ali'nin gözleri öyle olsun diye ona aniden sesleniyorlar ama Sevim Hanım bu duruma çok üzülüyor. "Oğlum gözünü düzelt" diyor, çocuk gözünü odaklamaya çalışınca bu kayma düzeliyor.

Şimdi gelinen noktada haberler güzel. "Eskiden çocuğumun yüzüne uzun uzun bakmak istemezdim, öyle uzun dikkatli bakınca onu utandırıyordum. Şimdi baktım kahvaltıda konuşuyoruz, baktıkça bakasım geliyor. Artık yüzüne bakmaya doyamıyorum" diyor Sevim Hanım.

Peki ne oldu? Travma neydi? Nasıl temizlendi?

Sevim Hanım sorunun hamilelik döneminden bir şey olabileceğini düşünerek o günlere odaklanıyor. Özellikle korkutucu gelen anlara odaklanıyor. Aklına üç olay geliyor. Aniden başlayan şiddetli bir matkap sesi, güçlü bir havai fişek patlaması ve Ali'ye yedi aylık hamileyken bir AVM'de gerçekleşen büyük patlama. Bunları tek tek çalışıyor. Kendi üzerinden temizliyor.

Hamileliğinin son zamanlarında kanama yaşayınca doktoru "Gebeliğiniz riske girebilir, bebeği kaybedebilirsiniz" gibi sözler etmiş. Ali uykudayken de bunları çalışıyor.

Uykuda ona şuna benzer cümleler ediyor: "Doktor böyle demişti, belki sen de hissettin korktun, ama şimdi güvendesin, benden ayrılmayacaksın, yaşayacaksın, ölmeyeceksin. Benimle berabersin. Doktorun bu kadar konuşup seni üzmesine izin verdiğim için özür dilerim"...

Birçok telkinle onu rahatlatıp artık güvendesin mesajını vererek pozitife çeviriyor. Ve olay çözülüyor. Ali'nin gözü artık hiç kaymıyor.

Sevim Hanım öncelikle sese ve şiddetli gürültü içeren olaylara çalışmış. Matkap sesi, havai fişek, patlama gibi... Sonrasında ise uykuda doktorun "Bebeği kaybedebilirsiniz" cümlesi üzerinden oğluna çalışmış. Gözdeki kayma sorununun geçmesi için her iki çalışmanın da faydası olduğuna eminim. Ama bebek daha anne karnındayken bilinçaltı bir düzlemde ona geçen "bebeği kaybedebilirsiniz" cümlesinin bu sorunda daha etkili olduğu görüşündeyim.

İki küçük not: Bebek ne anlayacak diye düşünüp hamileyken kalkıp Metallica konserine gitmeyin! Dediğim gibi bize güçlü bir müzik gibi gelen şey bebeğe tehdit gibi gelebilir.

İkinci sözüm ise doktorlara, sağlık çalışanlarına. Gerçekten ama gerçekten uzun uzun yıllar boyunca verilen tıp eğitimine hasta ile hasta yakınıyla konuşma dersleri de eklenmeli diye düşünüyorum. Önceki kitaplarımda çok anlattım. Özet geçeyim. Bir rahatsızlık nedeniyle hastanede olmak, doğum, bir operasyon geçirmek... Bunların kendisi zaten travmaya en açık olduğumuz zamanlar. O yüzden uzmanların, hekimlerin hastayla, anne adayıyla konuşurken kelimelerini çok ama çok dikkatli seçmesi gerektiğini düşünüyorum.

Bunu herkesin bilmesi gerekiyor. Hayatta bazı durumlar vardır, özellikle de herhangi bir aksiyon alınamayacaksa "fazla bilgi" faydadan çok zarar verebilir. Tecrübelerimiz bize bir annenin hamilelikte kötü ihtimallerin hissettirdiği korkuya maruz kalmasının doğan çocuklara inanılmaz derecede zarar verdiğini gösterdi. Özellikle de anne-çocuk bağından dolayı çocukların erken yaşta başlayan birçok rahatsızlığının annenin hamilelikte yaşadığı benzer travmatik süreçlerle tetiklendiğini gördük. Nasıl mı? O travmalara çalışıldığında iyileşen çocuklardan.

Şu çok net ki, sağlıklı nesiller için tüm anne adaylarının hamileliğini huzur ve güven içinde geçirmeleri gerekiyor.

Bu nedenle, hem tüm hamileleri "pamuklar" içine sarıp dikkatli olalım, hem de herhangi bir karara etki etme durumu yoksa, bir aksiyon alınamayacaksa lütfen gereksiz bilgi ve kötü ihtimallerle onları zehirlemeyelim.

Tek gecede oğlumun egzaması geçti

Heyecanla bize bunu söyleyen kişi Necla Hanım. Ve inanın bunları duymak beni çok mutlu ediyor. Belki de bu yüzden, NeuroFormat sayesinde gerçekleşen muhteşem iyileşme hikâyelerini duymak, sizlere de duyurmak için her gün sosyal medyada sizinle buluşuyorum. Umut veren hikâyeler bunlar çünkü. Bize dünyanın sandığımız gibi bir yer olmadığını, bambaşka olasılıklar evreninde yaşadığımızı ispat eden hikâyeler.

"Tek gecede çözdüm egzamayı! 6 yaşında ortanca oğlum. Ben şimdi bunu nasıl anlatmayayım? Sizi nasıl sevmeyeyim, sizin sisteminizi nasıl sevmeyeyim?" Bu sözlerle anlatıyor Necla Hanım yaşadıklarını.

Peki nasıl olmuş? Nasıl geçmiş? Travma neymiş?

6 yaşındaki Efe'nin kollarında egzama var. Uzun zamandır da tekrar tekrar çıkıyor, iyileşiyor, sonra yeniden çıkıyor. Elbette tahmin edeceğiniz üzere doktor ziyaretleri, cildiye ziyaretleri yapıyorlar. Kremler veriliyor. Kremler biraz işe yaramış gibi görünüyor, arkasında sarımtırak izler bırakarak iyileştiriyor bölgeyi ama bir zaman sonra yeniden çıkıyor.

Önce çalışmayı anlatayım. Necla Hanım da oğluna uykuda çalışma yapıyor. İlk kez deniyor, elbette her seferinde böyle olacak diye bir şey yok ama ilk çalışmada, tek çalışmada sonuç alıyor.

Geçmişte bir ayrılık durumu var. Necla Hanım'ın oğluyla ayrı kaldığı bir dönem. Bu durumun detaylarına girmiyor. Ama anlıyoruz ki Efe bir noktada annesinden ayrı düşmüş.

"Uykuda konuştum" diye anlatıyor Necla Hanım. "Önce Efecim uyudun mu, uyudun mu diye sordum. Baktım ses gelmiyor, başladım anlatmaya. Pıt pıt vurmaya. Anlattım ağladım, ağladım anlattım. Benim kendi ayrılık travmam da var. Onu da anlattım. Oğlumun benden ayrı düşmesini de. İkisini de çalıştım. Artık güvendesin dedim. Artık hiç ayrılmayacağız dedim. Korkunun bize zarar verdiğini söyledim. Artık teslim olduk, güvendeyiz gibi cümleler kurdum. Sabah uyandı, 'Günaydın anne' dedi. Çay demliyorum, a Efe gel, kollarına bakayım dedim, kollarını sıvadım, bir de ne göreyim. Kollar bembeyaz. Hiç ama hiçbir şey yok. Hani biraz sulandı, kabardı gibi bir şey olsa anlayacağım. Öyle demiştiniz. İyileşmelerde olur diye. Hiçbir şey yok. Ve hâlâ da yok. Krem kullanırken bile geçince sarımtırak izler kalırdı. Onlar bile yok. Hiç olmamış gibi. Ben sizi şimdi nasıl sevmeyeyim?"

Çok çarpıcı ve umut verici gerçekten.

Öncelikle bir bilgi: Ayrılık travmalarının en çok vurduğu yerlerden biri cildimiz oluyor. Egzama, sedef, vitiligo, dermatit, ürtiker, gül hastalığı... Daha ileri seviyelerde kemik zarı etkilenebiliyor, nevralji türü sonuçlar olabiliyor. Hatta bir önceki kitabım *Gecikmeli Teslimiyet*'i okuyanlar çok iyi bilirler, bir Yeşilçam teması olan saçların bir gecede bembeyaz olması da şiddetli ayrılık travmasının bir sonucudur. O hikâye uydurmasyon değil yani!

Kimi durumlarda ayrılığın yaşandığı uzuv, yani mesela ayrılırken ellerin kopuşu, en son kola dokunma, kaybettiğiniz babanızın sizi hep başınızı okşayarak sevmesi gibi, ilişkilendirilen uzuv, cilt bölgesi direkt etkileniyor.

Şimdi Necla Hanım'ın hikâyesindeki asıl şaşırtıcı noktaya gelelim. Aslında genel bilgimiz açısından şaşırtıcı ama NeuroFormat sistemi açısından elbette bir açıklaması var. Bu durumu bu kadar çarpıcı kılan şey egzamanın tek bir iz bile bırakmadan bir gecede geçivermesi. Oysa biz biliyoruz ki çoğunlukla böylesi cilt sorunları yaşatan bir travma temizlendiğinde önce bir iyileşme krizi olabiliyor. Mesela o bölge kabarıyor, şişiyor, iltihaplanıyor, sonrasında ise tamamen geçiyor. Yani tamamen iyileşmeden önce, durumun kötüleştiğini çok iyi biliyoruz. Oysa Efe'nin durumunda sihirli değnek değmiş gibi geçivermiş.

Bunu şöyle açıklayabilirim: Vücutta bir etki yaratan travmalarımızın takıldığı noktalar da farklı olabiliyor. Efe'nin durumunda iyileşmenin tam da kuyrukta takılı kaldığını söyleyebiliriz. Zaten egzama bir iyileşme hastalığıdır. Ciltteki sürecin bozulmuş bir plak gibi sonsuza dek bir tetiklenip bir iyileşmeye girmesiyle ilgilidir.

Bu konuyla ilgili daha detaylı bilgileri *Sağlığına Format At* ve *Gecikmeli Teslimiyet* kitaplarımda bulabilirsiniz.

Bir travma iki iyileşme

Size iyileşme hikâyelerimizden önce tezimizi anlatmıştım. Ne demiştik? Travmaların bilgisi adeta ana sunucuya kaydoluyor. Bu kayıt travma temizliği yoluyla silindiğinde ise ana sunucudaki o kayıtla ilgisi olan herkes iyileşiyor. Şimdi anlatacağım anne-kız hikâyesi tezimizin en güzel ispatlarından biri desem yeridir. Bir travma var, o temizlendiğinde ise iki iyileşme gerçekleşiyor.

Sevda Hanım ve kızı Ayşe'nin hikâyesi bu. Her ikisi de yayınlarımıza katılıp kendi ağızlarından, kendi cephelerinden hikâyeyi bizimle paylaşmışlardı. Önce anne Sevda Hanım'ın sorununa bakalım.

Sevda Hanım bacaklarından dertli. Dizlerinde öyle şiddetli ağrılar oluyor ki yürüyemiyor, dizlerini kıramıyor. İstediği gibi hareket edemiyor. Sürekli kilitlenmeler yaşıyor. Kızı Ayşe'nin anlattığına göre kilitlenmelerden yürüyemeyecek hale geliyor. "Annem için kaç kez ambulans çağırdığımı hatırlamıyorum" diyerek anlatıyor Ayşe...

Yaşayan bilir. Ağrılarla mücadele etmek, bir uzvunu kullanamamak insanın yaşam kalitesini bitirir, yaşam sevincini de öldürür. Elimiz kolumuz hareket ediyorsa, istediğimizi tutuyor, dilediğimiz yere şu ayaklarımızla gidebiliyorsak her gün şükredelim...

Konumuza dönersek anne Sevda Hanım kızının tavsiyesi üzerine kitaplarımı almış. Okumuş. Sisteme ikna olmuş. Neden denemiyorum diye düşünmüş. Ayrıca sık sık yaptığım öfke toplu demo çalışmalarından birine de katılmış. Yöntemi kavrayarak kendi kendine öfke çalışması yapmış.

Sonuç mu? Sonuç şu: Sevda Hanım'ın ağrıları uçup gidiyor. Hatta şöyle enteresan bir şey oluyor. Ayşe eve geliyor, Ayşe'nin

5-6 yaşında bir kızı var, ilk o fark ediyor iyileşmeyi. Diyor ki "Anne inanmayacaksın, bugün anneannem benimle oynadı. Dizlerini de kırabiliyor artık!"

Peki soralım: Neymiş Sevda Hanım'ın travması. Hangi çalışmayla geçmiş. Ve ikinci iyileşme ne?

Sevda Hanım travmasını bulmak konusunda zorlanmamış. Çok net hatırlıyor o günleri. 22 yaşında. Kızı Ayşe'ye hamile. Tam o sırada babası rahatsızlanıyor. Beyin ameliyatı oluyor. Ama kayınvalidesi öyle sert biri ki Sevda Hanım'ın gidip babasını görmesine engel oluyor. İzin vermiyor hastaneye gitmesine. Eşi gidiyor onun yerine. Ama o zaman bile evde kıyametler kopuyor. Kayınvalide deyim yerindeyse olay çıkarıyor. Sevda Hanım'ın hamile olduğu, hasta babasını görmeye bir türlü gidemediği bu günler bir ay kadar sürüyor. Baba bir ay hastanede yatıyor, sonuçta da rahmetli oluyor.

Sevda Hanım'ın hayatının en büyük travması bu. Babası ölürken onu görememek. Engellenmek. Kayınvalidesinin yasak koyması.

Zaten bilirsiniz, şimdilerde pek kalmadı ama yeni evlilerin eşin anne babasıyla oturduğu zamanlar da vardı. Gelin eşin evine giderdi.

Sevda Hanım'ın kayınvalide ile sınavı kadın ölene dek devam ediyor. Çok çekti kaynanadan derler ya, tam da öyle bir durum.

Toplu demo çalışmasından öğrendiği gibi kayınvalidesine öfkesini çıkarıyor Sevda Hanım. Ve babasını görmek için gitmesine, hareket etmesine izin verilmeyen o ayakların yıllar süren ağrıları diniyor. Bir türlü kıvrılmayan dizleri esnekliğini geri kazanıyor. Duyguları yükselttiği, iyice o anların içine girdiği öfke çalışması sonrasında.

Peki bu kadar mı? Değil. Bir de ikinci iyileşme hikâyesi var demiştim. Onu anlatayım. Tek bir çalışmanın iki kişiyi birden iyileştirmesi var çünkü.

Sevda Hanım'ın kızı Ayşe bir bankada ticari krediler bölümünde çalışıyor. Ama kendini bildi bileli sinirli ve şöyle anlatıyor eski halini:

"Ben çok agresiftim. Diyordum ki iş hayatım stresli ondan mı acaba ama saçma sapan şeylere kızıp bağırabiliyordum. İnsanları da zorluyordum, farkındaydım. Eşim de zorlanıyordu, çocuğum da zorlanıyordu. İş hayatımda çalışma arkadaşlarım zorlanıyordu. Hatta kredi verdiğim müşterilerim bile zorlanıyordu. Ama çok enteresan, annem kendi travmasını çözdükçe sanki benim de öfkem azalmaya başladı. Kızım 'Anne sen artık bağırmıyorsun, farkında mısın?' diyordu. Sanki öfkem azaldı. Saçma sapan şeylere öfkelenirdim, o geçti. Ne psikologlara ne psikiyatristlere gittim çözülmedi. Ama şimdi rahatladım, öyle rahatladım ki..."

Bu arada şu notu da paylaşayım: Ayşe Hanım, yani Sevda Hanım'ın kızı da kendi öfkesi için kendisine çalışma yapmış. Fayda da görmüş ama sorunun tamamen çözülmesi, tamamen etkili bir sonuç alması annenin çalışmasıyla olmuş. Temel travma, temel düğüm çözülünce önce annenin ağrıları geçmiş sonra da kızının öfkeli tabiatı değişmiş.

En sevdiğim iyileşme –çifte iyileşme– hikâyelerinden biridir bu. Hep derim ya. Sineklerden kurtulmak istiyorsanız üzerlerine ilaç sıkmak yetmez, bataklığı kurutmalısınız diye. Bu metafordan gidersek bizi rahatsız eden sineklerin kaynağı o bataklık. Yani travma. Bataklık kurutulunca, travma temizlenince sinek falan kalmıyor. Anneyi de kızı da ısırmıyor o sinekler.

Neye niyet neye kısmet

Çok severim bu deyimi. Birazdan anlatacağım hikâye de tam bu deyimin karşılığı. Okuyalım...

"Ankara'dan bağlanıyorum ve makarnayı çok seviyorum" diyerek söze başlıyor Sema Hanım. Yayına bağlanma nedeni toplu kilo demomuza katılmış ve sonuçlarını bizimle paylaşacak. İşte neye niyet neye kısmet de o toplu demo çalışmasında gerçekleşmiş.

Takipçilerim iyi bilirler. Birkaç haftada bir öfke, kilo, değersizlik toplu demo çalışmaları yapıyorum. On binlerce kişi aynı ayda çalışmayı yapıyoruz. Gün oluyor öfkemizi kusuyoruz, gün oluyor iştah sorununa odaklanıyoruz.

Kilo demolarından önce hep derim: muhakkak yemek istediklerinizi, en sevdiğiniz yiyecekleri yanınıza alın diye. Sema Hanım'ın da en sevdiği şey makarna. Kendisi anlatsın...

"Demoda dediniz ki, her şeyinizi hazırlayın, yemek istediklerinizi yanınıza alın, ben arkadaşımı aradım telaşla, bu saatte nasıl makarna yapayım, ne alayım yanıma diye. Ekmek de alsanız olur dediniz o arada, ben bir parça ekmek aldım, demoya başladım. Demoda sağınızdaki, solunuzdaki her şeyi inceleyin, hayalinizdeki yemeği iyice canlandırın dediğinizde ben mutfağımda kıymalı çubuk makarna pişirdim, onu yedim, yerken çok mutlu oldum, ağzımı sildim o arada vuruşlarımı da yapıyorum, kendi kendime gülüyorum. Daha sonra o duyguyu bırakın dediniz. Ben de kendi kendime ben zayıf ve sağlıklı olmayı hak ediyorum, makarnayı hayatımdan çıkarıyorum dedim. Sonra olayın kritiğini yapmak üzere arkadaşımla bir saat telefonda konuştuk. Bunun mümkün olmayacağını düşündü benim zaafımdan dolayı. Sonra ertesi gün makarna yapmak istedim, yapmadım, kıymalı çubuk makarna yapmak istedim yapmadım. O günden beri ağzıma makarna sürmüyorum, yemiyorum, tamamen vazgeçtim."

Eee? Kilo demosu. Makarna aşkı, sonra bu aşkın demonun ardından geçmesi. Neye niyet neye kısmet nerede? Geliyor...

Sema Hanım'ın oğlunun bir sorunu var. Çocuk on yaşında, bir yıldır fizik tedavi görüyor. Psikolog eşliğinde tedaviler alıyor. Ensesinde iki noktadan başlayan, her iki omzuna inen, kürekkemiğini de etkileyen ağrıları var. Öyle şiddetli ağrılar ki bunlar ders çalışmasını, odaklanmasını engelliyor. Sürekli "Boynum boynum" diyor. Masajlar, ilaçlar fayda etmiyor. Hatta artık ilaçlar kremler fayda etmemiş, son çare iğneye, akupunktura geçme kararı almışlar.

Şimdi yeniden demo gecesine dönelim. Sema Hanım'ın kıymalı çubuk makarnayı hayalinde güzelce pişirip afiyetle yediği geceye.

NeuroFormat gönüllüleri iyi bilir. Gitar çalmayı çok seviyorum. Ve göründüğüm gibi biriyim. Toplu demo çalışmalarının sonunda her zaman hadi gelin biraz kafa dağıtalım, güzel yerlere gidelim diyerek takipçilerime gitar çalıyorum. Şimdi o kilo demosu sonrası yaptığım gitar performansı sırasında ne olmuş Sema Hanım anlatsın.

"İşin enteresan kısmı şu: siz gitara geçtiniz, gelin sizi güzel yerlere götüreyim dediniz. Benim ilk demom olduğu için sonrasında ne gelecek bilmiyorum, hızlı hızlı dediklerinizi yapmaya çalışıyorum. Bodrum'da yaşıyoruz yazları, orada sürekli gittiğimiz restoran var deniz kenarında. Hemen oraya gitti aklım, ailece orada olduğumuzu hayal ettim. Çünkü gitar eşliğinde yiyoruz bazen yemeklerimizi. Son yaz tatilim, babamın öldüğü yaz, Bodrum'da vefat etti babam. Babamın yüzü gözümün önüne geliyor. Kafamda o görüntüyü itiyorum, çekil diyorum, sen değilsin diyorum. Sonra birden pat diye oğlumun bir yaz yaşadığı travmaya gittim. Oğlum şu an on yaşında, iki buçuk yaşındayken aynı restoranın şezlonglarında güneşleniyorduk. Bir anda feryat figan koptu. Garson anneme annem de bana doğru bağırarak geldiler. 'Kerim'in boynu kırıldı' diye bir cümle duydum. Restoranın çalışanı oynatmak için oğlumu denizde atıp tutuyormuş, iki yaşında, sonra suya fırlatınca herkes paniklemiş, çocuğu nasıl denize fırlattı diye. Annem kucağında oğlumu getirdi, 'Kerim'in boynu kırıldı, eyvahlar olsun' diye. Ben fırladım, oğlumu kucağıma aldım, bir şeyin yok, sağlıklı sıhhatlisin dedim ama kendim de fenalaştım.

Geri dönüyorum, demo gecesine. Arkadaşıma dedim ki, ben gitarı dinlerken üç ya da beş saniye içinde bu anılara gittim, geri yemek yediğim yere geldim ve bitti. Arkadaşım bu da travma deyince ne yapacağım dedim, çalışma nasıl oluyor, anlamadım. Travma dedikleri acaba Kerim'in iki yaşındaki halini görmem miydi, evetse bunun çözümü neydi? Arkadaşım ne yapacağım konusunda yönlendirdi beni. O iki yaşındaki ana gittim, vuruşları yaparak. Oğluma zihnimde bir şeyi olmadığını söyledim. Onun suçu olmadığını, ben seni o anda korkuttuysam, daha paniklettiysem özür dilerim dedim. Ve size yemin ederim oğlum şu anda yanımda ve o andan beri boynu ağrımıyor. Babasıyla birlikte çağırdık, oğlum boynun ağrıyor mu, hayır anne, hayır anne diyor. Sonra başka şeylere çalışmaya başladık. İnanamıyorum. Gerçekten mucize diyorlardı da inanmıyordum; makarnadan vazgeçmek üzere başladığım çalışmadan oğlumu iyileştirerek çıktım."

İlerleyen günlerde tekniği daha iyi kavradığında Sema Hanım kendi üzerine ve vekaleten oğlunun üzerine de yapmış yeniden çalışmayı. Şimdi Kerim'in boyun ağrıları da geçti Sema Hanım'ın makarna tutkusu da. Neye niyet neye kısmet dememin nedeni bu işte.

Toz ve hapşırık krizi

Fark etmişsinizdir. NeuroFormat dostlarımızın büyük çoğunluğunu kadınlar oluşturuyor. Paylaştığım hikâyelerde de en çok onlardan dinliyoruz iyileşmeleri. Elbette NeruoFormat ile iyileşmeler yaşayan pek çok erkek de var. Ama kadınlar bayrağı taşıyor desem yeridir. Bunun da çok anlaşılabilir bir nedeni var. Kadınlar doğaları gereği her zaman gelişmeye daha yatkın. Bu yüzden en çok onlar araştırıyor, iyi şeyler olduğunda da hem çevreleriyle hem de bizimle paylaşmaya can atıyorlar.

Hatta arada bir şöyle bir espri yaparım: Erkekler fabrika çıkışından kendilerinin mükemmel olduklarını düşündükleri için, onlar için gelişmek eksiklik duygusu hisssettiriyor. Ama son zamanlarda özellikle bize gelen, uzman ekibimizle çalışan erkek danışanlarımızın sayısında muazzam bir artış, onu da söyleyeyim. Bu oran özellikle özel danışmanlıklarda daha fazla. Erkekler yardım aldıklarını göstermekten de çekiniyorlar sanki. Bu da büyük bir eksiklik. Tabii ki bu danışmanlıklar mahrem olduğu için rakam söyleyemem ama düşünüldüğünden çok daha fazla erkek bu sistemi kullanıyor.

Bu girizgâhın nedeni şu: Şimdi okuyacağınız hikâyeyi bize baba anlattı.

Yayınımıza katılıp bizimle hikâyesini paylaşan Ahmet Bey "Bu mucizeyi paylaşmak için size yazdım. İnsanlar faydalansın istiyorum" diyerek başlıyor sözlerine. Bir oğlu var. Yalçın. 19 yaşına girecek ve 13-14 yıldır toza inanılmaz alerjisi var. Tozlu bir ortama girdiği zaman, tozlu ortamda bulunduğunda kesintisiz bir hapşırık krizine giriyor.

Banyodan çıkıp bornozunu giydiğinde o bornozdaki göze görünmeyen tozlar bile burnunun kızarmasına, hapşırık krizine girmesine neden oluyor. Ahmet Bey'in anlatımına göre bu öyle zorlu bir durum ki "Çocuğun algısını bile etkiliyor."

"Ben kardeşimden, ablamdan öğrendim tekniği. Onlar sizi sürekli takip ediyor. Sonra tekniği uyguladık" diyor Ahmet Bey.

Önce travma. Durum, alerjinin toza karşı olması spesifik bir bilgi içerdiği için Ahmet Bey ve olayı yaşayan kişi olan eşinin travmayı bulması zor olmamış. Evet, bu da bir hamilelik travması. Yalçın'a hamileyken gittikleri bir yerde evi süpürüyorlar ve inanılmaz toz kalkıyor, iğrenme hissediyor annesi. Olası sebep olarak buldukları travma bu. Ve bunun üzerine çalışıyorlar.

Ahmet Bey'in rehberliğinde eşi travması üzerine çalışıyor. O tozdan iğrenme, rahatsız olma anına gidiyor. Duyguyu iyice yükseltiyorlar. Vuruşları yapıyorlar. Hatta Ahmet Bey'in eşi duyguya girmeyi öyle iyi başarıyor ki epeyce ağlıyor da.

Yalçın birkaç saat sonra dört beş kez hapşırıyor. Ondan sonra da bir daha hapşırmıyor. Bir sonraki gün Ahmet Bey'in kulağı hep Yalçın'da, acaba hapşıracak mı diye tetikte. Yalçın yine banyoya giriyor, bornozunu giyip çıkıyor, odasına gidiyor, yine bir şey yok. Odasına gidip diyor ki "Oğlum farkında mısın, hiç hapşırmıyorsun." "A evet baba ya, gerçekten de öyle" diyor Yalçın. Hatta bir de şunu deneyelim diyerek dolabın üzerinden Yalçın'ın gitarını alıyorlar, üzeri de tozlu. Onu alıyorlar yine hapşırık yok. "Normal şartlarda bu kadar tozdan hapşırık krizine girerdi" diye anlatıyor Ahmet Bey.

Ahmet Bey'den sonra Yalçın da birkaç cümle etmek için katılmıştı yayınımıza. "Kaşıntı, göz kızarıklığı, burun kızarması, hapşırık, artık hiç olmuyor, hepsi geçti!" demişti.

Gördüğünüz gibi, aslında işimiz ana sunucudan kayıt silmek! O tozlu kayıt silinince hapşırıktan da eser kalmamış, Yalçın da rahata ermiş.

Şimdi küçük bir not: hani hatırlar mısınız travmaların türlerini anlatırken beyinde çatışma duygusu yaratan, bizim mantıklı bir bakışla "bunda travmalık ne var ki?" dediğimiz şeyler de biz farkında olmadan travma yaratabilir demiştim. İşte Yalçın'ın durumu da buna örnek. Daha doğrusu annesinin travması. Dışarıdan bakan biri için sadece rahatsız edici bir hal, toz, iğrenme, rahatsız olma... Ama özellikle de hamilelik gibi hassas bir dönemde böylesi bir durum bile travma nedeni olabiliyor. Sadece hamilelikte bile değil. Bazen beynimiz öyle enteresan çalışıyor ki karşımızdaki insanın yüzünde gördüğümüz bir sivilce bile bizde güçlü bir iğrenme, beyinde bir çatışma hissi yaratabiliyor ve bir travma tetiklenebiliyor.

Everest Dağı'na yarım saatte çıkmak gibi

Sıradaki hikâyemiz inanılmaz çarpıcı. Yine bir anne-kız hikâyesi bu. Ama kızımızın durumu biraz ciddi. İşin güzel tarafı ise NeuroFormat'ın epilepsi gibi, sonraki hikâyelerde göreceğimiz otizm gibi daha komplike sorunlarda da işe yaradığına şahitlik etmemiz.

Zorlu bir annelik yolculuğu olmuş Şeniz Hanım'ın. Kızı 15 yaşında. Üç aylıktan itibaren hastalıklar başlamış. Nefes borusunda sorun var ve beslenme hortumuyla besleniyor. Sürekli tıkanan boruyu sık sık temizlemek gerekiyor. Epilepsisi var. Epilepsi krizleri yaşıyor. Parkinson gibi bedende istemsiz titremeleri var. Annesine karşı da çok hırçın. Göz teması kurmuyor. Hiç gülümsemiyor.

Biraz içe dokunan bir hikâye bu. Bir annenin iyileşme yolundaki yolculuğu biraz da. Pek çok disiplini, yöntemi deneyen, kızı için yıllardır bir çare arayan Şeniz Hanım anlatsın...

"Kızım üç aylıkken başladı hastalıklar. Beslenme hortumuyla besliyoruz. Ben tabii bu süreçte hep arayışlar içindeydim. Bu hastalığın bir tedavisi olabilir mi diye yıllardır arayıştayım. Son beş altı senede, travma, beyin, bilinçaltı konularını da çok inceledim. Elimde bilgi var ama nasıl çalışacağımı bilmiyordum. Deniyordum, olmuyordu, sonuç vermiyordu. Kızıma hacamat da, sülük tedavisi de yaptırdım. Gece bakıcımız da var, çünkü gece vardiyalarımız var, sürekli nefes borusunun temizlenmesi gerekiyor. Bakıcılar olmadığı zaman bana karşı çok hırçın olduğunu fark ettim. Beni geceleri uyutmuyor, bırakmıyor. Bir ergen kızın annesiyle didiştiği gibi ömrümüz geçiyor. Adeta beni istemiyor gibi, ne yaparsam bir türlü fayda etmiyordu. Aslında öğrendiklerimle başka insanlara yardım edebiliyordum. Blokaj çalışmaları, çakra çalışmaları... Ama kızıma yanaşamıyordum çünkü o kendisini ifade edemiyor. Çok büyük bir zorluktu yaşadığım.

Sonra sık sık sosyal medyada sizin yayınlarınız çıkmaya başladı karşıma. Sizi hayal kırıklığına uğratmak istemem, bütün kitaplarınızı okudum, tüm yayınları izledim diyemeyeceğim. Ama Instagram'da karşıma çıkıp duruyordunuz. Ve ben tesadüflere inanmıyorum. Dedim ki var bunda bir şey ve sizi takibe aldım. Bir gün de vaktim olduğunda sizi dinledim. Anlattığınız her şey çok mantıklıydı, benim bugüne kadar edindiğim bilgilerle de çok örtüşüyordu. Sizi tanıdıktan sonra, çalışmaları yaptıktan sonra sanki Everest Dağı'na yarım saatte çıkmış gibi oldum. Kızım eskiden bana hep vururdu, hırçındı. Artık yapmıyor. Tebessüm etmeye başladı. Gözümün içine daha çok bakıyor. Ona oyunlar kurmak istedikçe kasılıp kalan çocuk gülümsüyor. Kızımın uyku düzeni yoktu, gece durmadan uyanıyordu. Şimdi sadece bir kez uyanıyor. Büyük tuvaletini yapamıyordu. İki üç günde bir fitille ilk yardım yapıyorduk. Şimdi o da çözüldü. O kadar ilaç almasına rağmen büyük aptes sorunu vardı. Kırk yıl düşünsem bunun çözüleceği aklıma gelmezdi. Benim çocuğumun hırçınlığı, büyük epilepsi krizleri gitti."

Ne çetin bir sınav. Şeniz Hanım'ı birçok yöntemi denemeye itmiş bir sorun. Neyse ki onca teknikle, arayışla çözülemeyen sorunda NeuroFormat'la iyileşmeler, ilerlemeler olmuş. Önce travmadan konuşalım. Sonra nasıl çözüldüğünden.

Şeniz Hanım yayınları izledikten sonra kendi travmasının ne olabileceği üzerine düşünüyor. İki seçeneğe indirgiyor olası nedenleri. İzlediği bir yayında kendini hep dışlanmış hisseden bir çocuğun annesinin söyledikleri onda bir ışık yakıyor. Gebeliği istememe! Kendisi de ilk başlarda böyle hissettiğini hatırlıyor.

"O yayını izleyince bende alarmlar çaldı. Ben de hamile kaldığımı 2,5 aylıkken öğrendim. Ve çocuğu ilk önce kabullenemedim. İnsan ilk önce kendine itiraf etmeli. Ben çocuk karnımda hareketlenene kadar kabullenemedim. Ama ondan sonra bu duygum geçti."

İlk önce kendi üzerinde buna çalışıyor. Yani bebeği istememe durumuna. Sonra aklına bir şey daha geliyor. Bu da doğumdan.

"Bebek doğdu. İnsan bilmiyor ki yeni doğmuş bir bebek neye benzer. Getirdiler kızımı. Yüzü kırış kırış, yüzünde beyaz bir şeyler var. Ben bir an irkildim. Eşime, ebeye dedim ki bana çocuğu vermeyin şu an. Hatta eşim diyor ki sen o anda 'Bu ne?' dedin. Çok sürmedi tabii. Yüzünü silip getirdiklerinde hayatımda yaşadığım en güzel duyguyu yaşadım. Ama bunun da bir travma olabileceği geldi aklıma. Buna çalıştım."

Çalışmayı kendi üzerinde yapıyor. Salonda. Sonra vuruşları yapıyor. Üzerine büyük bir hafiflik geldiğini hissediyor, "Adeta kanatlanacaktım" diye anlatıyor.

Çalışmadan sonra içeride kızının öksürdüğünü duyuyor. Yanına gidiyor. Kızı çok nadir yaptığı bir şeyi yaparak gözlerinin içine bakıyor. Adeta yanıma gel der gibi bakıyor.

O günden sonra kızın durumunda radikal bir iyileşme oluyor. Şeniz Hanım yine temizlik çalışmalarını yapmaya devam ediyor. Ve diyor ki "Öyle ki acaba cesaret edip epilepsi ilaçlarını azaltsam mı diye düşünüyorum. Krizleri geçti, titremeleri geçti."

Bir bilgi notu olarak şunu paylaşayım. Epilepsi gibi durumlarda normalde ilk baktığımız travma türü zorla bir yerde hareketsiz bırakılmak, aşı, sünnet ya da doğum kanalında sıkışıp kalmak, zor doğum gibi durumlardır. Çocuğun doğum kanalında çok uzun kalması ya da annenin hamilelik ya da doğum sırasında –özellikle çocuğun hareketsiz olması durumunda– ölmesinden korkması da olabilir. Birileri tarafından bağlanıp sıkıca tutulmak, dövülmek, kıpırdamadan durmak zorunda kalmak da epilepsiyle sonuçlanabilir.

Şeniz Hanım'ın kızında durum hamileliği istememe, bebeği ilk gördüğü anda istememe travmalarının çözülmesiyle iyileşme göstermiş. Anne kendi üstünde çalışmış ve sonuç çok umut verici! Bir anlamda ana sunucuya atılmış olan, kızı gördüğü ilk andaki refleksi "Bu ne!" kaydı silinmiş. Ama gidecek daha yol da var.

Travma temizliği bazı durumlarda tek seferde sonuca götüren bazı durumlarda sabırla, sebatla soğan soyar gibi katman katman temizlik yapmak gereken bir süreç. Şeniz Hanım'a da tavsiyem çalışmaya devam etmesi. Yakaladığı bu ipucundan düğümü çözmeye devam etmesi. Mesela yayının sonunda şöyle bir yorum yapmıştı: "Kızımın bana hırçınlığı geçti ama şimdi de babaya çok ters davranıyor. Eskiden babacıydı..." Belki bir sonraki çalışmada babanın hissettikleri üzerinde çalışmak, babanın temizlik çalışması yapması da eminim güzel faydalar sağlayacaktır.

Şu önemli notu da paylaşayım: Bir şeyi senin bilinçli bir şekilde hatırlamamanın ya da hatırlıyor olmanın aslında beynin işleyişi için pek bir önemi yok. Beyin sen konuyu bilinçli olarak hatırlasan da hatırlamasan da eğer konu bir hayatta kalma meselesiyse, bunu yaş kaç olursa olsun, ister doğum kanalında sıkışan bir bebek ol, ister kuvözde bekletilen bebek ol, bir tehlike durumu varsa bunları kaydediyor ve vücutta gereken önlemleri alıyor.

Bunun bilinçli hafızayla hiçbir ilgisi yok. Burada yapılan şey hayatta kalmak için o canlının tehlikeyi kaydetmesi ve vücudunun hayatta kalma adına çeşitli kapasite artırımları başlatması. Alt beyinde zaten zaman kavramı olmadığı için bu bilinçli olarak hatırlanmayan olay çok daha tehlikeli bir şekilde bir bebeğin yani bir insanın kaderi haline gelebiliyor. Neden mi? Çünkü kişi bilinçli olarak hatırlamadığı için, bu travmanın beynindeki adresini de bilmediği için zaten bu travmayı hatırlayıp çözmekte sıkıntı yaşıyor.

Ayrıca yine söylemek isterim ki herhangi bir travmayı hatırlayamamak beyindeki tehlikeli teyakkuz durumunu değiştirmiyor. Beyin hastalık tepkisini verirken sen hatırlamadığın için durumu düzeltmek adına sorun adresine ulaşamıyor. Sistemin ve herkesin çocuk zaten çok küçük ne hatırlayacak ki, bunun ne önemi var ki, diyerek ana rahminde dahi olsa bebeği bir et parçası olarak görmekten vazgeçmesi gerekiyor.

Evet çok doğru, bu bebek bugünü ilerde bilinçli olarak hatırlamayacak ama alt beyni, o gün aldığı bozucu kararla belki sağlığına belki ruh sağlığına etki edecek bu kararı uygulayacak. O bebek yani o insan ne yazık ki o sağlığını bozan durumu belki de hayat boyu hiç değiştiremeyecek.

Yeni annelere iki yıl ücretli izin verilsin

Başlık dikkatinizi çekmiştir. Evet, gerçek düşüncem bu. Sadece hamilelik, doğum değil sonrası da çok çok önemli. Sosyal devletin güçlü olduğu ülkelerde bu var. Anneler doğumdan sonra apar topar işe dönmek zorunda kalmıyor. Çocukları beli yaşa gelene dek çalışmak zorunda olmadan geliri devlet tarafından karşılanıyor. Siyaset hiç hayatımın merkezinde olmadı ama itiraf edeyim ki bir parti icraatları arasına bu dediğimi eklerse oyum onlara. Şimdi gelelim bunları neden anlattığıma...

Burcu Hanım'ın kızı sekiz yaşında ve kronikleşmiş bir ateş sorunu var. Daha doğrusu bademcik iltihabı kaynaklı bir ateş. Ayda bir, 45 günde bir ateşleniyor. Hatta iki kere de havale geçirmiş. Yoğun bakıma alınmış. Çok endişelendirici durumlar yaşamışlar.

Tahmin edeceğiniz gibi Burcu Hanım'ın kızını götürmediği doktor kalmamış. Yayınlarımızın da sıkı takipçisi. Ben arada kitabın sonunda yer alan travma/hastalık listemizden de paylaşımlar yapıyorum. Bademcik iltihabının travmasının "bir şeyi elde edememe" olduğunu öğrenince Burcu Hanım'ın aklına bir olasılık geliyor.

"Çok düşündüm, çocuk neyi elde edememiş olabilir ki diye. Sonra aklıma bir seçenek geldi" diye anlatıyor. Kızına altı ay evde kendi bakmış, altı ay emzirmiş. Sonra işe geri dönme vakti geldiğinde kızını annesine bırakmaya başlamış.

"Annemi arıyordum. Diyordum ki anne Öykü bir şey yedi mi? Uyudu mu? Annem diyor ki hiç uyumadı, bir şey de yemedi. İlk iş günü dönüşü eve gidip emzirdiğimde ise hemen kucağımda uyumuştu. O hali hâlâ dün gibi aklımda. Yöntemi de biraz biraz anladım. Uyuduğunda çalışma yapmaya karar verdim. Birkaç gece denedim. Kafasını sevdim, ne olduğunu anlattım, onu çok sevdiğimi, onu bırakmadığımı anlattım. 'Öykü sen küçükken ben işe gitmek zorunda kaldım, seni istemeyerek de olsa bırakmak zorunda kaldım ama birçok anne çalışıyor, ama akşamları geliyordum, sütünü içiyordun, ben hep senin yanındaydım, her zaman aklımdaydın, seni düşünüyordum'. Böyle böyle konuştum. Bir an uyandı kızım 'Anne ne oldu?' dedi. 'Bir şey yok, sana dua ediyorum' dedim. Ve ben bunu iki üç kere yaptım. Sizden Allah razı olsun. Kızımın en son ateşi 14 Aralık'taydı, şu an dört ay geçti. Sekiz yaşına dek aynı doktora götürdüm ve bana en son söylediği 'Bunun bademciklerinin alınması gerekiyor. Başka yolu yok.' Şu anda sizi arkadaşlarıma, müşterilerime anlatıyorum. Bir arkadaşımın yeğeninde egzamalar varmış, ona da sizi anlattım, çalışma yaptılar çocuğun da egzaması geçti."

Burcu Hanım'ın da yayınlardan, kitaplardan öğrendiği gibi bademcik sorunlarında ilk baktığımız yer elde edememe, bazen de kurtulamama travmasıdır. Kimi durumlarda bir şeyi söyleyememe, söyleyeceklerinin içinde kalması da bademcik sorunlarına yol açabilir.

Öykü'nün kronik hale gelmiş bademcik sorunu annesi Burcu Hanım'ın uykuda yaptığı çalışmayla çözülmüş.

Baştaki girizgâha dönersem: kadınlar ve erkekler eşit diyoruz. Elbette ben de yüzde yüz katılıyorum. Bu açıdan feministim. Ama iş hamileliğe, doğuma, emzirme zamanlarına gelince hayır, kadınlara pozitif ayrımcılık şart diyorum. Çünkü kadın ve erkeğin biyolojileri farklı. Kadın can taşıyor, can veriyor ve o can ile bağlantıda. Anne-çocuk arasında inanılmaz bir bağ var.

Daha ileri seviye bir de yorum yapayım. Ana sunucu tezimizi biliyorsunuz artık. Öğrendik ki annenin daha çocukken yaşadığı travmalar da, hamilelik ve doğum travmaları da çocuğu etkiliyor. Bu travma kayıtları çocuğun da ulaşabileceği biçimde ana sunucuya kaydediliyor. Peki ya doğum sonrası? Bu konudaki yorumum şu: Annenin çocuğa travma aktarımının doğumdan sonra bittiğini düşünüyorum. Çocukta yukarıdaki örnekte gördüğümüz memeye, süte ulaşamama yahut kuvözde kalma gibi durumlar varsa bunlar artık çocuğun travmaları oluyor. Tıpkı ilk anda bebeğini eline almak istemeyen annenin bu tepkisinin de çocuğun travması olarak kayda geçmesi gibi.

Ensemde nefesini hissettim

Bir korku hikâyesi anlatacağım size şimdi. Korku mirası hikâyesi. Bir tür taciz de diyebilirsiniz. Bir kadına yaşatılan şey onunla da kalmıyor, korku mirasa dönüşüyor. Okuyalım...

Nursen Hanım hikâyesini bizimle canlı yayında paylaşmıştı. Etkileyici bir hikâye bu. LGS sınavlarına hazırlanan bir oğlu var Nursen Hanım'ın. Oğlu kursa gidip dönüyor ve hep "Anne kulağımda bir uğultu oluyor. Ara ara kulağıma vuran bir uğultu var, sanki birisi kulağıma üflüyormuş gibi bir ses duyuyorum" diyor. Çok da ürkek bir çocuk. Odasında ders çalışırken biri arkadan gelse hemen yerinden zıplıyor, ürküyor. Hep bir korku, diken üstünde olma hali yaşıyor.

"Oğlumun o hallerini gördükçe çok üzülüyordum, hep onu kurtarma peşindeydim. Bana benzemiş, bu da benim gibi çok korkak diye düşünüyordum" diyerek anlatıyor durumu Nursen Hanım.

Peki nedir bu korku mirası? Nasıl çözülmüş? Nursen Hanım anlatsın.

"Genç kızım. İşe gidip geliyorum. Akşamları geç geldiğimde, bizim eve yakın iki büyük fabrika var, onların arasında bir patika yol var, oradan geçiyorum. Annem hep diyor ki oradan sakın gelme, orası çok ıssız, karanlık, birisi çıkar bir şey yapar, tek başınasın, genç kızsın, sakın oradan gelme diyor. Ama eve hızlı ulaşmak için, kestirme diye hep oradan geliyordum. Korkmuyordum da. Sonra bir gün yine işten dönerken arkamdan birisinin yaklaştığını hissettim. Tanıdıktır dedim içimden, bir şey yapacak hali yok ya. Ama öyle olmadı. Bana saldırıda bulundu, arkamdan ağzımı kapattı. Resmen yıllarca onun nefesiyle yaşadım. Ensemde onun nefesini hissettim. Bağırarak, koşarak kaçtım. Ama bunca yıldır sürekli arkamdan birisi gelecekmiş korkusuyla yaşadım. Sonra oğlumda da bu korku, ürkme hallerini görünce çalışma yapmak istedim."

"Çalışma yapınca işe yarayacağını, düzeleceğini hiç düşünmemiştim" diyor Nursen Hanım ama çok etkili bir çalışma yapmış kendi üzerinde. İnanılmaz duyguya girmiş. Sanki film izliyor gibi, o genç kızın orada saldırıya uğrayışını gözünde canlandırmış.

"Bildiğiniz sanki gözümde iki musluk açılmış gibiydi. Bağıra bağıra ağladığımı fark ettim. Daha sonra kötü olayları söyledim, orada olabilecekleri söyledim. Onlara çalıştım. Bitirdim. Çok ciddi bir baş ağrısı yaşadım."

Bu çalışmanın sonucunda şimdi oğlu da kendisi de daha sakin. "Baktım ki korkusu yok artık. Dedim, sen artık arkandan gelinince korkmuyor musun? Geliyorum, yaklaşıyorum, hiç tepki vermiyorsun, hayırdır dedim. 'Bilmiyorum ki, hiç öyle bir his yok içimde' dedi. 'Çok rahatım' dedi. İnanamadım işin açıkçası. Kendimde de yaşadım, o korku gitmişti, o boynumdaki o insanın nefesi, onların hepsi geçti. Çocuğumda da geçti. Daha sonra eşim bunu fark etti ve çok şaşırdı."

Teknik bir detay olarak şu bilgiyi paylaşayım. Hani Nursen Hanım diyor ya "Daha sonra kötü olayları söyledim. Orada olabilecekleri söyledim" diye. Bu travma temizliğinde duyguyu yükseltmenin en önemli yöntemi. Ne demek mi istiyorum? Anlatayım. Bir travmayı temizlerken olanı iyice iyice yükseltmek önemli. Buradaki gibi büyük bir korku yaşandıysa o korkunun devamında olabilecekleri de söylemek duygunun yükselmesine katkıda bulunuyor. Nursen Hanım'ın hikâyesinde "O anda beni öldüreceğini düşündüm. Bana kötü bir şey yapacağını düşündüm. Belki bana tecavüz edecekti. Sonra da beni öldürecekti..." gibi yorumlarla abartmak duygunun yükselmesine katkıda bulunabilirdi.

Deprem travmalarında da bunu hep öneririm. Mesela 20 saniye sürmüş bir depremdir. Kimseye bir şey olmamıştır ama bu duyguyu temizlerken "Bina yıkılıyor, altında kalıyoruz. Nefessiz kalıyoruz..." gibi cümleler kurmak o korkunun o sırada düşünmemiş bile olsak katmanlarına ulaşmayı, onları da temizlemeyi sağlıyor.

Hırçın kız

Yine çifte bir iyileşme hikâyesi anlatacağım size. İlk kısım bir kayıpla ilgili. İkinci kısım ise bildiğiniz bir tema. NeuroFormat gönüllülerinin, takipçilerinin bir de şöyle bir durumu oluyor. Travma temizliğiyle yaşamlarındaki kritik olayları çözdükçe tam bir temizlik ustası haline geliyorlar. Bu hikâye biraz da bu yüzden önemli.

Gülay Hanım da NeuroFormat'ın sıkı takipçilerinden. Unutkanlık, saç dökülmesi sorunu var. Yayınlarımızdan birine katılıp neyle ilgili olabileceğini sormuş, ben de unutkanlığın birisini kaybetmek veya çok acı çekmemek için travmayı bloklamak olabileceğini söylemişim. Saç dökülmesinde de baktığımız yer aile büyüklerinden birinin kaybı, ayrılık, terk edilme travması, dokunulmayı özlemek demişim.

Çalışkan bir takipçimiz Gülay Hanım. Dediklerimi harfiyen uygulamış. Kendi baba kaybına çalışmış. Sonuçta saçlarındaki dökülme, kelleşme sorununda inanılmaz iyileşme olmuş. "Aynaya baktığımda yeni saçların çıktığını görüyorum" demişti bize yayında.

Şimdi gelelim ikinci hikâyeye. Bu da çok ama çok çarpıcı.

Gülay Hanım'ın bir kızı var. Ayşe. 10 yaşında. Ve bizim küçük Ayşe hırçın mı hırçın! Anneyle teması yok denecek vaziyette. Adeta annesine sinir oluyor gibi bir hali var. Ama gelinen noktada anneyle aralar düzelmiş. "Yüzde 95 aramız düzeldi kızımla" diyor Gülay Hanım. "Yüzde 5 de nazar boncuğu olsun. Ama iletişimimiz artık çok iyi!"

Peki travma neymiş? Nasıl çözülmüş? Gülay Hanım anlatıyor...

"Kızımı emzirmeyle, sütten kesmeyle ilgili bir sıkıntı olduğunu hatırladım. Terzi dükkânım vardı, kendime iş yeri açmıştım. Modelistlik diplomamı aldıktan sonra kendime güven geldi. Rahat rahat kalıp çıkarır, dikerim diye iş yeri açtım. O dönemde bırakacak kimsem olmadığı için dükkânda kızıma da bakıyordum. Bir yaz döneminde, eşimin kardeşleri yazlık kiralamışlar, siz de gelin dediler. Ben de çalışmak zorundayım, elimde iş var, yetiştirmek zorundayım. Eşime, ben gidemiyorum diye seni de mi mahrum edeyim, al kızı git dedim. Hem bu bahaneyle sütten kesilir dedim. Şimdi anlıyorum ki o ara kızım bana çok kızmış. Oğlumu alıştıra alıştıra kesmiştim, kızımda bunu yapamadım, bıçak gibi kestim. Ve ben bunu hatırladım. Geçen temmuzda demo çalışması yapmıştınız. Kayıtları izledikten sonra uyku tutmadı ve eski demoları izlerken, anne çocuk mevzularını izleyince kafama dank etti ve kızıma çalıştım. Çalışmayı da şöyle yaptım. Kızım sanki yatakta değil de karşımda oturuyormuş gibi dedim ki kızım böyle böyle oldu, özür diliyorum, lütfen beni affet... Tabii uyanmasınlar diye ben mutfakta, balkonda konuşuyordum. Bir baktım mutfağın ışığı yandı, eşim demez mi: 'Ayşe yatağa kustu, koş!' Allah Allah bu kız hasta değil, ateşi yok, midesini bozacak bir şey de yemedi, niye kustu? Duşa soktum, iki gün sonra kızımı aldım karşıma, zaten biliyor sizi takip ettiğimi, kızım dedim, ben böyle böyle bir şey yaptım. 'Anne' dedi, 'neden nasıl oldu bilmiyorum ama ben de rüyamda senden özür diliyordum. Kabahatimin ne olduğunu da bilmiyorum.' Çok ilginç. Benim ondan özür, af dilediğim saatte kızım da rüyasında benden özür diliyormuş. Şimdi neyse ki aramız düzeldi. Bütün hırçınlığı gitti kızımın."

Burada olan kızın yani Ayşe'nin travmasına çalışmak. Evet, sütten kesilirken bilinçli değil, bilinçli aklıyla annesine öfkelenecek hali yok ama zaten bilincin sularına girmeden çok çok önce her şeyin kayıtta olduğunu öğrendik artık. Ayşe'nin ana sunucuya yazdığı diyelim ki 'annem beni istemedi, beslemedi, sevmiyor' gibi kodlar varsa bunlar temizlendi. Hırçın kız tatlı kıza döndü.

Daha derin çalışmalar yapıldığında belki Ayşe'nin "yol ve yolculuk"la ilgili bir blokajı bile çıkabilir. Malum, sütten kesme ile yola gitme, başka yere gitme de yine bilinçaltı düzlemde onun kayıtlarında mevcut olabilir.

Bütün bağlantıları gözlerimizle göremiyoruz. Ama hem inanılmaz gizemli hem de inanılmaz mantıklı her şey.

İnanılmaz ama gerçek

Birazdan okuyacağınız hikâye, iddia ediyorum, tezimizle ilgili zihninizde herhangi bir soru işareti kaldıysa hepsini ama hepsini silip süpürecek! Emin olabilirsiniz. Bağlantılarımızın gücüne, travma temizlemenin inanılmaz etkisine bir kez daha ikna olacaksınız. Şaşıracaksınız...

Emine Hanım Antalya'da yaşıyor. Eşinden ayrılmış. İki çocuğu var. Babası hasta ve yayınlarımızı merak etmesinin nedeni de bu. Acaba bir çözüm bulabilir miyiz diye izliyor, kendi kendine notlar alıyor, anlamaya çalışıyor...

Bu arada artık yayınları sürekli takip ettiği için de yaptığım bir "eski eş" toplu demosuna da katılıyor. Bu özel çalışmanın amacı eski eşlerimizle, sevgililerimizle tabiri caizse hesabı kapatmak, kırgınlıkları ifade edip affetmek ki yola daha sağlıklı, daha güçlü devam edebilelim.

"İnanır mısınız, son dakika hazır olabildim demoya" diye anlatıyor Emine Hanım. "Çocukların yatmasını sağladım, benim odama gelmeyin dedim. Hiçbir hazırlığım yok çünkü eşimden ayrılalı yıllar oldu. Yaşadığımız şeyin üstünü kapatalı yıllar yıllar oldu. Sonra siz demoya başladınız. Ve ben öyle bir duyguya girdim ki, nasıl yüksek sesle ağlıyorum! Biraz yayının sesini kıstım ve hüngür hüngür ağlıyorum. Bu arada ben şu an size bunları anlatırken eski eşim de izliyor. Ona da söyledim. Neyse demoya katıldım, söylediklerinizin hepsini yaptım. Direkt bir ana gittim zaten. Eşimin o anda bana söylediklerine. Çok kırıldığım sözler etmişti. Bana bunları söyledin, bunları ben hak etmedim dedim. Ama sen de iyi birisin, benim de hatalarım var dedim. Sonra siz müziğe başladığınızda ben hâlâ ağlıyordum. Çocuklar görmesin diye sessiz sessiz ağlıyordum. Olan biteni affetmiş zannediyordum kendimi. Ama demek ki hâlâ bir şeyler varmış ki o kadar ağladım."

Anladınız zaten. Emine Hanım eski eş toplu demosuna katılmış. Eşinin geçmişte ona söylediği kırıcı sözlere çalışmış. Çok ağlamış. Çok duyguya girmiş. Sonrasında affetme çalışması yapmış. Buraya kadar her şey normal. Her şey bildiğimiz NeuroFormat travma temizliği sistemi. Ama durum az sonra ilginçleşiyor. Hem de ne ilginçleşmek.

Toplu demodan bir iki gün sonra Emine Hanım'ı eski eşi arıyor. Ahmet Bey. O İstanbul'da yaşıyor. Ve diyor ki "Galiba dilimi ısırdım. Dilim mosmor oldu." "Allah Allah" diyor Emine Hanım. "Bir doktora görünsen?"

Ahmet Bey'in sadece dili değil aynı zamanda boynu da morarmış. Alerji gibi ama tam da değil. Sabah oluyor yataktan kalkamıyor Ahmet Bey. Omurgası, kürekkemiği ağrıyor, hiçbir yeri tutmuyor. Ağrıları var. Önce işyeri doktoruna görünüyor, sonra bir başka doktora daha gidiyor. Kimse bir şey bulamıyor. Isırma gibi ama tam değil. Alerji gibi ama tam değil. Acile gidiyor. Kan tahlilleri, tomografi... Bilumum tetkik yapılıyor. Bir sürü şeye bakılıyor. Yine doktorlar hiçbir şey bulamıyor.

Hatta doktora "Herhalde dilimi ısırdım" diyor Ahmet Bey. Başka bir açıklama gelmiyor ki aklına. Emine Hanım Ahmet Bey'den de izin alarak o görüntüleri yani morarmış dil ve boyun görüntülerini bize de göstermişti. Gerçekten acayip bir görüntüydü. Adeta boyna darbe yemiş gibi. Dilini çok kuvvetli biçimde ısırmış gibiydi görüntü. Ama doktor diyor ki "Bu kadar kuvvetli ısırsaydınız o acıyla uyanırdınız!"

Peş peşe üç doktora gidiyor Ahmet Bey. Kimse bir şey bulamıyor.

Peki bu nedir dediğinizi duyar gibiyim. "Aman Barış Bey bu eski eş demoları adamları hasta mı ediyor yani?" diyorsunuz belki. Panik yok. Hasta etmiyor. Daha doğrusu bu hasta olmak değil bir anlamda iyileşmek.

Birbiriyle güçlü duygular kanalıyla bağ kurmuş iki kişinin eşzamanlı iyileşmesi. Ahmet Bey'in dilinde, boynunda olan şey ise iyileşme semptomları.

Karşı tarafı affettiğinde o kişinin kusması çok duyduğumuz bir durumdur. Pek çok kez böyle hikâyeleri paylaşan izleyicilerimiz oldu. Ama Ahmet Bey'inki gibi dil morarması benim de ilk kez duyduğum bir sonuç.

Düşünsenize, kuş uçuşu neredeyse 700 kilometrelik bir mesafeden bir çalışmanın sonuçlarını görmüş olduk. Antalya'da yapılan çalışma İstanbul'da böyle bir sonuç yarattı. Demek ki bağlar mesafe tanımıyor. Duyguyla ana sunucuya yazılan kayıtlar ister Japonya'da ol ister Kanada'da duygunun bağladığı iki kişiyi de etkiliyor.

Ve yaşanan olay NeuroFormat ve tezimiz açısından en çarpıcı hikâyeler listemizde ön sıralardaki yerini koruyor.

Şimdi Emine Hanım da Ahmet Bey de iyi. Emine Hanım yayınlarımızın sıkı takipçisi olmaya, irili ufaklı travmalarını temizlemeye devam ediyor.

Biri bana bunu söylese git işine derdim

Size az sonra anlatacağım Zeynep'in hikâyesinden girişte biraz bahsetmiştim. Zeynep'inki de en az Emine Hanım ve Ahmet Bey'inki kadar çarpıcı. Ve ana sunucudaki kayıtların gücünü ortaya koymak açısından yine aynı derecede ezber bozan nitelikte.

Zeynep bir hemşire. Ve yaşadıklarını anlatırken şöyle diyor: "Biri bana bunu söylese git işine! İnsan mı kandırıyorsun?" derdim.

Zeynep'in hikâyesi şöyle: Astımı var, kendini hep öfkeli hissediyor, gergin hissediyor. Psikoterapi desteği de alıyor. Ama iyileşme deneyimini bizimle paylaşırken "Psikoterapide belki üç ayda kat ettiğim yolu sizinle bir ayda aldım" diyor.

NeuroFormat ile tanıştıktan sonra Zeynep kendi üzerinde çalışmalara başlıyor. Not aldığı bir defteri var. Oraya yıl yıl yaş yaş aklına gelen travmalarını yazıyor. Ekibimizle çalışmaya geldiğinde ise bir anlamda ödevlerini yapmış olarak geliyor.

Babaya öfke çalışması yapıyorlar. Güçlü biçimde duyguya giriyor Zeynep. Babayla görüşmüyorlar. Babanın haberlerini anneden alıyor genelde. Çalışmayı yaptıktan sonra da "Açıkçası öfkem dindi. Mesela babamdan bahsedilince eskisi gibi gergin hissetmiyorum. Elbette aklıma gelen bazı şeyler oluyor ama eskisi gibi incitmiyor beni" diyor.

Buraya kadar iyi hoş. Babaya öfkeli genç kadın. Duyguya güçlü biçimde girerek çalışma yapıyor. Sonuç: öfkenin dinmesi, yaralayıcı hislerin geçmesi.

Ama beklenmedik bir şey daha oluyor. Zaten biliyorsunuz. Girişte az da olsa bahsetmiştim.

Annesiyle konuşuyor Zeynep Hanım. Ve annesi babasının ayaklarında yaralar çıktığını söylüyor. Ellerinde de var diyor.

"Ben babamla çok nadir görüşüyorum, o da annemin hatırına. Babamın bir kalp rahatsızlığı da var ama daha önceden böyle bir şey olmadı hiç. Kaç doktora gitti. Doktorun biri demiş ki kan değerlerin o kadar temiz ki ben bilemedim ne olduğunu. Hangi doktora gittiyse de aynı şey olmuş. Aslında bağlantıyı sizin yayınınıza katılan hanımın eşinin dilinin morarmasıyla kurdum. Herhalde bundan oldu dedim. Anneme ne zaman oldu bu yaralar dedim. Tarih tutuyor. Yani çalışma yaptıktan hemen sonra. Üç gün falan sonra."

"Babayla herhalde çok büyük duyguya girdiniz değil mi?" diye soruyorum Zeynep Hanım'a.

"Hem de nasıl" diye cevap veriyor. "Üstelik antidepresan kullanıyorum, nasıl girdim bilmiyorum, dedim ki demek ilaç kullanmasam adam komple yanacakmış!"

"Peki neden eller ayaklar sizce?" diye soruyorum.

"Çünkü babam bizi elleriyle ve ayaklarıyla çok döverdi!"

Emine Hanım ve Ahmet Bey'in hikâyesi... Zeynep ve babasının hikâyesi... Ne inanılmaz ne şaşırtıcı...

Buradan net bir şekilde anlıyoruz ki duygular en büyük bağı oluşturuyor. O duygular yükseldikçe biz o bilgiyi bizim ya da karşımızdaki kişinin de dışında bir yere, benim ana sunucu dediğim yere atıyoruz. Tehdit bilgisini oraya kaydediyoruz. Adeta sonradan geleceklere uyarı işareti gibi... Anne çocuk bağında da bunu görüyoruz mesela.

Ne zaman ki acıyı çeken, kırgınlığı çeken çalışma yapıyor, affediyor, o ana sunucudaki kayıt da değişiyor. Ve o kayıt değişince "öteki"nde inanılmaz semptomlar görülüyor. Birinin dili morarıyor, ötekinin ellerinde ayaklarında yaralar çıkıyor.

Birinde yara sözlerle açılmış, ötekinde eller ve ayaklar karşıdakini acıtmanın aracı olmuş.

Tezimizi ortaya koyarken ne demiştik: Travmayla ilgili bilgi kaydedilirken, kaydedilip sunucuya atılırken çok çok kapsamlı bir kayıt oluşturuluyor. Sonraki nesiller için travmanın detayları tu-

tulurken düşmanın da, tehdidin detayları da tutuluyor. Tehditte kullanılan uzuvlar... Tüm bilgi kayıtta.

O yüzden kişi karşıyı affettiği zaman "düşman" olarak kaydedilen kişinin de ruhunda, psikolojisinde, vücudunda, sağlık durumunda değişimler olabiliyor.

Benim için yanan tek şey sigara

Şimdi yine çok enteresan bir hikâye anlatacağım Şaşırtıcı sonuçları olan bir hikâye bu da. Bir sigara bırakma hikâyesi diyelim. Ama bakın neler olmuş...

Dilek Hanım tam bir tiryaki. Sigaraların birini söndürüyor ötekini yakıyor. NeuroFormat'çılar iyi bilir, bağımlılıklardan kurtulmak için de toplu demo çalışmaları yapıyorum bazen. Elbette pek çok ağır vakadan konuşuyoruz, kanser konuşuyoruz, epilepsi konuşuyoruz, şeker konuşuyoruz ama NeuroFormat'ın en hızlı ve etkili olduğu bir diğer alan da bağımlılıklar, fobiler. Hatta beni tanıyanlar iyi bilir, TV programlarında canlı yayında kedi köpek fobisini yayın sürerken geçirdiğim programlar çok olmuştur.

Dönelim sigaraya. Dilek Hanım sigara tiryakisi. Ve onun gibi sigaraya ve eşlikçisi kahveye düşkün bir komşusu var. Birlikte kahve ve sigara keyfi yapıyorlar. Ama sık sık da bırakacağım bu sigarayı, sen bırak ben de bırakacağım diyorlar birbirlerine. Sonra bir gün yayınları da takip ettikleri için sigara bırakma toplu demo çalışmasını ilan ettiğim paylaşıma denk geliyorlar. "Tamam yapalım şu işi!" modunda katılıyorlar.

Sigara ve iştah demo çalışmalarında benzer şeyler söylüyorum. En keyif aldığınız ana gidin, nerede içiyorsanız/yiyorsanız oraya odaklanın gibi gibi.

Dilek Hanım da çalışmada duyguya giriyor. "Çok da inanamıyordum" diye anlatıyor. "Çünkü artık sigara içerken bir sonrakini yakma isteği duyuyordum. Demodayız. Diyorsunuz ki keyif aldığınızı hissedin, nerede içiyorsanız oraya odaklanın... İçimden dedim ki bu iş hiç iyiye gitmiyor! Ben bu demodan çıkışta bir paketi iki paket yaparım kesin diye düşündüm. Ama duyguya da çok fena girdim. Nerede hissediyorsunuz sigarayı diyorsunuz. Evet dediğiniz gibi elimde hissediyorum. İlk önce elim geldi aklıma, sonra dudağım, ağzımda o duman doluluğunu hissetmek. Demo yaparken sigara için dediniz. İki tane peş peşe içtim. Midem bulanmadı. Ama zevk de almadım. Demo sonrası direkt mutfağa geçtim. Normalde mutfakta durur paketler ve görür görmez bir tane yakarım. Baktım bende sigara içme isteği yok."

Buraya kadar başarılı bir demo çalışmasının sonuçlarını görüyoruz. Dilek Hanım sigara bırakma toplu demosuna katılıyor ve çalışma etkili oluyor. Çünkü sigara içme isteği kalmıyor. Hatta eşi yanında içiyor birkaç tane, kendisi hiç istek duymuyor. Ama olay bununla kalmıyor.

Önce beklenmedik gelişmeyi anlatayım, sonra da nedenini.

Dilek Hanım'ın demo çalışmasına katılmasından sonra eşine bir şeyler oluyor. Bir baş ağrısı, bir halsizlik. Ertesi gün adam tüm gün yatak döşek yatıyor ve başını yastıktan kaldıramıyor.

"Peki bu nasıl oldu Dilek Hanım?" diyorum. Şöyle olmuş...

"Barış Bey, demo sırasında benim aklıma bir cümle gelmişti" diyor Dilek Hanım. "İçiyorum çünkü eşime ceza veriyorum, ona sadece böyle ceza veririm gibi bir cümle... Hatta güçsüzüm, güçsüz bırakılıyorum, yalnız bırakılıyorum gibi bir duyguya girdim. Benim için yanan tek şey sigara gibi bir cümle geçti içimden."

Durumu kavradınız herhalde. Biz bağımlılıktan kurtulma çalışması yaptığımızda o bağımlılık maddesiyle ilgili tüm duyguları yükseltmeye çalışıyoruz. Mesela sigara, keyif, derin derin içine çekme gibi gibi... Dilek Hanım'ın durumunda ise anlıyoruz ki sigara ve eşe öfke arasında bir ilişki var. Dilek Hanım çok sigara içiyor çünkü eşine bir ceza verdiğini düşünüyor, kendini yalnız hissediyor ve böyle duvar yazısı olacak hoşlukta cümleler geçiyor içinden: "Benim için yanan tek şey sigara!"

NeuroFormat'ın böyle bir etkisi var işte. Duyguyu yükselttikçe farkında bile olmadığımız katmanlar açılıyor, farkında dahi olmadığınız bağlantılar gözünüzün önüne serilebiliyor.

Bu arada Dilek Hanım'ın eşi de kendisinden sonra birkaç dakikalığına bize merhaba demek için yayına katılmıştı. O da bizim yüzümüzden "başına gelenleri" anlatmıştı. Yani baş ağrılarını, halsizliği kastediyorum. Hatta Dilek Hanım'a diyormuş ki "Birilerini iyileştiriyorsunuz ama birilerini de hasta ediyorsunuz!"

Ben bu yorumu da tatlı buluyorum. Ve diyorum ki Dilek Hanım'ın eşi sevgili beyefendi, vallahi ben hasta etmiyorum. Bütün suç ana sunucuda!

Ayrılık ve pişik

Yine bir anne çocuk travması var hikâyemizde. Bariz bir travma ve çocukta çıkan sonuçları...

Ebru Hanım da NeuroFormat'a gönül vermiş takipçilerimizden. Bizimle iyileşme hikâyelerini paylaştığında bir değil iki iyileşme dinleyeceğimizi bilmiyorduk tabii.

İki çocuğu var Ebru Hanım'ın. İkinci çocuğunda kronik bir pişik sorunu var. Daha bebek dört günlükken çıkmış bir sorun bu. Doğar doğmaz alerjik semptomlar göstermeye başlamış ve pişik sorunu da bir türlü geçmek bilmemiş. İlaçlar kremler hiç mi hiç fayda etmemiş.

Ne yapabilirim, hangi konuya çalışmalıyım diye düşünürken fazla da aramasına gerek kalmıyor Ebru Hanım'ın. Çünkü artık tüm NeuroFormat takipçileri gibi o da hamilelik sürecinin çok daha farklı anlamları olabileceğini biliyor. Ve travmasını hatırlıyor.

"Travmamı bulunca pişikler geçiverdi Barış Bey" diyerek başlıyor söze Ebru Hanım. Ve anlatıyor neler olduğunu. "İkinci çocuğuma hamileyken eşim polis okulunu kazandı. Ben de annemlerin yanında kalmak, çalışmak zorunda kaldım. Kira ödemek zorundayım, sırtıma yükler bindi, bir de eşim uzakta, ayrılık var. O dönemi çok zor atlattım, sonra çocuğum doğdu ve pişikle açtı gözlerini dünyaya. Ben onu kurtarmak için çok uğraştım. Ve bunu çocuğuma uyguladım. Uykuda çocuğumun kulağına fısıldayarak çalıştım. 'Bu senin suçun değil, öyle olması gerekiyordu, seninle bir ilgisi yoktu, lütfen sen iyileş...' Böyle şeyler anlattım kulağına. Ve kaç yıldır uğraştığımız pişikler geçiverdi."

Hep söylerim. Cilt sorunlarında, pişik gibi durumlarda ilk bakacağımız yer ayrılık travmasıdır. Ebru Hanım'ın geçim yükünü de sırtlanması elbette ekstra stres yaratmıştır ama ciltte bir sorun varsa ilk şüpheli ayrılıktır diyebiliriz.

Bu güzel haberin ardından bir de geçmişe dönük iyileşmesini anlatıyor Ebru Hanım. Bu da bonus oluyor.

"Tiroidim vardı benim" diyor. Evliliğinden önce hoşlandığı biri varmış. Bu kişi beklenmedik bir anda pat diye terk edivermiş Ebru Hanım'ı. Takip eden yıllarda âdet düzensizlikleri, bazen iki hafta kesilmeyen âdet dönemleri yaşamış. Polikistik over sorunu çıkmış.

Çocuğunun pişik sorununu çözdükten sonra kendi tiroidi için de çalışmış Ebru Hanım. Tiroit dediğimizde de ilk akla gelen mesele elde edememe travmasıdır. Zaten hikâyenin kendisi de ortaya koyuyor. Bu terk edilme durumuna çalışmış. Kendi üzerinde yaptığı çalışmayla ne kadar üzüldüğünü, değersiz hissettiğini ifade etmiş. Affetme çalışması yapmış...

Sonuç? Sonuç çok güzel. Son kontrollerde endokrinoloji doktoru "Ne yaptın sen? Kendi kendine iyileşmişsin. İlaca da gerek kalmamış artık" demiş.

Ben bu cümleleri duymaya çok alışkınım aslında. Uzman bir doktorun kendilerine "Ne yaptın sen? Nasıl oldu? İyileşmişsin" cümlelerini ettiğini söyleyen izleyicilerimiz sık sık oluyor. Ama her seferinde ilk kez duyuyormuş gibi seviniyorum.

Artık çok rahat yürüyorum!

Yine çok çarpıcı bir anne-kız hikâyemiz var. Nermin Hanım ve kızı Burcu'nun hikâyesi. Önce Burcu'dan bahsedeyim. 24 yaşında bir genç kızımız Burcu. Serebral palsili. Bu hastalığı bilenler hayata katılım açısından rahatsızlığın farklı dereceleri olduğunu da bilirler. En ağır vakalarda yaşamı sürdürmek, en basit hareketleri yapmak için bile bir başkasının desteğine ihtiyaç duyulabilir. Daha hafif vakalarda ise işe, okula gitmek mümkün olur. Hareketlerde sarsaklık, ağır hareket etme gibi semptomlar dışında normal bir yaşam sürdürmek mümkün olabilir. Neyse ki Burcu ikinci gruba dahil. Genel tutukluğu var; yürümesinde sıkıntı var, yürüyemiyor, hareket zorlukları olsa da bir işi var ve çalışıyor. Şimdi hikâyeyi anne Nermin Hanım'ın ağzından dinleyelim...

Nermin Hanım bizimle hikâyesini paylaşırken çok heyecanlı. "Hocam, kızım ayaklarını kıpırdatmaya başladı. Şimdiye kadar hiç kıpırdatmamıştı. Pazartesi işe gitti ama ben hiçbir şeyden bahsetmedim. Sürekli aklımda, acaba ne olacak diyorum. Telefon açtı, anne dedi, inanamazsın, sen bana çalıştın mı dedi. Evet dedim. Bu Barış Muslu nasıl bir şey, inanılmaz, çok rahat yürüyorum dedi."

Yayına katıldığında öyle mutlu ki Nermin Hanım.

"Peki kızınız orada mı, konuşur mu?" diyorum.

"Sürekli size dua ediyor. Yanımda hocam ama çok heyecanlı, konuşamam diyor."

Sonra bizi kıramayıp Burcu kısa süreliğine olsa da katılıyor yanına.

"Burcu, şunu merak ediyorum, o çalışmadan sonra nasıl bir şey oldu, sen anlat, uzun konuşmana gerek yok, ne fark ettin?" diyorum. Anlatıyor:

"Annemi aradım, annem çalışma yapmış bana, haberim yok, uyurken yapmış. Yürüyorum rahat anne, dedim."

"Hareketlerin nasıl değişti? Hareketlendiğini mi hissettin gerçekten?"

"Çok rahatladım hocam."

"Bir aydır böyle devam ediyor mu o enerji ve hareket rahatlığı?"

"Evet. Yürüyebiliyorum."

Bu diyalogdan anlayacağınız üzere ben de şaşkınım. NeuroFormat'la her gün birbirinden ilginç iyileşmelere imza atıyoruz tamam ama iş nörolojik meselelere gelince hep temkinle baktığım bir alan. Çünkü orada durumlar bildiğimizden biraz daha karmaşık olabiliyor. Ama Burcu'nun hikâyesi de gösteriyor ki NeuroFormat, hastalık ya da durum ne olursa olsun işe yarıyor. İyileşmeler sağlıyor.

Şimdi gelelim travmaya. Bu iyileşme nasıl yaşanmış onu öğrenelim.

Yine doğum travmasına çıkan bir hikâye bu... Nermin Hanım anlatsın...

"Doğumda kararsızlık yaşadık biz. Sizinle konuşana kadar o hiç aklıma gelmiyordu. Doğum esnasında normal doğum diye gittik önce. Sonra baktılar olmuyor, suni sancı verildi. O kadar yorgunum ki anlatamam. Sonra suni sancıdan vazgeçip yine normal doğuma aldı doktorum beni. Sonra bir daha, yok dedi, böyle olmayacak, beni başka bir odaya, kimsenin olmadığı bir odaya geçirdi, takibe aldı. Biraz daha zaman geçti geldi, sizi hemen sezaryene almak zorundayım, bebek kaka yaptı dedi. Hatta eşime de haber veriliyor, sezaryene alıyoruz, şu şu ilaçları alın diye. Eşim gelene kadar bir tur daha karar değişti. Doktor sizi normal doğuma alacağız dedi. Düşünsenize sancılar içindeyim ve üç kere kararsızlık. Ve o kadar yorgunum ki, ölü gibiyim, cansızım sanki. Onu hatırladım, çalıştım. Kızım ertesi gün işe gidemedi. Sonraki gün gitmeye başladı. Telefonla beni aradığı gün o gün işte."

NeuroFormat sistemi açısından baktığımızda serebral palsi travmasının genelde hamilelik ya da doğum travmaları olduğunu söyleyebiliriz.

MS, Parkinson, ALS, serebral palsi, distoni gibi kas hastalıklarının travması hep çok sert yaşanan ve kişinin hiçbir reaksiyon gösteremediği, kararsız kaldığı, kal gelme travmaları oluyor. Burada da Nermin Hanım doktorların kararsızlığı üzerinden o kadar kararsızlık hissetmiş ki, o mu olacak bu mu diyerek, resmen doğumdaki bu kararsızlık, görünen o ki çocuğa sirayet etmiş.

Peki çözüm nasıl olmuş? Nermin Hanım Burcu uyurken ona çalışma yapmış. Doğumda yaşadığı zorluğu, o kararsızlık, sürekli fikir değiştirilmesi halini anlatmış. Senin suçun yok, seninle ilgili değildi gibi sözlerle pozitife çevirerek travmayı temizlemiş.

Annesi ve Burcu sonraki seminerimize de katılmışlardı. Burcu seminer sonrası kendi kedi fobisine çalışıp onu da geçirmişti. Annesi bizimle Burcu'nun kucağında kedili resimlerini paylaşmıştı. Özgüveninde de seminer sonrası büyük iyileşme yaşandığını bana iletmişti. Hatta ben bu güzel gelişmeleri sosyal medyada da paylaşmıştım.

Demek ki serebral palsi gibi pek çok hekimin daha en baştan "umut vermeme" üzerinden yorum yaptığı bir durumda bile, kişi 24 yaşına gelmiş olmasına rağmen travmayı temizleyince iyileşmeler mümkün.

Burada yine bir yorum yapayım. Başka bir hikâyede serebral palsili oğlu olan bir anneye ülkenin alanında en iyi uzman doktoru "Oğlunuzun bir bitki gibi köşede duracağını ve sizin bütün hayat boyu ona bakmak zorunda kalacağınızı düşünün, kendinizi buna hazırlayın" demişti. Çocuk daha bir yaşındayken yaptığı yorum buydu. Annede büyük bir travma yaratmıştı bu sözler. Ve ben böylesi yorumlara çok kızıyorum. Ama anne pes etmedi, oğlunun hareketlerini geliştirmek, onu hayata katmak için elinden geleni yaptı. Şimdi o delikanlı 15 yaşında ve basketbol oynuyor! Tamam NBA'de oynayacak gibi oynamıyor ama oynuyor mu oynuyor. Okulunda gayet başarılı, seviliyor, sporda iyi, karate yapıyor...

Evet sağlıkçılar, doktorlar başımızın tacı. Ama onlar da insan, unutmayın. Söyledikleri her şeyi yüzde yüz gerçek gibi kabul edip travma yaşayabiliyoruz. Önerim, duyduğunuz her şeyi birkaç doktorla kontrol edin. Doktorların söylediklerini dinleyin ama onların da insan olduğunu unutmayın. Bizim sağlığımıza doktorların söyledikleri karar vermiyor. Doktor söylüyor diye başka bir ihtimal olmayacağını düşünmeyin. İkinci üçüncü görüş alın...

Barış Bey biz de size geliyoruz

Dört yıla yakın zamandır sosyal medyada canlı yayınlar yapıyorum. Birbirinden ilginç mekânlardan, birbirinden ilginç hikâyelerle bağlanan izleyicilerim oldu. Ama sizi temin ederim şimdi anlatacağım durum en ilginçler sıralamasında en tepeleri garantiler. Neden mi? Çünkü ben İstanbul'dayım, yayına katılan aile, Başak Hanım, eşi Erdal Bey ve oğulları Ankara'dan yola çıkmış İstanbul'a doğru geliyorlar ve yayınımıza da arabayı otobanda yol kenarına çekip öyle katılıyorlar. Gördüğünüz gibi NeuroFormat iyileşmeleri zaman mekân tanımıyor. Her yerden, her durumdan bu muhteşem laboratuvara gerçek ve çarpıcı iyileşme hikâyeleri akıyor. İyileşmenin kuantum bilgisayarı gibiyiz. Şimdi hikâyeye geçiyorum...

Başak Hanım ve Erdal Bey Ankara'dan İstanbul'a yolda. Arabanın içindeler. Arkada oğulları oturuyor. Ofisimize geliyorlar. Çünkü daha önce oğulları için bir seans almışlar ve inanılmaz gelişmeler karşısında apar topar yeniden gelmeye karar vermişler.

Peki neymiş durum, ne olmuş? Anlatayım.

10 yaşındaki oğulları Kağan'da nefrotik sendrom, böbrek yetmezliği var. Hastalık iki yaşındayken başlamış. Bir anne baba için en zorlu sınav. Zaten son beş aydır da hastanede yatıyormuş Kağan.

Baba Erdal Bey gelişmelerden çok mutlu. Çok heyecanlı. Normalde erkekler yayınlarımıza katılmakta biraz çekimser davranırlar ama o otobanda arabasını yol kenarına çekip bizimle konuşuyor.

"Size çok teşekkür ederim. Şunu söyleyeyim, biz kalpten inanarak geliyoruz sizin yanınıza. Allah'ın bir vesilesi diyelim bunlara.

Çünkü çocuğum sekiz yıldır tedavi görüyor, altı ay boyunca hastanede kaldığı dönemler oldu, şimdi de beş aydır hastanedeydi, eşimin psikolojisi çok bozuldu ama bu sizin seanslarınıza girdikten sonra eşimde bile sakinleşme, düzelme var. O yüzden ne derse yapalım, gidelim yanına dedik" diyor.

"Erkeklerin de böyle güvenmesi, böyle ikna olması, ne mutlu bana, inşallah hem çocuğunuz hem de eşiniz çok daha güzel, çok daha keyifli bir hayat yaşayacaksınız. Çok mutlu oldum, çok teşekkür ederim" diyorum

Anlayacağınız üzere Başak Hanım çalışmayı kendi yapmıyor. Oğlunun derdine derman ararken NeuroFormat'la tanışıyorlar ve ofisimize gelerek uzman psikoloğumuzdan destek alıyorlar. Çalışmayı ekibimiz yaptırıyor kendisine.

Travma neydi diye soruyorum. Anlatıyor Başak Hanım:

"Hamilelikte yaşadığım bir şey üzerine çalıştık Barış Bey. Çok ciddi tehlike var. Çocuk ölebilir. Çocuğu kaybedebilirsiniz denmişti. Bebeği aldırmam gerektiği söylenmişti. Ve hatırlıyorum doktor bana çok sert konuştu, çocuk karnımdayken, ben de çok korkmuştum. Damarlarımda daralma vardı, bir tür boğulma tehlikesi atlattım, nefesin daralır ölürsün dedi bana direkt. Resmen psikolojik olarak nefesim daraldı gerçekten. Kendimi kaybedercesine, bayılmışım orada. Bunu çalıştık. Sizin ofisteki çalışma sırasında inanılmaz duyguya girdim. Tüm duygularımı temizledim. Oğlumda iki yaşında başladı böbrek yetmezliği. Ve tek çalışmada çocuğun iki üç değeri asla olmayacak yerlere geldi. Çalışmayı yaptıktan sonra Kağan'da iki üç gün bir mide bulantısı, baş dönmesi oldu. Sonra hiç beklemediğimiz bir anda çocuğun albümin değeri 2,6'ya çıktı. Yani biz bu rakamı görmeyeli öyle çok zaman olmuş ki. Öyle çok şaşırdık ki!"

Arkada oturan, canlı yayın sırasında bize gülümseyen Kağan'ın albümin değerleri tek çalışmada yükseliyor, kreatinin değerleri düşüyor. Ve bu çocuk son beş ayını hastanede yatarak geçirmiş bir çocuk. 7/24 tedaviyle olmayan şeyler olmaya başlıyor.

Şimdi Ankara'dan İstanbul'a gelmelerinin nedeni bu işte. Yaşanan bu radikal değişim. Aylarca hastanede kalan Kağan'ın durumundaki iyileşme.

Hayır, tek seansta, bir çalışmayla böbrek yetmezliği geçmiş değil. Gidecek daha yol var. Ayrıca doktorları zaten çok iyi, doktorlarla irtibatı kesmiyorlar. Ama yıllardan beri olmayan şeyler oluyor ve bu hepimiz için umut verici.

Onlar otobanda kenara çekmiş bu hikâyeyi anlatırken öyle duygusal bir an yaşadık ki. Ben neden başka bir iş yapmıyorum da NeuroFormat sistemini kurdum, neden Allah'ın her günü iyileşme hikâyelerini dinlemek, paylaşmak için canlı yayın yapıyorum bir kez daha anladım. Çünkü umut veren güzel haberleri seviyorum. Çünkü büyük sistemin nasıl çalıştığını çözmeyi seviyorum. Ve elbette öğrendiğim her şeyi paylaşmayı. Ki Kağan gibi çocuklarımızın mutlu, sağlıklı yarınları olsun...

Çocuk kavanozdan çıktı

Yukarıdaki cümlenin sahibi bir annemiz. Oğlundaki gelişmeyi anlatmak için böyle enteresan bir cümle kurmuştu. Hikâyesi neydi derseniz, anlatayım...

Maral Hanım Almanya'da yaşıyor. Yayınlarımızı sosyal medya üzerinden takip ediyor. Oğlu Aras altı yaşında. Çocukluk otizmi tanısı almış. Ve otizmin bütün belirtilerini taşıyor. Göz teması kurmuyor. Bağ kurmuyor. Kendi dünyasında yaşayan bir çocuk.

Maral Hanım yayınları izledikten sonra NeuroFormat'ın otizmde bile etkili olduğunu öğrenince bir denemeye karar veriyor. Çalışmayı oğlu uykudayken yapıyor.

Büyük bir heyecanla gelişmeleri bizimle paylaşıyor.

"Yavaş yavaş ismini söyleyince bakmaya başladı artık. Hiç yüzümüze bakmazdı bakmaya başladı, eskiden yapmıyordu, etrafına bakınıyordu. Başka çocuklarla da temas kurmazdı. Çocuklara gülücük atmaya başladı. Teker teker cümleler de kuruyor. Aç, iç, gel, ver, hadi... Bunların hiçbiri yoktu ama artık var. Baba, anne... Bunları da söylemeye başladı. Bize sarılmaya, öpmeye başladı. En önemlisi de ismini seslendiğimizde hiç bakmazdı. Artık bakıyor. Algı da açılmaya, konuları anlamaya başladı... Çocuk resmen kavanozdan çıktı!"

Müthiş umut veren, beni çok mutlu eden bir hikâye bu da. Maral Hanım'ın travması da hamilelik travması. Almanya'da yaşıyor ama demek orada da işler çok farklı değil.

Maral Hanım'ın hamilelikte kanaması oluyor ve kendisini çok ama çok korkutuyorlar. Bebeği kaybedeceksiniz diyorlar. Bilumum aletlere girip çıkıyor, 'yok yaşamaz' anlamına gelecek cümleler ediyorlar. Tüm hamileliği çocuğu kaybetme korkusuyla geçiyor.

"Dokuz ay boyunca ne kadar olumsuz duygu varsa ben hepsini yaşadım Barış Bey" diyor.

Sonra çalışma yapmaya karar veriyor. Hem uykuda çalışma yapıyor hem de çocuğu karşısına alıp anlatıyor. Aras annesinin anlattıklarını dinledikten sonra birden ayağa fırlıyor. O andan sonra da değişmeye başlıyor.

Bu arada bir not, Maral Hanım sadece bebeğini kaybetmekten korkmamış. Kendisi de doğumda ölüm korkusu yaşamış. Ve onu da temizlemiş. Bu güzel gelişmeler de iki çalışmayı yaptıktan sonra iyice hızlanmış.

Şimdi belki kimilerinize biraz provokatif gelecek bir yorum yapacağım. Elimde değil, olduğum gibi bir insanım ve şu dünyadaki en temel varoluş stratejim de olabildiğince dürüst olmak!

Maral Hanım'ın vakasında da başka vakalarda da "doktorlar beni korkuttu" temasını görüyoruz. Zaten hep söylüyorum ya, hastaya, hasta yakınına teşhisi, olasılıkları söylemenin de eğitimi verilmeli diye.

Daha önce söylemiştim ama yeniden vurgulamak isterim. Hani derler ya cehalet mutluluktur diye. Bazı durumlarda bu cümlenin çok haklı olduğunu düşünüyorum. Hatta daha ileri gideyim. Elden bir şey gelmiyorsa anneye hiçbir şey söylememek bile bir yöntem. Neden derseniz, diyelim ki hakikaten çocuğu kaybedecek anne. Bunu bir olasılık olarak en zarif en yumuşak biçimde söyle geç. Tekrar tekrar söyleyip bir de kadında travma yaratma. Hem görüyorsunuz, o travma anneyle sınırlı kalmıyor ki, direkt çocuğa da geçiyor.

Bazen bilmenin kendisi de bir lanet, bir kehanet oluyor.

Tıp teknolojisi çok gelişti evet, bir dolu teşhis tetkik araç gereci, yöntemi çıktı. Ama bunların böyle yoğun kullanılması, daha fenası orada görülen tüm olasılıkların filtresiz biçimde anneye aktarılması ne kadar doğru, şüpheliyim.

NeuroFormat yayınlarımız adeta bir laboratuvar oldu dedim ya. İnanın onlarca vakada buna rastladım. Sorunun doktorun yahut o her kimse uzmanın anneyi "bilinçsiz" bilgilendirmesi, tüm olasılıkları söylemesi olduğunu gördüm.

Kimi zaman travmamızın kaynağı da fazla bilmek! Çocukta bir durum var, bir terslik olasılığı var, sen onu çat diye söylüyorsun ve adeta gerçekleşmesine katkıda bulunuyorsun. Olmayacak şey oluyor, çocuk annesi üzerinden hasta ediliyor.

Anne bir tarla, oraya tohum ektik, yağmur yağar rüzgâr eser tohum büyür bitki olur değil ki durum. O tarlaya verdiğin her şeyi çocuk da alıyor. Tarla canlı. Duyguları var, korkuları var.

Bence elden bir şey gelmiyorsa anneyi bilgilendirme. Verilecek bariz bir karar yoksa bilgi verme. Vereceksen de en objektif ama yumuşak söylemle babaya ver. Yani ille söyleyeceksen kadına değil kocasına söyle. Bari kadında travma yaratma.

Doktorların da hakkını teslim edeyim. Yasalar, hasta koruma kanunları, özel hastanelerin kendini her duruma karşı güvenceye alma protokolleri de bu bilgi enflasyonuna neden oluyordur. Aman başımız derde girmesin, biz her şeyi söylemiş olalım da gibi bir yaklaşım da var bunun arkasında, kabul ediyorum.

Ama biz yine de aklıselim davranalım. Bilgiyi gerektiği kadarıyla verelim ama o bilgiyi de gayet yumuşak verelim... Yoksa kendini gerçekleştiren hastalık kehanetleri dünyasında yaşayıp gideceğiz.

Kocaman gözler

Hatırlarsınız, travmaları tanımlarken bir numarada şiddetli, bizi çaresiz ve yalnız hissettiren keskin olaylar vardı; iki numara uzun sürmüş mesela bizi değersiz, başarısız hissettiren, zamana yayılmış durumlardı. Üçüncü travma türü ise beynin anlık çatışma olarak algıladığı travmalardır demiştim. Şimdi onlara çok güzel bir örnek geliyor. "Nasıl yani, bundan mı olmuş?" dedirtecek türden. Evet ondan olmuş...

Bizimle canlı yayında oğlunun iyileşme hikâyesini paylaşan Özlem Hanım da gerçek bir NeuroFormat takipçisi. Neden derseniz bu anlatacağım durum dışında oğlunun hırçınlığını, ağlamalarını da yine travmalarını bularak çözmüş. Dedektif gibi çocuğun dünyasında etkisi olmuş, olabilecek konuları tek tek temizlemeye çok kararlı. Onun oğluna da bir buçuk yaşından sonra çocukluk otizmi teşhisi konmuş ama adım adım sorunları çözüyor Özlem Hanım. Şimdi dönelim şu şaşırtıcı, enteresan, hiç bilmeyenler için amma tuhaf denecek hikâyeye.

Özlem Hanım'ın oğlu Ali bir buçuk yaşına kadar gayet normal bir çocuk. Yaşıtlarıyla oynuyor, konuşması, algısı süper. Sonra birden tak diye bir şey oluyor. Çocuk kendini kapatmış, dış dünyaya kapatmış, adeta konuşmayı unutmuş. En çarpıcı olan ise göz teması kurmaması. Sanki insanların gözüne bakmaktan korkuyor.

"Çarşıya gidiyoruz, elini tutuyorum gözler kapalı, göz ucundan, göz altından bakıyor. Televizyona bakarken bile kirpiklerini eğip altından bakıyor. Eve yabancı biri geliyor yine gözünü kapatıyor. Asla göz teması kurmuyor. Resmen takıntı haline geldi çocukta. Her attığı adımı; parkta mı korktu acaba, evde mi korktu acaba, ablası bir şey diyordu ona mı korktu acaba diye düşündüm. Çünkü ailede herhangi bir şey olmadı, korkabileceği bir şey yok. Onun için küçük şeylerde aradım sebebi. Düşündüm, düşündüm ve ben travmayı buldum Barış Bey..."

Hazırsanız geliyor travma. Çok şaşıracaksınız emin olun. Özlem Hanım'ı dinliyoruz:

"Bu neydi biliyor musunuz? Bir gün annemlere gittik, erkek kardeşimin kız arkadaşı gelmişti. Kızın da gözleri kocaman, çok çok koyu makyaj yapmış, zaten iri gözleri var, koskocaman olmuş gözleri. Ben kapıdan içeriye girdim, kız ayağa kalktı, oğlumu kucağına aldı. 'Ay canım benim, Ali' filan diyerek çocuğumu sevmeye başladı. İşte tam o anda oğlum gözlerini kapattı. Tamamen. Ve dört beş ay boyunca gözleri kapalı dolandı."

Ne acayip. Makyajla iyice belirginleştirilmiş, olduğunun iki katına çıkmış gözler Ali'nin beyninde anlık çatışma travması yaratıyor ve çocuk "göz"ü tehdit olarak algılıyor. Kimsenin gözüne bakmak istemiyor.

Evet, bir tür çocukluk otizmi durumu da var. Ama Özlem Hanım bu "koca göz" travmasını uykuda çalışma yapıp temizleyince göz teması kurmama sorunu geçmiş. Sonrasında ise diğer konulara çalışmaya başlıyor, onlarda da ilerlemeler kaydediyor.

Gözden korkmak bazılarınıza anlaşılmaz gelebilir ama bu doğada da var. Daha doğrusu bir tür savunma yöntemi olarak sahte gözler. Belki denk gelmişsinizdir, belgesellerde görmüşsünüzdür, bazı kelebek türlerinin, balık türlerinin mevcut gözlerinin dışında vücutlarında tıpkı göze benzeyen benekler olur. Düşmanları bertaraf etmek, onlardan gelecek tehditleri savuşturmak için doğanın bahşettiği bir savunma silahı.

Küçük Ali'nin durumunda da normal boyutların üzerinde iri gözler güçlü bir tehdit algısı yaratmış gibi görünüyor. Neyse ki çalışma yapılarak bu sorun çözüm yoluna girmiş.

Beyinde anlık çatışma travmaları için bu bir insanın yüzündeki sivilce olabilir, ben bile olabilir de demiştim. Nedeni çözülemeyen birtakım fobilerde de durumun bu olduğunu tahmin ediyorum. Mesela palyaço fobisi olan, balon fobisi olan insanlar vardır. Muhtemel ki bu görüntüler de onların beyninde anlık çatışma travması yaratıyor.

Kendi çocukluğunu iyileştirmek

Hani kişisel gelişimcilerin çok sevdiği bir laf vardır. "İçinizdeki çocuğu sevin, ona şefkat gösterin, onu kucaklayın" diye... Kusura bakmasınlar ama o işi de en iyi biz yapıyoruz. Hem de bunu çok da bir karşılığı olmayan laflarla değil, bizzat çocukluğumuzun travmalarını temizleyerek yapıyoruz. Kişisel gelişimcileri tamamen reddetmiyorum, yanlış anlaşılmasın ama önceki kitaplarımda da arada bahsederdim. "Sen aslansın, sen kaplansın, şunu yaparsın, istesen beceremeyeceğin hiçbir şey yok, tüm hayallerine kavuşabilirsin" sözleri, eğer gerçek bir vaadi, etkili bir sonucu yoksa gaz vermekten ibaret gibi geliyor bana. Evet içimizdeki çocuğa iyi davranalım, onu iyileştirelim. Ama bence bunu gerçekten ispatlanmış, etkisi binlerce hikâyeyle, vakayla kanıtlamış yöntemlerle yapalım.

Melek Hanım kronikleşmiş sedef hastası. 44 yaşında. "Tam 35 yıldır sedef hastasıyım" diyor. Artık ilaçlar, kremler seviyesi geçilmiş, son üç yıldır da aşılama tedavisi denilen bir tedavi uygulatıyor. Geçen yıl 27 gün hastanede yatmak zorunda kalmış. Ciddi kortizon da almış.

Sedef deyince ufak tefek döküntüler gibi gelmesin aklınıza. Melek Hanım'ınki ağır vaka. Ayak altlarında, ellerinde, pek çok yerinde döküntü oluyor ve bu döküntüler öyle ağır oluyor ki zaman zaman yaralara dönüşüp kemikleri ortaya çıkıyor. Elini ayağını suya bile değdiremiyor.

Melek Hanım güzel bir tesadüf sonucu NeuroFormat'tan haberdar oluyor ve bir gece anne-babaya öfke demo çalışmasına katılıyor. Sonrasında olanlar ise acayip.

"Net bir şekilde hatırladığım bir travmam vardı. Ona çalıştım. Sonra öyle bir iyileşme krizi oldu ki çok fenaydı. Sedef olan bölgeler su topladı. Balon balon oldu. Resmen on gün su balonlarının üzerinde yürüdüm. İki saatte bir ayaklarımın altı su topluyordu. Neredeyse bir lira büyüklüğünde balonlar. İğneyle patlatıyordum, iki saat sonra yine şişiyordu..."

Şiddetli bir iyileşme krizi yaşamış Melek Hanım. Sedefi çalışma sonrası iyice coşmuş. Kendi ifadesiyle 'hediye paketi' gibi olduğu yerden kalkamaz hale gelmiş. Ama sonrası güzel bu hikâyenin. Çünkü o ödem atılınca, o balonlar inince de pat diye geçmiş bütün yaraları. Şimdi çok iyi. Öyle ki aslında bir sonraki aşılama tarihi gelmiş ama ona bile gitmemiş.

Önce bu ödem daha doğrusu su balonlarıyla ilgili bir yorum yapayım. Ödem aslında iyileşmenin bir göstergesi. Elimiz yanınca da ödem toplar bilirsiniz. Oraya gönderilen iyileştirme takviyesi gibi düşünün.

Bize ödem kötü gelir ama aslında beyin iyileşmeyi sıvı ortamında gerçekleştirir. Lokal ödemler iyileşmenin başladığını, iyileşme sıvısının gönderildiğini gösterir.

Tüm bedende olan ödemler ise her zaman iyi bir şey olmayabilir. Biz bunu ayrılık, bir yeri terk etme, sudan çıkmış balığa dönme, varlığının tehlikeye girmesi gibi travmaların etkisi olarak yorumlarız.

Melek Hanım'ın ödemi de çok coşkulu gerçekleşmiş. Öyle ki "Bir iki kilo verdim bu su toplamalardan sonra" diyor.

Şimdi soralım: Travma neydi?

"Çok küçüktüm, 6-7 yaşındaydım, anne babam şiddetli kavga etmişti. Ayrılacaklar. Sabah beşte beni uyandırdılar, sağdan soldan çekiştirmeye başladılar. Sende mi kalsın bende mi? O günün sabahına ben bildiğiniz tabiri caizse domates kasası gibi bir hal aldım. Bir gecede sedef hastası oldum. Sonra beni doktora götürdüler, ne oldu bu çocuğa diye. Ben o gün bugündür, 35 senedir sedef hastası olarak hayatıma devam ettim. Hayatın malum inişleri çıkışları var, yaşamak zorundayız ama insanın vücudunda böyle bir ağır hastalık olması gerçekten zor. Çok şükür bitti sayenizde.

Bu arada ataklara, travmalara çalışırken annemin de ayakları kötü oldu. Ama annem inanmadı."

Pedagojik olarak çok sert bir durum. Anne baba tartışıyor, ayrılma kararı alınıyor ve çocuk uykudan uyandırılıp çekiştiriliyor. Bende kalacak hayır bende kalacak diye! Ertesi gün de domates gibi her tarafı kıpkırmızı oluyor Melek Hanım'ın. Ama neyse ki çalışma sonrası 35 yıllık derdi önce çok alevlenip sonra pat diye bitiyor.

Dikkatinizi çekti mi bilmem ama söylediği son cümlelerde yine tezimize geldik. Çalışma sonrası annenin de ayakları kötü olmuş. Ama biz artık nedenini biliyoruz. Çünkü anne evi terk etmiş. Ayaklarıyla bir adım atmış, gitmiş. Bu güçlü travma temizlenince onda da bir yansıma, bir etki olmuş.

Melek Hanım ana sunucudaki bilgiyi güncelleyince, o sunucudaki bilgiye bağlı annesinde de bir yansıma oluyor. O travma çözülünce anne de etkileniyor.

Genel bilgi olarak cilt sorunlarında bakmamız gereken ilk yerin ayrılık ve kayıp travması olduğunu da yeniden hatırlatayım.

Ben erkek değilim

Başlık dikkatinizi çekti diye tahmin ediyorum. Bilinçli koydum. Bir çocuğumuzun cümlesi bu. Aslında az sonra anlatacağım Burcu Hanım ve oğlunun hikâyesinden girizgâhta biraz bahsetmiştim. Şimdi nispeten kısa bir özetle hikâyeyi anlatayım. Olay şu: Burcu Hanım'ın ikiz bebekleri oluyor. Biri kız diğeri erkek. Erkek olan üç buçuk yaşında "Ben erkek değilim" demeye başlıyor. Kız oyunları oynamak istiyor, saçı kız gibi olsun istiyor... Burcu Hanım bu neden olmuş olabilir diye düşünerek hamilelik dönemine çalışıyor. Ve durum 180 derece değişiyor.

Bu arada önemli mi önemli bir not: Eşcinsellik, kızken erkek olmak istemek yahut erkekken kız olmak istemek gibi konulara hiç girmem. Bu alan bilgim de ilgim de dahilinde değil. Benim için bilinmez bir alan. Elbette biyolojiye bakarak, zamanın yönelimlerine bakarak birkaç kelam edebilirim ama etmemeyi seçiyorum. Ben şu an sadece sizinle çok enteresan bir hamilelik hikâyesi paylaşmak için buradayım. Bakalım ne demiş ikizlerin annesi Burcu Hanım...

> "İkiz bebeğe hamileydim, bir kız bir erkek çocuk. Hamileyken sürekli kız bebeğimle konuşuyordum, sanki erkek bebeğimi istemiyor gibi davranıyordum. Bunu istemeden, sonuçlarını düşünmeden yapıyordum, evet bunu yaptım, doğru bir şey değildi ama yaptım. Çocuğum doğduktan sonra üç üç buçuk yaşında 'Ben erkek değilim' demeye başladı. 'Erkek olmak istemiyorum, erkek değilim, olmayacağım, ben de kız olacağım...' Sürekli bunları söylemeye başladı. Kız oyuncaklarıyla ilgilenmeler, bu şekilde davranışlar sergiliyordu. Sonra sizi takip etmeye başladım, kendim de çalışmalar yaptım, oğlumda da çalışmalar yaptım. Çalışmadan bir

süre sonra bu sefer ben erkeğim, erkek adamım, erkek olacağım, bana erkek adam deyin, gibi şeyler söylemeye başladı. Şaşırdım, gerçekten çok şaşırdım. İlk başta çocuk olduğu için yapıyor filan dedim ama ben biliyordum, ben yaptım bunu, hamileyken daha çok kız çocuğumla ilgileniyordum. Uykusunda çalışma yaptım, on gün filan konuyla alakalı hiçbir şey söylemedi. Ondan sonra kendisi başladı, ben erkeğim, erkekler güçlü, delikanlı, dürüst olur, demeye başladı. Cinsiyetini reddederken bu oldu!"

"Peki nasıl yaptınız çalışmayı?" diyorum. Anlatıyor...

"Uykusunda konuştum. Olayı anlattım. Ondan özür diledim, bunun onun suçu olmadığını, onu erkek olduğu için çok sevdiğimi, kızımı da çok sevdiğimi, cinsiyet ayrımıyla sevmediğimi ona anlattım, vuruşlar yaparak anlattım..."

İşte size NeuroFormat laboratuvarından ilginç mi ilginç bir hikâye... Zihninizde sisteme dair yepyeni pencereler açtığına eminim. Çünkü bu yayını izleyen pek çok izleyicimde açtı. Ve sonrasında bana çok ama çok ilginç sorularla geldiler...

Anne demo yapalım

Bir tokat hikâyesi anlatacağım size. Tokada maruz kalan bir kadın. Muhtemelen eşi atmıştır diyorsunuzdur ama değil. Bakalım ne olmuş tokat hikâyesinde.

Hamilelikte yaşanan travmaların çocuğu nasıl etkilediğini ne kadar anlatsam az. Yine bir hamilelik travması hikâyesi okuyacağız. Kahramanımız Ayten Hanım. Ayten Hanım'ın dört buçuk yaşında bir kızı var. Tatlı mı tatlı bir kız çocuğu. Sinem. Ama Sinem'in sol gözünde kayma var. Günde birkaç kez, beş altı saniye sol gözü dışa doğru kayıyor. Sonra düzeliyor. Ayten Hanım yayınlarımızın takipçisi. Kızının gözündeki kaymanın nedenini bulmak için hamilelik günleri üzerine düşünüyor. Ve hiç gecikmiyor travmayı bulmakta.

Sinem'e hamileyken ablasıyla bir tartışma yaşıyorlar. Sert bir tartışma. Normalde olmayacak bir şey ama ablası sol yanından Ayten Hanım'ın yüzüne sert bir tokat atıyor. Beklenmedik anda, pat diye indirilen bir tokat. İşte bu travmayı çalışıyor Ayten Hanım. Ve hikâyeyi şöyle anlatıyor.

"Barış Bey, kızım dört buçuk yaşında şu anda. Hamileyken ablamla bir tartışmam olmuştu, orada sol tarafımdan bir tokat atmıştı bana. Ona yordum, en çok ona çalıştım, ayrıca eşe de çalıştım. Kızımın göz kayması önce beş saniyeden bire düştü. Çalışmayı tekrar edince de tamamen geçti! On beş gündür bakıyorum artık hiçbir şekilde kayma yok. Tamamen iyileşti!"

Bir bilgi notu: Göz kayması gibi bir sorun olduğunda ilk bakmamız gereken yer baktığın yerde tehlike görmek olarak özetlenebilir. Ayten Hanım'ın durumunda ise tehlike değil saldırının kendisi var.

"Peki nasıl yaptınız çalışmayı?" diye soruyorum. Detayları öğrenmek istiyorum.

"İlk çalışmada kızım uyurken yapmıştım. Beş saniyeden bire düşmüştü kayma. Kendim çalışmıştım. Ama tamamen geçiremedim, biraz azaldı. Sonra bir gün sizi dinliyorum. Kızım da yanımda. Bana 'Anne demo yapalım mı biz de?' dedi. Şaşırdım. Ama alışkın artık demo lafına, Barış Muslu çalışması yapıyoruz dememe. Hiç düşünmemiştim ona demo yapmayı, uykuda anlatıyordum genelde. 'Kızım ne demosu?' dedim, 'Demo yapalım anne, bana da yap' dedi. Tamam dedim, otur yanıma, aldım onu dizime, hamilelikte yaşadığım travmalarımı anlattım ona. O bana soru sordu, ben cevap verdim, şöyle oldu, böyle oldu. Normalde anlatmazdım, dinleyenler diyecek, küçücük çocuğa ne travma yaşatıyorsun, bunları anlatıyorsun. Ben aslında düşündüm, önce bir yaşadıklarımızı bilsin, o da hissetti çünkü karnımdayken bunları, sonra affetsin, kendi ağzıyla affetsin istedim. Kendi bilincinde. Kızım çok akıllı, düşünerek yaptım bunu. Ondan sonra teyzesini affettirdim, önce affettik, beni de affeder misin dedim ona, benim de üzülmemem gerekirdi, böyle şeylere dikkat etmem, seni daha çok korumam gerekirdi, beni de affeder misin dedim. 'Seni çoktan affettim anne' dedi bana. Bana bir öfkesi yok zaten de sonuçta ben ona hissettirdim diye sürekli vicdan azabı çektim, çekmedim değil. Çocuğuma bunları anlattım, sonra teslim olalım mı kızım dedim, tamam anne, dedi. İki üç kere bunu yaptırdım, iki üç kere tekrar tekrar anlattım ona bunu. İki akşam yaptık. On beş yirmi dakika. Vuruş da yaptım. Ben duyguya girdim, ona anlatırken o anda gözümün önüne geliyor, film şeridi gibi gözümün önünden geçiyordu bunlar. Duygulanmadım da değil ama ona fazla belli etmek istemedim duygulandığımı, üzülmesin diye. Gözünü de bağlamadım, sadece kapattım, korkmasın diye. Teslim oldu, ikimiz de teslim olduk çalışmanın sonunda."

Çarpıcı... İlginç hikâyelerimizden biri bu da.

Ayten Hanım'ın çalışmayı tek seferle sınırlı tutmayıp tekrar etmesi, üzerine gitmesi de sorunun çözülmesinde etkili olmuştur bence.

Her travmanın kendine göre derinliği, dalları budakları var. Bazı durumlarda travmayı sadece hatırlamak, o duyguları söze dökmek çözülmesine yetiyor, bazı durumlarda soğan soyar gibi katman katman temizlik yapmak gerekiyor. Kendi üzerinde çalışmak, uykuda çalışmak, bizzat karşına alıp konuşarak çalışmak... her biri soğanın bir katmanını sıyırmak anlamına gelebiliyor.

Sırtımdaki kambur

Şimdi anlatacağım bir anlamda kendi çocukluğunu iyileştirme hikâyesi. Hep diyorum ya her şey ana sunucuda kayıtlı diye, o kayıtlar silinince bakın neler oluyor. Gözle görülür, inanılmaz ama gerçek dedirtecek gelişmeler oluyor. Benim bile nutkumun tutulduğunu hissettiğim bir iyileşme hikâyesi bu...

Nesibe Hanım yayınımıza Antalya'dan katılmıştı. Öyle heyecanlıydı ki adeta yerinde duramıyordu anlatırken. Ve sürekli "Ben kamburdum Barış Bey. İnanamıyorum nasıl geçti!" diyordu. "Nasıl geçti?!"

Bizi, NeuroFormat sistemini canlı yayınlarımız üzerinden tanıyanlardan Nesibe Hanım. Sonra çok satanlar listesinde *Gecikmeli Teslimiyet*'i görünce onu ve *Sağlığına Format At* kitaplarını almış. Ödev yapar gibi çalışmış. Ve sonraki günlerde de anne-babaya toplu öfke demosuna katılmış. Ama asıl inanılmaz durum kendi kendine yaptığı travma çalışmasıyla olmuş. Dinleyelim.

"Sizin anne-babaya öfke demonuza katıldım Barış Bey. Demoya girdim ve benim kronik bel ağrım ertesi gün gitti! Kaç zamandır çektiğim bel ağrım sabah bir kalktım geçmiş. Belim ağrımıyor ne kadar mutluyum, ne kadar neşeliyim diyorum. Bu bel ağrısını ancak yaşayan bilir. Sonra sonra yayınlarınızı daha çok izledim. Acaba varislerim için bir şey yapabilir miyim diye düşündüm. Siz uzun süre atıl durmaktan ya da bekletilmekten dolayı değersiz hissetmek demiştiniz. Amacım varislerimi iyileştirmekti.

Sonra buldum neye çalışacağımı! 11 yaşımdayım, ilkokul beşe gidiyorum. Yirmi yedi yıl önce. Öğretmenim bizi, dört kişiyi tahtaya çıkarttı. Ben de çıktım ama içimden diyorum ben çalışkanım, ben bir yaramazlık yapmadım, öğretmen beni niye çıkardı ki tahtaya. Kalbim deli gibi çarpıyor. Korku var, heyecan var, niye beni tahtaya çıkardı diye. Beş dakika filan sürdü, orada öylece bekliyoruz dört kişi. Daha sonra kalktı ayağa, geldi yanımıza, 'Bir daha bu lastik ayakkabılarla okula gelmeyeceksiniz' dedi. O zamanlar, şimdikiler bilmez ama lastik ayakkabılar vardı, durumu kötü olanlar bilir diyeyim daha doğrusu. Onlarla geliyordum okula, çünkü durumumuz gerçekten yoktu. Ben de öyle dedim: Durumumuz yok. Ben bunu söyleyince Barış Bey, bütün sınıf bana baktı. Allahım arkadaşlarıma rezil oldum, ben ne yapacağım diye düşündüğümü hatırlıyorum. Kendimi eğmişim eğmişim, adeta küçüleyim de kimse beni görmesin der gibi. Herkes bana bakıyor. Arkadaşlarıma rezil oldum. Utanıyorum. Öğretmenim o okul bitene kadar sanki hep o gözlerle baktı bana. Ben onun gözlerinde o değersizliği gördüm. İşte buna çalıştım."

Çok içe dokunan, yürek burkan bir sahne bu bence. Lastik ayakkabılar yüzünden rezil olduğunu düşünmek. Bedenini eğe eğe küçültmek istemek. Ne suçu var oysa lastik ayakkabıyla okula gelmek zorunda kalan çocuğun?

Biliyor musunuz, ne düşünüyorum. Mesela bir sistem olsa ve kimde hangi travmayı yarattığımızın bilgisi diyelim cep telefonumuzun ekranına düşse inanın yaşayamazdık! Net söylüyorum vicdan azabından yerimizden kalkamazdık. O gün bağırdığın kadında yıllar sonra polikistik over çıkacak, işyerinde kızdığın çalışan mide kanseri geçirecek, okulda kızdığın öğrencin kambur olacak... Farkında olmadan, bilincinde olmadan kimlerde ne yaralar açıyoruz. Kimlerde ne travmalara neden oluyoruz...

Travmalarla insanları hasta ettiğimizi tüm dünya bilseydi insanlar çok daha şefkatli olmak zorunda kalırdı. İnsanlar bir sözle bile diğerlerinin hayatını ellerinden alabileceklerinin farkında olsalardı davranışlarına çok daha dikkat ederlerdi.

İnşallah bir gün sizlerin de sayenizde öğrenecekler diye umut etmek istiyorum.

Şimdi bu ara sohbetten sonra konumuza dönelim.

Nesibe Hanım yaptığı çalışmayı kısaca şöyle özetlemişti:

"Ben bu sahneye çalıştım. Gözlerimi kapattım, karanlıktayım. Tahtaya çıktım. Sınıfa girdim Barış Bey, bütün sınıf gözlerimin önünde, sağımda ne var, solumda ne var, her şeyi görüyorum. Arkadaşlarımın tek tek yüzlerini hatırlıyorum. Önce bütün utancı baştan yaşadım. Bir de şöyle bir cümle söyledim: 'Öğretmenim, sizinle benim 27 yıllık bir hesabım var ve bunu bugün burada bitireceğiz...'

Ama öyle ağlıyorum ki, resmen ağlamaktan üstüm başım ıslandı. Ağlıyorum, terliyorum. Öfkemi, utancımı çıkardım. Serbest bıraktım, olumlama yaptım ve sonra hemen uyumuşum. Sabah kalktım, belimde, karnımda bir karıncalanma. İşin ilginç yanı ben çalışmaya başlarken bunu bacağımdaki varislerim için yaptım. Öğretmen bizi orada atıl durumda bekletti ya. Varisler ondan oldu diye düşünmüşüm. Aynanın karşısında varislerime bakıyorum, sonra kafamı bir kaldırdım, bismillahirrahmanirrahim dedim. Benim kamburum geçmiş! Ben dik duramazdım. Kendiliğinden, tamamen geçmiş! Arkama, sağıma soluma bakıyorum, şoke oldum. Meğerse Barış Bey ben orada o arkadaşlarımın önünde o kadar ezilmişim, o kadar büzülmüşüm, yok olmak istemişim ki kambur olmuşum. Ben kambur bir insandım. İki büklümdüm. Gerçekten öyleydim Barış Bey. Ve bir gecede geçti, sabah kalktım, dimdik duruyorum artık!"

Bu hikâye size inanılmaz gelebilir, itiraf etmek gerekirse işin içinde olmasam bana da öyle gelirdi. Kamburluk gibi kalıcı ve sanki değişmez gibi gözüken bir durumun tek gecede normalleşmesi benim için de çok kabul edilebilir değil.

Benzer şekilde kamburunun, duruş bozukluğunun geçtiğini anlatmak için yayına çıkan onlarca kişi oldu. Bu hikâyenin en önemli farkı, Nesibe Hanım'ın kamburunun derecesini gösteren eski resimlerini ve yeni halinin resimlerini bizimle paylaşmış olması.

Hatta kendisinin izniyle o resimleri sosyal medyamda da paylaştım, Herkesten "Bu nasıl olur!" gibi yorumlar gelmişti.

Emin olduğum bir şey var: önceki resimlerinde Nesibe Hanım net bir şekilde ileri derecede kamburdu.

Üzerime doğrultulmuş bir silah

Bir otizm hikâyesi var sırada. Bu seferki biraz uzaktan, Paris'ten... Dijital dünyanın böyle nimetleri de var işte. Canlı yayınlar sayesinde dünyanın dört bir yanına ulaşabiliyoruz. Bu yüzden de bizim NeuroFormat laboratuvarı çoktan enternasyonal bir laboratuvar olmuş durumda. İyileşme hikâyeleri sınır, mesafe tanımıyor.

Olgu Hanım yayınımıza Paris'ten katılmıştı. Otizm teşhisi almış bir oğlu var. Çocuk altı yaşında. Oğlunun çalışma sonrası halini gösteren videolar da attı bize ve onları da canlı yayın sırasında beraberce izlemiştik. Gelinen nokta çok mutluluk vericiydi. Ama şimdi öncesine gidelim. Biraz sorunu konuşalım.

"Oğlumun otizmi var" diyerek başlıyor anlatmaya Olgu Hanım. "Oğlum konuşamıyordu. Hiç konuşamıyordu. Ne anne ne baba, en kolay cümle ve kelimeleri bile konuşamıyordu. Parmakla bir şeyi gösteremiyordu. Göz kontağı yok. Kimseyle oynamaz. Oyuncakla oynamaz. Eline tek bir şey alır, mesela bir tekerlek sadece onu çevirir. Oyuncaklarla da bağı yoktu. Ama biliyor musunuz çalışma yaptım. Birkaç kez. Ve en çok duyguya girdiğimin ertesi günü oğlum ilk defa 'Anne' dedi! Bilinçli bir vaziyette. Artık parkta da oynuyor çocuk. Ve kontrole götürüyoruz sürekli. Yine götürdüm. Psikolog sordu. 'Tedavi mi gördü. Ne yaptınız siz?' diye. Ben de sizin adınızı söyledim. Ve tanıdı Fransız psikolog. Biliyormuş isminizi!"

Ünümüz oralara kadar gitmiş diyerek biraz şımarayım izniniz olursa.

Hayatımın en onore olduğum anlarından biriydi.

Ben hiçbir zaman Paris'te bir aktivite yapmadım. Tanıtım yapmadım. Kendimi orada göstermedim ama bir Fransız psikolog ismimi birden fazla kişiden duymuş ve beni uzaktan takip ediyor.

Yaptığım şeyin başarısının, ününün oraya gitmesi beni onore eden.

Şimdi gelelim bu değişimin nedenine. Acaba nasıl bir çalışma yapmış. Ne üzerine çalışmış ki Olgu Hanım, psikolog "Ne yaptınız siz?" diye sormak zorunda hissetmiş, çocuktaki gelişmeyi görünce.

Olgu Hanım anlatsın:

"Söylediğiniz çalışmaları bir defa denedim, sonra sizi tekrar izledim, dediniz ki bu sadece bir defalık bir olayla olmuyor, duyguya girmeniz lazım. İnanın bir defa iki defa değil, bayağı denedim, en sonunda artık tesadüf mü derler ne derler, bilmiyorum ama çok duyguya girdiğimin ertesi günü oğlum ilk defa anne dedi. Mesela herkes için çok kolay olabilir ama o tür çocuklar için parmak işareti gösterme yoktur, bunların hepsi şu anda var. Takıntıları gitmiş gibi, çok az kaldı. Bitti derecesinde. Çok videosu var, kanıtlayabilirim de."

O videodan bahsetmeyi unutmayalım. Olgu Hanım'ın bize gönderdiği, yayında da izlettiğim videoda oğlu yanındaki birkaç yaşıtı çocukla beraber oynuyor. Gayet de güzel eğleniyordu.

Şimdi de travmayı soralım. Travma neydi?

"Hamileydim. Binadan çıkmıştım. Paris'te bir sokak tamamen polis dolmuştu. Kapıyı açtığımda silahı bana doğru tuttu polis. O anda kalakaldım. Şoke oldum. Polis bana içeriye gir diye bağırdı. Ben bunun üzerine çalıştım. Ayrıca hamileliğimde düşmüştüm. Onu da çalıştım. Aklıma gelen her şeyi bir deftere yazdım ve üzerlerinde çalıştım. Ufak tefek şeyler de vardı. Hatta eşime kızdığım zamanlar da olmuştu hamilelikte. Ona da çalıştım."

Gördüğünüz gibi Olgu Hanım tam bir temizlik uzmanı olmuş. Tüm travmalarını bulup temizlemeye çalışmış. Ve inanın gelinen noktada, o videoda arkadaşlarıyla oynayan çocuğu görmek, benim için en büyük mutluluk kaynağı, yaptığım işin en büyük ödülü.

Anne beni bırakma

Hayatımızda ne çok önemli an var ve biz bunların hangisinin bizde travma yaratmış olduğunu ancak üzerine düşünerek anlıyoruz. Sıradaki hikâyemizde kulağa basit gelen ama yaşanan sorundan, daha doğrusu o sorunun çat diye geçivermesinden anlıyoruz ki bu bir travma imiş. Kısa bir hikâye bu. Okuyalım...

Banu Hanım NeuroFormat sistemini sadece yayınlardan değil kitaplardan da öğrenenlerden. Hatta eşinin bir sorunu var. Akciğerde alveolit. Bunu çözmek için kitapları satın almış, ders çalışır gibi de incelemiş. Alerjik alveolit de denen bu rahatsızlık akciğer dokusunun iltihaplanması durumu. Fakat bize anlattığı iyileşme eşiyle değil kızıyla ilgili.

Banu Hanım'ın kızının yüzünde egzama var. Ara ara çıkıyor, kortizonlu bir ilacı var, onu sürüyorlar, bir dönem sönüyor sonra tekrar çıkıyor. Kitapları okudukça egzamanın travmasının ayrılmak istememek, özlemek ya da ayrılmak istemek olduğunu öğreniyor.

"Allah Allah, kızım altı yaşında, benden hiç ayrılmadı, hiç öyle bir şey olmadı ki" diye düşünüyor önce. Sonra bir anda kendi ifadesiyle "dank diye" bir şey düşüyor aklına. Onu çalışıyor. Çalışmayı da bizzat kızına anlatarak yapıyor. Dinleyelim.

"Kızım gel seninle bir şey yapacağız dedim. Hani sen böyle bir olay yaşamıştın ya dedim, ama ben onu unuttum anne dedi. Dedim tamam, sen benim söylediklerimi tekrarla, bir de ben senin burana pıt pıt yapacağım dedim. Ben ne söylersem tekrar et. Ben söyledim o tekrar etti, sonra olumlamaya geçtik, sonra serbest bırakma olayına geçtik. Ertesi gün oldu. Sabah kalktım, kahvaltıyı hazırladım, Aylin'e yemek yediriyorum, çocuk yanağını bir döndü egzama yok! Yok olmuş. O gün bugün egzaması yok. Her gün suratına bakıyorum, resimlerini çekiyorum, anneannesine gösteriyorum, babasına gösteriyorum, Allah'a şükür gitti. Şaka gibi. Ertesi gün geçti yani. Böyle büyük pul pul, kabuk kabuk öyle bir egzamaydı. Görmemek mümkün değil. Baktım yok olmuş. Sonra iyice baktım, çok hafif bir iz kalmış, ertesi gün o iz de yok oldu. Tamamen gitti."

Hiç beklemeden soralım. Peki neydi travma?

Banu Hanım kızını üç yaşındayken kreşte oyun grubuna veriyor. Ve çalışma sonrası iyileşmeden de anlıyoruz ki ne oluyorsa o zaman oluyor.

"Kızım çok ağladı. Çok bağlıdır bana. Alışır, yapmayın, siz yüz verirseniz bir daha hiç gelmez dediler. Siz geçin arabanızda, dışarda bekleyin, bir şey olursa biz haber veririz dediler. Çocuk sesleri, ağlama sesleri geliyor filan ama bana haber veren kimse yok. İkinci hafta oldu, normalde kızım çok sakindir, sürekli ağlamalar! Mesela ben namaz kılıyorum, kıyametler kopuyor, namazımı yarıda bırakıyorum, onu alıyorum kucağıma, sarılıyorum. Bana bir şey söylemiyor, sadece 'Anne beni bırakma' diyor. Üçüncü hafta oldu tuvalete bile gidemiyorum, mutfağa gidip yemek yapamıyorum, çocuk çıldırmış gibi... Meğerse oymuş travması. Ama şükürler olsun ki çalışma yapınca geçip gidiverdi!"

Arada kalmak

Bir çocuk için anne baba ayrılığı tahmin edebileceğimizden bambaşka sorunlara neden olabiliyor. Evet, aile içinde geçimsizlik varsa, çocuğu çok daha yıpratan durumlar yaşanıyorsa ve anne babanın birlikte olması ayrı olmalarından daha çok zarar veriyorsa ille de beraber kalsınlar diyemez kimse. Ama biz anne babalar en azından şunu bilelim: Ayrılık ya da boşanma sürecinin de çok iyi yönetilmesi gerekiyor. Çünkü duyguların epeyce yükseldiği zamanlar bunlar ve duygu yükselince travmalara da davetiye çıkabiliyor. Şimdi Mert'in hikâyesini okuyalım...

14 yaşında Mert. Ve onun hikâyesini bize annesi Hatice Hanım anlattı. Gencecik bir delikanlı ama iki buçuk-üç yaşından beri sürekli ayakları ağrıyor. Bu ağrı öyle böyle değil, geceleri ağrıyla uyanıyor, ağrı kesici içmek zorunda kalıyor. Gitmedikleri doktor kalmamış ve gecenin bir vakti kalkıp acile gitmek, ağrı kesici ve serum taktırmak normalleri olmuş durumda.

Hatice Hanım bu sorunun kaynağını bulmaya karar vermiş. NeuroFormat sisteminde hangi hastalık neyle ilgili olabilir, kitaplardan, yayınlardan öğrenmiş.

Ayakla ilgili bir sorun olduğunda aslında bakacağımız yerler belli. Bir yere gidememek, ileri gidememek, bir yere gitmek istemek...

Hatice Hanım da bu bilgilerle kendi çocuğunun hikâyesini düşünmüş. Fazla da aramasına gerek kalmamış. Çünkü Mert daha çok küçükken eşiyle ayrılmışlar. Ve bir annede bir babada kalan Mert kelimenin tam manasıyla arada kalmış.

Böylesi durumlarda nasıl çalışma yapacağımızı artık biliyorsunuz. Uykuda anlatmak, yüz yüze konuşmak veya vekaleten çalışmak uygulayabileceğimiz yöntemlerden.

Hatice Hanım oğluyla yüz yüze konuşmayı seçmiş. Oğluna çalışma sırasında ayrılık olayını baştan anlatmış. "Sen benim yanıma gelmek istiyordun gelemiyordun, benim yanıma gelince de babanın yanına gitmek istiyordun, gidemiyordun" demiş.

Çok etkili bir çalışma olmuş. Çünkü bu anlatım sırasında Mert de duyguya girmiş. Gözlerini kapatınca ağlamaklı olmuş. Çok duygulanmış.

"O günleri unutmamış" diyor Hatice Hanım. "Her zaman aklındaymış, küçüktü ama hatırlıyordu o zamanları. Ve ne oldu biliyor musunuz? Çalışmadan sonra her gün çocuk ayağım ağrıyor diyecek mi diye bekledim. İki gün geçti, üç gün geçti, bir hafta geçti, on gün geçti, ay geçti, yok! Çok şükür bir daha da ayak ağrısı için acile gitmedik. Yaklaşık beş aydır ağrı mağrı yok!"

Hedefi onikiden vuran, çok etkili bir çalışma olmuş... Muhtemelen kilidi çözen Hatice Hanım'ın "BenIm yanıma gelmek Istiyordun gelemiyordun, bana gelince babana gitmek istiyordun gidemiyordun" gibi sözleri olmuş. Adeta o ağrıyan ayakların derdine tercüman olmuş bu sözler. Ve çalışma yapılınca ayakların on yılı aşkın ifade edemediği derdi de çözülmüş.

Ah öğretmenim!

Bir MS hikâyesi anlatacağım size. Kahramanımız Şeyda Hanım uzun ama çok uzun yıllardır çekiyor bu derdi. Ama NeuroFormat çalışmasıyla kendi üzerinde çalışıyor ve son gittiği doktoru "E sende bir şey yok ki! MS plakları görünmüyor" diyor.

"Yıllarca çektim bu hastalığı Barış Bey" diyerek başlıyor anlatmaya Şeyda Hanım. "Yıllarca profesörlere gittim. Profesörlere, en iyi doktorlara gittim. Ama ayağım hiç düzelmedi. Yıllarca çok acı çektim. Çocuklarımı okula göndermek için hazırlayamadığım, ayağa kalkamadığım günler oldu. Ayaklarımı çekemiyordum, konuşurken ağzımda yamulmalar oluyordu. Oysa şimdi, çalışmadan sonra bir gecede neler oldu. Şimdi kendimi uyanınca öyle mutlu hissediyorum ki. Hatta eşim diyor ki 'İşte profesörün yapamadığını Barış Bey yaptı!' Şu an vücudumda büyük bir rahatlık hissediyorum. Hayatı daha güzel yaşıyorum. Sabah kalkıp çocuklara kahvaltı hazırlamak, kahvaltınız hazır diye seslenmek benim için en büyük mutluluk. Çocuklarıma hizmet edebiliyorum, şükürler olsun, her şey için çok teşekkür ediyorum. Bu çalışma olmadan önce yayına bağlanmış olsaydım herhalde kekeleyerek konuşurdum. Şimdi konuşmam da düzeldi."

Bu teşekkürleri duymak, bu mutluluğa vesile olmuş olmak benim için öyle değerli ki.

Biliyorsunuzdur, MS yani Multiple Skleroz bir merkezi sinir sistemi hastalığı. Beyin ve omurilikte çok sayıda plakların oluşmasına neden oluyor ve hareket zorluğundan görme ve konuşma sorunlarına, kol ve bacaklarda hareketi engelleyen sertliğe bir dolu belirtiyle kendini gösterebiliyor. Gelinen noktada tıp MS'in nedenini bulabilmiş değil. Araştırmalar bir tür bağışıklık sistemi saldırısı başlatan toksin veya virüslerin etkili olabileceğini söylüyor. Zaten tıbbın "sebebi tam olarak" bilinmeyen hastalık dediği her şeyin nedeninin biz beyin olduğunu biliyoruz.

Şimdi konumuza dönelim. Şeyda Hanım'ın MS'inde radikal bir düzelme olduğunu kendi anlatımından anlamışsınızdır zaten. Peki soralım. Travma neydi? Nasıl temizlik yapıldı?

"Sizin demonuzda tek başıma çalışmaya başladım Barış Bey. O anda demoda sizinle birlikte duyguya girince okul aklıma geldi. Ben ilkokul birdeyken bir okulda okuyordum, sonra babamın tayini çıktı, başka bir okula gittim. Öğretmenim vardı. Hiç bunu hatırlamıyordum. Aslında hastalığımın nereden geldiğini hep düşünüyorum ama demoya kadar hiç aklıma gelmemişti. Ne oldu biliyor musunuz? Öğretmenim beni tahtaya çıkarıp bir soru sordu. Benim saçlarım çok uzundu, bayağı uzundu. Tahtanın boyunu bilir misiniz, yeşil, tahtalar vardı ya, silgi koyduğumuz yer vardı. Birden o sahne gözümün önüne geldi demoda. Ben soruyu cevaplayamayınca öğretmenin kafamı tutup oraya vurduğunu hatırladım. O anı yeniden yaşadım. Öğretmenin kafamı vuruşunu, tak tak diye... Ve ilkokulu bitirene kadar da o öğretmenin şiddetine uğradık. Sonrasında ben okumak istemiyorum diye ağladım. Ama yapamadım, yine okula devam ettim, lise bitti. Evlendim, çoluk çocuk sahibi oldum ve MS hastalığına yakalandım. Yıllardır, on yıldır düşünüyorum, ben neden MS oldum diye. Sizinle toplu demoya katılıp bu olayı çalıştıktan sonra MS'in bana verdiği yorgunluk, bitkinlik hepsi geçti gitti! Hani mucize derler ya, bende yorgunluk gitti. Sanki biri geldi tamamen beni temizledi ve gitti."

30 yıl önceki travmayı temizlemek on yıllık hastalığı temizleyip bitiriyor. Şeyda Hanım MR çektiriyor ve yukarıda bahsettiğim gibi doktor diyor ki "Plaklar gitmiş!"

Hani diyorum ya insanların cebine SMS'le sebep olduğu travmaların dökümü gelse, travma ekstreleri gelse, herkes perişan olur diye... O öğretmen şimdilerde hayattaysa muhtemelen 60-70 yaşında olmalı. Belki emekliliğin tadını çıkarıyor, belki torunlarıyla oynuyor. Onu görsem şöyle demek isterdim: Ah öğretmenim ah! Biliyor musunuz nelere sebep olduğunuzu!

Az kalsın...

İşimiz travmaları temizlemek ama bazen bunlar arasında öyle ilginç hikâyeler oluyor ki ben bile "Vay be!" demekten alamıyorum kendimi. Şimdi okuyacağınız hikâye de onlardan biri. "Az kalsın" olacak bir durum bakın nelere yol açmış...

Türkân Hanım baştan itiraf ediyor: "Açıkçası inanarak yapmadım. Arkadaşım söylemişti. Barış Muslu böyle böyle şeyler yapıyor. Sen de takip et istersen demişti. Ama olanlara inanamıyorum. Bu korku bittikten sonra kayıp yok hayatımda."

Biraz açayım isterseniz. Türkân Hanım'ın rasyonel boyutların ötesinde bir kaybetme korkusu var. Zaten kendisi de anlatırken bunun altını çiziyor. Diyelim bir erkek arkadaşı var, tek gündemi ya onu kaybedersem oluyor. Yaşadığı hali "Türkân bu kadar da olmaz dersiniz muhtemelen" sözleriyle tarif ediyor. "Bırak gitsin dersiniz. Kaybetmemek için yaptıklarımı anlatsam, Türkân bu kadar olmaz dersiniz. Hiçbir şekilde yenemediğim bir korkuydu bu ve kaybetme korkusu olunca karşı tarafa hep ekstra bir şey veriyorsunuz, kaybetmeme adına kendimden hep ödün, taviz veriyordum, hep ezik hissediyordum" diyor.

Sisteme çok inanarak başlamamış ama geldiği noktada işler çok yolunda. Kendini çok değerli hissetmeye başlamış. O aşırı her şeyi kaybedeceğim korkusu tamamen geçmiş. Çok daha mutlu, daha güçlü, daha pozitif hissediyor.

İşin ilginç yanı aşırı duyguya girerek bir çalışma da yapmamış. Sadece bu duyguya kaynaklık eden hikâyeyi annesine anlattırmış. Bu konuşma sonrası dört gün boyunca başı ağrımış, biraz midesi bulanmış. Ama o dört gün geçince de yeniden doğmuş gibi olmuş.

"Şimdi dört ay oldu. Meğerse ben birilerinin üzerine gittikçe kaybediyormuşum. Çok şükür kaybetme korkum da geçti artık" diyor.

Enteresan bir hikâye. Şimdi travmaya bakalım. Orası daha da enteresan. Hata acayip.

Türkân Hanım bu haline neyin sebep olabileceğini düşünmeye başlamış. Kaybetme korkusunun derinine inip bulmaya çalışmış. Ama başlarda aklına gelen bir şey olmamış. Çünkü çok mutlu, çok güzel bir çocukluk geçirmiş. Travma potansiyeli taşıyan bir olay yok çocukluğunda. Terk edilme korkusu desen, o da yok, çünkü tam bir sevgi içinde büyümüş.

Sonra yayınları takip ederken, yorumlardan birinde bir izleyicinin sözleri zihninde bir ışık yakmış. "Annenizle mutlaka yüzleşin, ben yüzleştim çok faydasını gördüm" diyormuş bu takipçimiz. Ve Türkân Hanım böylece annesine kendi doğum hikâyesini anlattırmayı akıl etmiş.

"Anne, bana hamile kaldığın andan itibaren bana anlatmanı istiyorum. Ne oldu, ne bitti. Bir şey yaşadın mı, olumsuz bir şey, doğum sırasında, bana hamileyken" diye sormuş.

Annesinin hikâyesini dinleyince ise resmen şoke olmuş. Kolay bir hamilelik, çok zor olmayan bir doğum. Ama anne tam doğurmak üzereyken durmadan sıkışıyor, tuvalete gidip geliyor. Çişini yapıyor dönüyor, bir daha geliyor. Son seferinde artık doğum ne kadar ilerlemişse bir anda çocuk yani bizim Türkân bebek çıkıveriyor! Anne eliyle son saniyede tutmasa az kalsın tuvalete düşecek kız.

Annenin bir anlık da olsa çocuk düşüyor duygusu, kaydı işte böyle bir sonuç yaratmış. Türkân Hanım da hep aynı korkuyu duyuyor. Sımsıkı tutmazsam kaybederim! Ama bir kez hikâyeyi dinleyince adeta bütün taşlar yerine oturuyor, travma kendi kendine çözülüyor. Kayıt siliniyor.

Altını çizeyim: buradaki kaybetme korkusu annenin korkusu. Çocuk düşüyor korkusu. O korku geçiyor çocuğa.

Ayrıca sert bir duyguya girme, ağlama, vuruş yapma da yok. Peki bu nasıl oluyor? Bazı durumlarda pek çok kez çalışma ile ancak ilerleme sağlanırken nasıl oluyor da sadece hikâyeyi anlatmak yetiyor?

Anlatayım: Ben evrende yaşamanın en büyük sırrının duygular olduğunu düşünüyorum. Duygular, bir canlının yaşamsal fonksiyonlarını yöneten beyninin hangi konu ya da durumlara öncelik verdiğini gösteriyor. Yani herhangi bir anda duygu ne kadar yükselirse öncelik o kadar artıyor. Hafızamız ve travmalarımız için de aynı şey geçerli. Kötü bir olay sırasında duygu ne kadar yoğun yaşanır ve uzun vadeli hafızaya yoğun duyguyla girilirse o olay beynimiz için o kadar öncelikli oluyor.

Çalışmalar sırasında biz de travmalardaki duyguları deşarj ederek onları beyinde önceliksiz hale getiriyoruz. Bir nevi beyindeki öncelik sırasında değişiklikler yapıyoruz. Hatta çalışmalarımız mümkün olduğu kadar en maksimum duyguyu çıkarma odaklı. Bir nevi tetikleyebildiğin kadar temizlersin felsefesi içerisindeyiz.

O yüzden tüm takipçilerimiz, danışanlarımız çalışma sırasında mümkün olduğu kadar ağlamaya ya da olmuyorsa öfkelenmeye çalışır. Hissettikleri kadar duygunun deşarj olduğunu onlar da biliyorlar. Yeri gelmişken söylemek isterim, evet tabii duygu çıkarmak bir çalışmanın ne kadar etkili olabileceğiyle ilgili önemli bir gösterge olsa da bir çalışmanın duygu tam çıkarılmadan tamamen etkisiz olacağı anlamına da gelmez.

Uzman psikologlarımız kendileriyle çalışan ve yeterince duyguya girmediğini hisseden danışanlarının bu konuda büyük baskı hissettiklerini de bana hep iletirler. Yani evet duygu iyidir ama duygu sadece ağlayarak çıkmak zorunda değildir. Bazen öfke hatta kahkahalarla dahi çıkabilir.

Çok fazla duygu çıkmadan da birçok iyileşmenin gerçekleştiğine şahit olduğumu da söylemeliyim.

Siz yine de çalışmada duygu çıkarmaya çalışın ama çıkmıyorsa da lütfen metin olun. Bu çalışmanın tamamen etkisiz olacağı anlamına gelmez.

Bakın Türkân Hanım sadece annesiyle bu olayı konuştuğu için, herhangi bir duygu yaşamadan çok önemli bir iyileşme yaşadı. Hatta bu iyileşmeyi yaşarken dört gün boyunca baş ağrısı ve mide bulantısı hissetmiş. Yani beyin bazen duygu çıkarmadan da inanılmaz büyük değişimler yapabilir.

Carl Jung'un çok kullandığım bir lafı vardır: "Bilincinize getirmediğiniz her şey kader olarak karşınıza çıkar" der.

Buradan ben ne anlıyorum biliyor musunuz? Bir şeyi unutup çekmeceye kaldırmak, ona hiç ulaşmayıp, hiçbir şekilde erişmeyip onu bir köşede bırakmak yapılabilecek en kötü şey. Biz onun üzerimizde bir etki yapmadığını zannederiz ama o çekmecedeki travmatik olay hayatımızı mahvetmeye, sağlığımızı kötüleştirmeye, kaderimizi kötü anlamda etkilemeye devam eder.

Taa ki onun ne olduğunu anlayıp, kabul edip, onunla barışana kadar.

Hatta size küçük bir örnek vereyim: Mutlaka yaşamışsınızdır. Kötü bir durumla karşılaşırsınız, içinizde kötü bir duygu hissettirir. Belli bir süre sonra konunun ne olduğunu unutsanız da o duygu içinizde kalmaya devam eder. Duygu hissedersiniz ama sebebini bilmezsiniz. O duygu, ben bu duyguyu şu yüzden hissettim diyene kadar içinizde kendini hatırlatmaya devam eder.

Yani bir köşeye atıp unuttuğumuzu zannettiğimiz olaylar eğer bilincimize çıkmazsa Jung'un dediği gibi kaderimiz haline gelebilir.

Pis hissetmek

Bir diyabet yani şeker hikâyesi anlatacağım şimdi. Ama bu hikâye de öyle enteresan ki, zihnimize yerleşen kodların, âdetlerin, inançların aslında bizi nasıl biçimlendirdiğini de gösteriyor.

Kezban Hanım taşrada doğmuş bir kadın. Ama yayınlarımızı takip ediyor, kendi sorununu ve oğlunun sorununu yayınlarda öğrendiği sistemle çözüyor ve yayına katılma cesaretini gösterdi. Bunun için kendisine müteşekkirim.

Tip 1 şeker hastası. Hamilelikte şekeri çok yükseliyor. Doktorlar insülin iğnesine geçmesini öneriyor ama o istemiyor. İlaçla idare etmeye çalışıyor.

Öncelikle kendi yedi yaşındaki bir travmasını çalışıyor. Ve değerleri bir anda normale dönüyor. Son tahlillerinin ardından doktor "Sende şeker falan yok" deyip ilacı bıraktırıyor.

İşin ilginç yanı 11 yaşındaki oğlunda da şeker var. Başlarda genetik demiş doktorlar ama Kezban Hanım artık bir NeuroFormat gönüllüsü. Durur mu? Onu da çözmeye karar vermiş. Travma avcılığı yapmaya karar vermiş. Ve biliyor musunuz? Çözmüş de.

Oğluna çalışma yapmış. Üç gün boyunca anlatarak, vuruşları yaparak çalışmış. Çalışmanın ardından oğlunun şekeri önce epey yükselmiş. Hatta vücudunda yaralar varmış, onlar iltihaplanmış, alevlenmiş. Çocuğun yüzü benek benek olmuş. Ama bir süre sonra o yaralar iyileşmiş.

Hastaneye gittiklerinde oğlana da kan testleri yapılıyor. "Müjde, oğlunuzun şekeri çözülmüş, bitmiş" diyor doktorları.

"Emin misiniz? Oğlunuzun şekeri raporla teyit edilmiş miydi?" diyorum.

"Elbette" diyor Kezban Hanım. "Üç yaşında başladı belirtiler."

Anne ve oğul. İkisi de şeker hastası. İkisinin de derdi çalışmayla çözülüyor. Ben de izleyenler de şaşkınlık içindeyiz. Peki bu nasıl oldu? Neymiş travma diye soruyorum.

İşte işin en ilginç yanına geldik!

Kezban Hanım kendi şekerini çözmek için yedi yaşındaki travmasını çalışmış demiştim hani. O travma biraz kocakarı ilacı travması! Şöyle ki; yedi yaşındayken Kezban Hanım'ın üzerine sıcak çay dökülüyor. Vücudu yanıyor. Ve o bölgelere bir tür hayvan pisliği karışımı sürüyorlar. Detaylarını sormadım doğrusu ama bunun çocuk haliyle kendisinde bir iğrenme yarattığını travma çözülünce olanlardan anlamak zor değil.

Bir de ikinci travma var. Bu daha da ilginç.

Kezban Hanım evleniyor. İlk gece. Malum köylerde nohut oda bakla sofa bir durum var. Eşi ve Kezban Hanım bir odada, kayınvalide kayınbaba ötekinde.

Eşiyle birlikte oluyorlar. Ve banyoya gitmek istiyor Kezban Hanım. Ama gelenek görenek, utanma derken gidip de yıkanamıyor. Hadi açık konuşalım, yıkanmak "o iş oldu" anlamına gelecek. Utanıyor, çekiniyor, gidemiyor. Bir de işin inanç yönü var. Abdest alamıyor. Kendini pis hissediyor.

Ne zaman yıkanma şansı bulduğunu, pis hissetme halinden ne zaman çıktığını sormadım tabii. Onu utandırmaya nasıl kıyabilirim? Böylesi mahrem bir konuyu bize anlatma cesaretini gösteren bir Anadolu kadını. Ama elbette bu kadarından da manzarayı anladık.

Benim için hem travmaların türüyle hem de temizlik çalışmasının ardından hem annede hem oğulda radikal bir iyileşme yaratmasıyla unutmadığım hikâyelerden biridir bu da.

Açıkçası konu biraz mahrem alanları da içerdiği için oğlunuza çalışmada neleri anlattınız, nasıl anlatınız diye çok soramadım. Ama bizim için en önemlisi ikisinin de iyileşme yoluna girmiş olması.

Bu arada küçük bir yorum yapayım. İlk hikâyemizde birkaç cümle ile ayıp meselesinden bahsetmiştim. Aslında göründüğünden çok daha önemli bir konu bu. Özellikle de kadınlar hâlâ "ayıp" kavramının baskısı altında hissediyor. İşin içinde gelenekler var, inancın getirdiği kodlar var... Kadın kısmı bunu yapar şunu yapmaz kalıpları var...

NeuroFormat çerçevesinden şunu söyleyerek bitireyim. Cinsel utanma travmaları da çok sık rastladığımız travma türleri. Siz de kendi hikâyenizi bu açıdan bir gözden geçirin. Varsa geçmişte bir utanç temizleyin derim.

Ben burada güvendeyim anne

Son yıllarda yayınlarımıza katılanlar arasında otizm meselesi üzerine çalışan öyle çok anne var ki. Hatta şöyle enteresan bir olay olmuş, beni mutlu etmişti. Otizmli çocuğu olan bir anneyi canlı yayına almıştık. Bir başka anne "Otizm öyle kolay çözülen bir şey değil" diyerek yorum yayını yapmış sonra kendisi kendi çocuğunda deneyerek güzel gelişmelere imza atmıştı. Şimdi yine bir otizm hikâyemiz var. Ama bu seferki biraz farklı çünkü kahramanımız Samet 25 yaşında. Yani bu çocukluk otizmi değil, deyim yerindeyse artık yerleşmiş bir otizm. Ama hikâyemiz de gösteriyor ki iyileşmek, iyileşme yolunda ilerlemek için hiçbir zaman geç değil.

Samet'in annesi Asiye Hanım'dan dinleyelim hikâyeyi. Samet'in durumu ne? Hangi travmaya çalışmış ve neler olmuş öğrenelim.

"24 yaşında oğlum, hatta 25'ine girdi" diyerek başlıyor Asiye Hanım anlatmaya. "Otizmli. İyi bir eğitim de aldırdık. Fakat takıntılı hareketleri vardı. 1.86 boyunda bir çocuk düşünün. Yürürken sürekli ellerini sallıyor. Komşular olsun, kimi görürse selamün aleyküm diye selam veriyor. Özellikle de sarışın kadınları görünce merhaba diyor. Diyorum oğlum yapma, belki kocası kızar, oğlu kızar... Sürekli diken üstündeyim. Kendi kendine balkonda mır mır konuşur, şarkılar söyler. Oğlum içeriye gel, içeriye gel, gelmez. Durmadan yanı başınızda bağırarak konuşan bir çocuk düşünün. Sürekli ama. Yirmi yıldır bağırıyor, sürekli bağırıyor. Çarşıda, evde bağırıyor, bağırmak derken şarkı söylüyor, bir şeyler anlatıyor kendi kendine."

İnsanın içine dokunan bir annelik hikâyesi... 25 yaşında ama bir çocuk gibi Samet. Elleri öpülesi annelerden biri de Asiye Hanım işte.

Yayınlarımızı takip eden Asiye Hanım duyduğu hikâyelerden etkileniyor ve Samet'in durumuna fayda eder mi diye çalışma yapmaya karar veriyor.

Hamilelik travmalarını çalışıyor Asiye Hanım. En güçlüsünü bulmakta gecikmiyor çünkü hayatına damga vuran bir trajedi var orada.

Anne babasını trafik kazasında kaybediyor ve bu acının üzerine hamile olduğunu öğreniyor Asiye Hanım. Bu konuya çalışıyor. Sonra Samet doğduktan sonra kuvöze alınmış, bunu da çalışıyor. Bir de yine hamilelikte yüksek tansiyondan gözleri sekiz saat boyunca görmez olmuş, bu travmayı da temizliyor.

Çalışmayı hem kendi kendine hem de oğluna uykudayken yapıyor Asiye Hanım. Sonra çok enteresan şeyler olmaya başlıyor.

"Hayat telaşına kapılıp ona çalışma yaptığımı unuttum Barış Bey. İki gün sonra şöyle bir olay oldu: Odasından battaniyeyi alıp geldi, salonda bize sırtını dönerek on beş gün o koltukta yattı, tam dokuz kilo verdi. Çok özür dilerim, kalkıp kusuyor, kalkıp kusuyor. Doktora götürüyoruz, diyor ki, çocuk kendisini kapatmış. Bizim yapacağımız bir şey yok, siz bulacaksınız sebebini. Çok üzülüyorum; ne uyuyor ne yemek yemek, hiçbir şey yok. Bir gece yanıma geldi. Saat 3. 'Samet hayırdır oğlum, bir şey mi oldu?' dedim. Elimi tuttu, 'Ben burada güvendeyim anne' dedi. İnanamadım, benim ona çalışmalarda söylediğim sözleri bana söylemeye başladı. Oğlumu çok iyi tanıyan abileri var, onların yanına yolluyordum onu. Beni arıyorlar, 'Asiye Abla, çocuğa ne oldu?' 'Ne oldu?' diyorum, 'Samet gitmiş başka Samet gelmiş' diyorlar. Size hatta yazdım. Hocam bu bir mucize dedim, sonra biraz zaman geçsin dedim, tam 3,5-4 ay oldu."

Bir de şunu anlatmıştı Asiye Hanım.

"Benim çocuğumun yanında bir bebek bağırdığı anda, çok sinirlenirdi. Adeta onu öldürecek gibi olurdu. Hemen kulaklarını kapatır, hayır hayır diye bağırır, saldırır, çocuk canavara dönüşürdü.

Gitmediğimiz doktor, terapi hiçbir şey kalmadı. Kızım evli, iki tane çocuğu var, iki buçuk aydır kızım bana geliyor, çocukları bağırıp çağırıyor, ortalığı yıkıyor, Samet sadece 'Sessiz olun biraz, anneni-zi üzmeyin' diyor. Herkes şok!"

"Peki Asiye Hanım" diyorum, "yani artık normale mi döndü demek istiyorsunuz?"

İnanması güç. 25 yaşına kadar otizmli bir genç söz konusu olan.

"Bakın, ben yeni havalimanına gittiğimde kafam, nevrim dönüyor, bilemiyorum, karıştırıyorum" diyor Asiye Hanım. "O ise tek başına Trabzon'a gidiyor, geliyor, inanılmaz insan canlısı oldu. Sohbet ediyor, geliyor, annecim geldim diyor. Şimdi her şey bizim için çok güzel."

Samet'in hikâyesi de inanılmaz ama gerçek kategorisinden en çarpıcı vakalar listemizde yerini alıyor. Umarım günden güne çok daha iyi olur Samet. Neredeyse çeyrek asırlık yaşanmamış zamanını telafi eder.

Delikli süzgeç gibiydim

Hep diyorum ya, bebekler bir et parçası değil, her şeyi hissediyorlar diye. İşte bu hikâyemiz de bunun en güzel örneklerinden bence. Okuyalım Tuğçe'nin hikâyesini...

30'lu yaşlarında genç bir kadın Tuğçe. Yayınımıza bağlandı ve bıcır bıcır anlattı hikâyesini. Heyecanlı, yaşam dolu.

"Barış Bey, delikli bir süzgeç hayal edin, işte ben oydum!" diye başlıyor sözlerine.

"Nasıl yani?" diyorum. Bağlantıyı kurmakta zorlanarak.

"Dikkat bozukluğu vardı bende. Delikli bir süzgeç hayal edin. Öğreniyorsun öğreniyorsun, bütün bilgi oradan aşağıya iniyor. Kalmıyor. Dolayısıyla benim senelerce bir gram İngilizce öğrenememem, derslerimi, ne tarih, ne coğrafya öğrenemem hep bundandı. Onun için başarılı olamadım hayatımda, üniversiteyi kazanamadım. Liseyi bile bitiremedim, ben de gittim aşçı oldum."

Enteresan bir hikâyeyle karşı karşıyayız yine.

"E peki ne oldu? Geçti mi delikli süzgeç durumu?"

"Geçti geçti. Ben çok sakinleştim. Mesela bakın şu an konuşuyoruz. Ben sizin bu söylediklerinizi asla dinleyemezdim normalde. Size ha bire laf anlatmaya çalışırdım. Siz bana bir şey söylediniz ya, ben onu asla beklemezdim. Size anlatmak istediğimi anlatırdım anlatırdım, bir de susmak bilmiyordum. On sene önce anladım sorunumun dikkat bozukluğu olduğunu. Teşhis ortaya çıktı."

Yayınlarımızı takip eden Tuğçe Hanım bu haline çözüm olacak bir yol bulma arayışında. Geçmiş travmalarından, hamilelikte, bebeklikte, çocuklukta yaşananlardan bahsettikçe zihninde bir ışık yanıyor. Çünkü onun da bir travması var. Her ne kadar bilinçli zihniyle hatırlamasa da önemli olduğunu düşündüğü bir travması.

"Sorunumun ne olduğunu bulmak için geriye doğru hayat hikâyemi gözden geçirdim. En başa kadar gidin, öyle bulursunuz diyordunuz ya. İlkokulu düşünüyorum yine başarısızım. Dedim ki demek benim sorunum ondan da önce başlamış. Daha da geri gitmem gerekiyor. Sonra buldum sebebini. Ben dört aylıkken babam İsviçre'ye gitmiş. Dört sene çalışmış orada. Hatta duvarımda asılı bir fotoğraf vardır. Anı olsun diye babam gitmeden önce çekilmiş. Üç kardeşiz. Annem, babam, ben ve kardeşlerim var fotoğrafta. Ben dört aylığım o sırada."

"Babanızın gidişine, ayrılığa mı çalıştınız?"

"Evet. Buna çalıştım. Neden bilmem bebekmişim gibi de ağladım. Hiçbir şeye bu kadar ağlamamıştım. Öyle yükseldi ki duygu. O fotoğrafa baktım ve kendimi resmen dört aylık gibi hissettim."

"Peki sonuç? Ne fark etti?"

"Ben telefonda bile konuşamazdım hocam. Karşıdaki bir şey anlatır dinleyemezdim. Asla dinleyemezdim. Sürekli kendi cevabımı düşünürdüm. O konudan bu konuya atlardım. Şimdi bu halim tamamen geçti. Eski halimi gören eminim bu kafayı yemiş derdi ama şimdi o halim geçti."

Burada yaşanan iyileşme doğru dürüst çalışma yapmadan gerçekleşiyor. Çünkü zaten dört aylık travmasının detaylarını hatırlamıyor. Bana sıklıkla şu soru gelir: "Hocam travmanın detaylarını hatırlamıyorsak ne olur?" Çoğu zaman travmalara detaylı hâkim olup onları detaylı çalışmak gerekiyor ama bazen işte böyle sadece travmayı hatırlayarak, o anda hissedilen genel duygunun ağlayarak dışarı çıkması, deşarj olmasıyla inanılmaz iyileşmeler de gerçekleşiyor.

Böcek

Canlı yayınımıza katılan Şefika Hanım bir değil iki iyileşme hikâyesi anlatıyor bize. Önce kendi üzerinde kendi sorunu için çalışmış sonra da oğlunun sorununu ilginç bir anıyı hatırlayarak çözmüş.

"Barış Bey tüm demolarınıza katıldım ama ilk demoyu unutmuyorum. Karlı bir gündü. Mart ayı. Ben orada anneye, babaya, eşe öfke çalıştım kendi üzerimde. Ve demo bittiğinde kendimi o kadar farklı hissetim ki. Çok ağladım. Belki iki üç saat ağladım, hiç susmadan. Çok ciddi sırt ağrılarım vardı, fizik tedavi de görüyordum o dönemde. Sabah bir kalktım, inanılmaz bir şekilde ağrım geçmiş, yok. Topuklarımda ağrı yok. Ağrıdan sağ tarafıma çok zor yatıyordum, geçivermiş..."

Şefika Hanım için bu demo aslında bir deneme çalışması olmuş. Ve nasıl fayda gördüğünü fark edince oğlu Uğur'un sorunları için de çalışma yapmaya karar vermiş.

Bu çalışmayı da oğlu uykudayken yapmış.

Önce soralım Uğur'un nesi varmış? Travması neymiş?

"Oğlumun ellerinde titreme vardı Barış Bey" diyor Şefika Hanım. "Bir şey aldığı zaman el sürekli titriyordu. Bir de gözkapağı düşmesi vardı. Bilgisayar karşısında, eline telefonu aldığında sürekli göz kapağı düşüyor, kendisi eliyle yukarıda tutuyordu. Şimdi artık gayet rahat. Oğlum uyurken çalışma yaptım. Uykudayken o kapağı düşük gözünden yaş geldi. Ama sadece o gözden yaş geldi. Sonra onu uyandırmayacak şekilde hafifçe sildim, bir damla daha, bir damla daha, peş peşe birkaç damla geldi. Sabah kalktık, çocuğun göz kapağı normale dönmüş. Ve ben o kadar mutluyum ki. Ellerindeki titreme de geçti.

Sabah kalktık, kahvaltı sofrasını hazırladım. Ben unutmuştum çalışma yaptığımı, oğlum kendine çay koy dedim. Çocuk daha çaydanlığı eline alır almaz dedi ki, 'Anne bak bak, çaydanlığı tutuyorum, bak anne, ellerim titremiyor. Anne bu nasıl oluyor ya?' Kendisi şoke oldu. Ben de dondum kaldım. Yani su matarasını boşken bile tuttuğunda elleri titreyen oğlumun ocaktan aldığı çaydanlık, üstelik de kaynar, ikisini de birden tutuyor ve hiçbir titreme yok. Doğru travmayı bulmuşum ve doğru çalışmışım demek ki. O kadar mutlu oldum ki anlatamam. Benim için en güzel gelişme buydu."

Tam da Şefika Hanım'ın dediği gibi. Doğru travmayı bulmuş onu çalışmış. Bir gecede böyle radikal değişim olması için nokta atışı yapmış olmak gerek. Zaten hep söylüyorum ya, travmayı doğru bulmak işi çözmenin anahtarı.

Şimdi merakla beklediğimiz konuya gelelim. Acaba neymiş Uğur'un travması?

Yine Şefika Hanım'ın kendi anlatımından dinleyelim:

"Antalya'da annemlerin bir bahçesi vardı. Uğur daha iki yaşında. Bizi oraya çağırmışlar, gitmişiz. Akşam vakti bahçede oturuyoruz, cırcır böcekleri var, ötüyorlar. Bir anda ağaçtan elim kadar büyük bir böcek bir anda kanatlarını açıp Eren'in önüne pat diye düştü! Çocuk o anda orada bir ağlama krizine girdi ki sormayın. Korkudan deli gibi ağlıyor, eli kolu morarmaya başladı. Ben işte o ana giderek, uykusunda buna çalıştım."

"Nasıl çalıştınız Şefika Hanım, anlatın" diyorum.

"Şöyle yaptım Barış Bey. Önce olayı anlattım, o olay anını yaşattım ona uykusunda. Kocaman bir böcek geldi. Pat diye önüne düştü. Sen çok korktun. Ellerin morardı, simsiyah oldun, çok ağladın, çok korktun deyip olayı anlattım. Sonra da onu rahatlattım. Artık güvendesin, o böcek sana bir şey yapamayacak, zarar veremeyecek... Güvendesin, geçti dedim."

Size daha önce anlattığım kocaman gözler hikâyesini hatırlıyor musunuz? Ona benzer bir anlık korku, anlık çatışma travması bu da. Ne yapacağını bilememe, kal gelmesi durumu.

Aslında kal gelmesi, ne yapacağını bir anlık bile olsa bilememe durumu Allah korusun bambaşka yerlere de gidebilirdi. En sık gördüğümüz durumlar daha ciddi kas hareket hastalıkları, MS, Parkinson gibi sonuçlar. Ama neyse ki Uğur'un durumunda bu olmamış. Titremeyle, göz kapağı düşmesiyle kalmış.

Bu sorunlar da travmayı bulunca iyileşme yoluna girmiş.

Bir aile üç iyileşme

Bu hikâyemizi okuyunca öncelikle NeuroFormat'ı hayatlarının bir parçası haline getirmiş bir aileyi tanıyacaksınız. Sonra ise bir kez daha aramızdaki bağların gücüne hayret edeceksiniz. Birkaç unsuru olan, birkaç travma üzerinde çalışılan bir hikâye bu. Elimden geldiğince özetle anlatmaya çalışayım.

Didem Hanım 46 yaşında. Eşi öğretmen. Bir de oğulları var. İlk önce Didem Hanım'ın şaşırtıcı, ezber bozan iyileşme hikâyesi.

Didem hanım 44 yaşında âdetten kesiliyor, menopoza giriyor. 30'lu yaşların sonunda oğlu Selim doğmuş. Selim de şimdi 10'lu yaşlarda.

NeuroFormat yayınlarının sıkı takipçisi Didem Hanım. Hiçbir yayını kaçırmıyor. Sonra bir gün eşe, anne babaya öfke toplu demo çalışmamıza katılıyor. Kendisi eşe öfkeye çalışmak istemiş. Çok spesifik bir travma yok ama genel anlamda eş tarafından yalnız bırakılma temasına çalışmış.

Eşi biraz bilgisayar oyunlarına düşkün. Ve beyefendinin ekran başında geçirdiği zamanlar Didem Hanım'da büyük bir yalnızlık duygusu yaratıyor. Demo çalışmasında duyguya girmesi kolay olmuyor. Zaten genelde de tek başına değil birilerine anlatırken duyguyu daha iyi hissettiğini söylüyor. Ama sıra affetmeye gelince musluklar açılıyor. Beklenen, bir türlü gelmeyen duygular şelale gibi geliyor. Didem Hanım iki üç saat boyunca ağlıyor...

Buraya kadar bildiğimiz bir toplu demo çalışması hikâyesi. Ama bakın sonra ne oluyor. Ertesi gün şiddetli baş ağrısıyla uyanıyor. Bedeninde de bir hassasiyet var. Nedir acaba? Ne oluyor diye düşünüyor bulamıyor. Başının ağrısı da geçince unutuyor.

Aradan üç gün geçiyor ve Didem Hanım tam da ben artık menopoza girdim diye düşünürken âdet görüyor. Olanlara inanamıyor tabii. Hatta kardeşi doktor, ona anlatıyor ve kardeşinin yorumu "Abla sen bu işi öğrendin, beni de iyileştir!" oluyor.

Unutmadan söyleyeyim, toplu demo çalışmasının ertesi günü eşinin işten eve gelince "Çok yorgunum, elim kolum kalkmıyor, gözlerimi açamıyorum" dediğini hatırlıyor Didem Hanım.

İşte birinci katman: Kadın eşe öfke çalışması yaptı. Erkek çalışma sonrası büyük bir halsizlik, yorgunluk duydu, üç gün sonra bir buçuk yıldır kesilmiş olan âdetler yeniden başladı.

Gelelim ikinci katmana. Didem Hanım'ın eşi, öğretmen olan beyefendinin çok terleme sorunu var. Birkaç dakika efor sarf etse sucuk gibi terleyenlerden. İşin ilginç yanı aynı sorun oğulları Selim'de de var, yani aşırı terleme durumu. Didem Hanım "Bir günde on kere atlet değiştirdiğimi bilirim. Sırtından bezi eksik etmezdim" diyerek anlatıyor.

Didem Hanım'ın eşi de NeuroFormat sistemini marka elçimiz gibi çalışan Didem Hanım'dan öğrenmiş, hatta "Sen de kendi travmanı çalışsana" diyor Didem Hanım. Eşinin ayakta durmaktan varisleri var, terleme sorunu var.

Eşi kendi travması üzerinde çalışma yapıyor. Yine ertesi gün. Eve geliyor,"Ben bugün hiç ama hiç terlemedim" diyor. Birkaç efor gerektiren iş yapıyor, yok, ter falan yok. İşin daha ilginç yanı ise oğulları Selim'de de terlemenin pat diye kesilmiş olması.

Hayret verici bir durum. Didem Hanım'a soruyorum: "E peki eşinizin travması neydi?" diye.

Biraz mahrem bir yanı da olduğunu tahmin ediyorum, o da aşırı detay vermek istemiyor ama şöyle özetleyebiliriz:

Didem Hanım'ın eşi, Selim'in babası 20'li yaşlarda. Üniversite okuyor. Arkadaşlarının zoruyla bir yere gidiyor. Hiç gitmek istemediği, orada bulunmaktan hiç hoşlanmadığı, kendine yakıştıramadığı bir durum. Kendini çok rahatsız hissettiği, benim böyle bir yerde olmamam gerekirdi dediği bir yer.

Beyefendi bu travmasına çalışıyor, ertesi gün kendisinin de oğlunu da terleme sorunu geçiyor!

Bu iyileşme bence çok ama çok enteresan çünkü bize babadan aktarım bağlantısını gösteriyor. Anneden geçen travmaların, hamilelik ve doğum travmalarının çocuklarda nelere neden olduğunu anlatan çok çarpıcı hikâyeler okuduk. Ama bu seferkinde babanın travması oğulda tezahür ediyor. Selim daha doğmamışken, babası daha 20'li yaşlardayken yaşanan rahatsız edici bir olay çözülünce, etkisi çocukta da görülüyor. Ana sunucudan o tatsız günün anısı silinince oğlundaki sorun da çözülüyor.

Sadece terleme sorunuyla kalmıyor iyileşme. Didem Hanım'ın ifadesiyle sonrasında eşinin çok ıstırap veren bacak ağrıları da geçiyor hatta varis ilacını da bırakıyor.

Şimdi üçüncü katmana gelelim. Bu da hayli ilginç.

Selim'in bir de horlama sorunu var. Sürekli bir geniz akıntısı, alerjik burun tıkanıklığı ve tüm bunların sonucu horlama.

Didem Hanım ve eşi bunun üzerine de düşünüyorlar. Acaba sebep ne olabilir diyorlar. Babanın aklına bir olay geliyor. Didem Hanım buna çalışıyor ama bir sonuç alamıyor. "Bence sen kendin yap çalışmayı uykuda" diyor eşine. Ve beyefendi kendisi Selim uyurken çalışmayı yapıyor. Ve üçüncü iyileşme! Selim'in horlaması da geçiveriyor.

"Bir haftadır ne horlama ne bir şey. Bir de çocuğun sanki bize ilgisi sevgisi arttı Barış Bey" diyerek anlatıyor Didem Hanım. "Gelip gelip bizi öpüyor. Normalde çok temas sevmeyen bir çocuktur!"

Peki bu horlamanın travması neymiş? Daha doğrusu hangi olaya çalışmış baba?

Selim daha üç dört aylık. Gece ağlıyor. Didem Hanım çok uykusuz kalkamıyor, baba kalkıyor. Kalkmışken mama veriyor, rahat nefes alsın diye burnuna damla damlatıyor. Bebekler için burun temizleme damlalarından hani. Fakat gecenin bir yarısı olduğu için ayarlayamıyor, hepsini kontrolsüzce fışkırtmış oluyor. Çocuğun genzine kaçıyor sıvı. Delice öksürmeye başlıyor çocuk. Baba çok panikliyor tabii. Çocuk boğulacak diye. Ters çeviriyor, teskin ediyor, neyse ki geçiyor.

Ve şimdi yaklaşık on yıl sonra Selim uykudayken bu olaya çalışıyor. Ertesi gün pat diye horlama bitiyor...

Beynimiz nelere kadir. Eşe kızınca bir anlamda kadınlığın, doğurganlığın göstergesi âdetler kesiliyor... Affedince geri dönüyor... Bir erkek gençlik çağlarındaki bir travmasını temizliyor, terleme sorunu geçiyor, aynı sorunu yaşayan oğlunda da problem çözülüyor... Çok önemsiz, canım bir şey olmadı ki, boğulacak gibi oldu, azıcık öksürdü ama hemen geçti diye düşüneceğimiz bir olay üç dört aylık bebekte bir travma başlatmış olabiliyor.

Anneanne çalıştı torunu iyileşti

Kitabın sonlarına doğru muhtemelen böylesini hiç duymadım diyeceğiniz bir hikâye okuyacaksınız. Çok şaşırabilirsiniz. Biraz da şoke edici doğrusu, uyarayım.

Nilgün Hanım 66 yaşında. Kendini çözmeye, yaşam hikâyesini anlamlandırmaya meraklı. İki kızı iki de torunu var. Yayınımıza katıldığında asıl hikâyeden önce bize kendiyle ilgili tespit ettiği birkaç şeyi anlatmıştı.

Kendini bildi bileli mısır kokusundan, haşlanmış mısır kokusundan rahatsız oluyor. Kitaplarımın tümünü okumuş. Canlı yayınları izlemeye de daha çok pandemi döneminde başlamış. Tabii bu yayınlar farklı pencereler açmış Nilgün Hanım'da. Kendi hayat hikâyesi üzerine düşündükçe mısır kokusunun onu neden bu kadar rahatsız ettiğini bulmuş.

Hikâye şu: İlkokula gidiyor. Ve o gün öğretmenlerinin öldüğü haberi geliyor. Mehmet Hoca. Ölmüş. Okulda ilan ediliyor. Ağlayarak, koşa koşa eve geliyor. Zaten ev ve okul arası çok yakın.

Annesi misafir ağırlamayı seven bir hanım. Bahçede misafirlerle oturmuşlar, kocaman kazanda mısır kaynatıyorlar. Ağlayarak haberi veriyor. Ama "Yaşlıydı, Allah rahmet etsin" diyor kadınlar, fazla da üzerinde durmuyorlar. Ve çocuk Nilgün de üst kata çıkıp, divanın altına girerek ağlıyor. Öyle ağlaya ağlaya uyuyor.

Mısır kokusu ve ölüm bir koşullanma yaratmış anlayacağınız. Bir koku bir kavramla birleşmiş. Tıpkı Pavlov'un koşullanma teorisinde olduğu gibi.

Orada başka bir koşullanma daha olmuş. Onu da anlattı.

Yıllar sonra, 40 yaşında annesinin ölüm haberini ablasından telefonda alıyor Nilgün Hanım. Ve kendi bile farkında olmadan ağlarken masanın altına giriyor. "Kırk yaşında kadınım masanın altında ağladım" diyor. Ölüm ile özdeşleşmiş bir başka koşullanma. Kapalı, korunaklı bir yere girip ağlama isteği...

Ama bunlar hikâyemizin yan detayları. Asıl hikâyeyi anlatayım şimdi.

Nilgün Hanım'ın iki kızı var demiştim. Küçük kızının bir de oğlu var. Torunu Kemal. Uykuları biraz sorunlu Kemal'in. Daha doğrusu kâbuslu. Sürekli kâbus görüyor, uykusundan uyanıyor.

Nilgün Hanım diyabet sorunu olsun, kızının panik atağı olsun tespit ettiği sorunlara çalışma yapmaya başlıyor. Bir gece de kendi kızını doğurma hikâyesini çalışıyor. Yani Kemal'in annesini doğurma hikâyesini.

Aslında zor bir doğum olmamış. Ama anneanne Nilgün Hanım ile torun Kemal'i birbirine bağlayan çok ama çok enteresan bir durum var. Zaten bunu fark etmesi de çalışmadan sonraki gün torunu ve kızıyla konuşurken gerçekleşiyor.

Hal hatır sormak için araşıyorlar. Görüntülü konuşuyorlar. "Kemal gene uyumadı, kâbus gördü" diyor kızı. Nilgün Hanım'ın çalışma yaptığının ertesi günü. Kemal de konuşuyor anneannesiyle.

Anneanne soruyor: "Ne görüyorsun rüyanda oğlum?"

"Lavaboda kolu kesik bebek görüyorum" diyor Kemal.

O anda Nilgün Hanım'ın zihninde bir şimşek çakıyor. Çünkü bir önceki gece kendi üzerinde çalışmış ve kendisinin bile 37 senedir unuttuğu bir detayı hatırlamış. Yayında izleyicilerimizden birinin "görmemesi gereken bir şeyi görmek" ile ilgili yorumu da buna katkı sağlamış.

Nilgün Hanım anlatsın.

"İkinci kızımın doğumu. Kemal'in annesinin yani. Çok rahat geçti doğum. Üç buçuk saatte bitti. Bir kan uyuşmazlığı var. Bebeğin kanına bakmak için yanımızdan aldılar. Ben de bir tuvalete gideyim dedim. Tuvalete gideceğim derken yandaki başka bir doğumhaneye girmişim. Ne gördüm, o neydi şu an bile tam emin olamıyorum ama bir el beni tuttu. 'Senin bunu görmemen gerekiyordu' dedi. Beni çekip dışarı aldılar. Getirip yatırdılar. İğne yaptılar."

Birkaç saat boyunca uyuyor Nilgün Hanım. Sonra bebek getiriliyor. Etraftan "bebek ölmüş" sözleri duyuyor. O girdiği doğumhanede gördüğü şey hayal meyal de olsa bir bebek. Böyle bir manzarayı tarif etmek bana da çok zor geliyor ama tam da Kemal'in anlattığı şekilde lavabonun içinde böyle bir bebek var. Ölü doğmuş, çıkarılmış bir bebek. Bölük pörçük duyduklarından çıkardığı bebeğin öldüğü ve anne karnından zor alındığı yönünde...

Bu sert hikâyede daha fazla kalmadan şunu söyleyeyim.

Bizimle canlı yayında bu hikâyeyi paylaştığında Nilgün Hanım'ın kendi doğumuna çalışmasının, Kemal'in kâbuslarının sona ermesinin üzerinden üç dört ay geçmişti.

Durumu anneanne kendi üzerinde çalıştı, torunun kâbusları geçti şeklinde okuyabiliriz.

Anne çocuk ilişkisine dair, hamilelik travmalarına dair pek çok hikâye okuduk. Ama geriye doğru ikinci nesilden aktarılan travmalara ilginç ve çok sık rastlamadığımız örneklerden biri bu.

Kitabın başında da bahsetmiştim; eğer önceki nesil çalışıp da bu durumdan haberi bile olmayan sonraki nesil iyileşiyorsa, ne oluyor da önceki neslin beyni sonrakinin beynine tehlikenin geçtiği sinyalini iletebiliyor diye hep konuşmuştuk. Bu örnek de aslında bizim tezimizi güçlendiriyor. Yani aslında özellikle tehlike anlarında korunma amaçlı olarak bu bilgiler inanılmaz bir şekilde sanki ana sunucuda tutuluyor. Ana sunucuya anneanne ulaşıp çözerse torunun rüyaları da bitiyor.

Korkma!

Kitabımızın son hikâyesine geldik. Çok daha güncel bir travmamız var. Korona. Öncelikle son iki yıldır yaşadığımız sürece dair birkaç şey paylaşmak istiyorum.

Yaşam sürecimiz içinde görülmemiş bir dönemden geçtik. Korona üzerine dönen tartışmaları, tedavi ve aşı protokollerindeki soru işaretlerini bir kenara bırakayım. Benim derdim korku! Bu süreci ben korku üzerinden okuyorum. Ve biliyor musunuz, bunca yıldır binlerce hastalık ve iyileşme hikâyesi dinlemiş, naçizane bu iyileşmelere vesile olmuş biri olarak şunu net bir biçimde söyleyebilirim. İnsana korkudan daha çok zarar veren başka bir şey yok. Evet, iddia ediyorum. Çoğu durumda insanı hastalığın kendisi değil korkusu öldürüyor. Ve biliyor musunuz, bana sorarsanız bir hastalıktan insan ölümlerini artırmanın en etkili yolu insanları o hastalıktan ölebileceklerine inandırmaktır.

Bunun bilimde de karşılığı var. Önceki kitaplarımı okuyanlar bilirler.

Tıpta Plasebo etkisi ve Nosebo etkisi diye iki kavram vardır.

En basit haliyle özetleyecek olursam buna inanç faktörü diyebiliriz.

Bir kişiye bu hap senin bütün ağrını dindirecek diyerek naneli şeker verirsiniz, ağrısı mucize olmuş gibi geçer. Plasebo etkisi budur. Telkine dayalı bir iyileşme sağlar.

Plasebonun tersi ise Nosebo'dur. Bunda da, az önce aldığın ilacın içinde siyanür vardı, yarım saate kusarak öleceksin dersiniz, deneyi yaptığınız pek çok kişide kusma başlar, kendilerini ölecek gibi hissederler, nadir de olsa panikten kalp spazmına girip ölen bile olabilir. Yani birini telkinle öldürmek de mümkün.

Bana sorarsanız pandemi süreci boyunca tam bir Nosebo kasırgasının içine düştük.

Nosebo kasırgası dedim, tam da öyle olduğunu düşünüyorum. Ölümcül görüntüler, entübe görüntüleri, her gün vaka sayıları, ölüm sayıları...

Yakın bir arkadaşım şunu anlatmıştı. Arkadaşının babası korona oluyor. Adam kasırganın tam göbeğindeyken yakalanıyor koronaya. Ve diyor ki "Hastaneye yatarsam ölürüm!" Öyle emin ki. Çünkü hastaneye giden dönmüyor gibi bir ortam oluşmuş durumda. Ve bu lanetli kehanet gerçek oluyor. Hastaneye kaldırmak zorunda kalıyorlar ve adam ölüyor.

Bir de çok sevdiğim bir masal vardır. Yeri gelmişken onu da anlatayım. Çok hoşuma gider tekrarlamak. Kimileri buna masal değil mesel bu, diyorlar ama bence önemli olan mesajı.

Adamın biri kasabanın girişinde oturmuş oyalanıyor. Kasabanın kapı muhafızlarından biri bu adam. Birden karşıdan kara cüppeli, korkunç görünümlü birinin geldiğini görüyor. Birinden ziyade bir varlık bu, yaratık. Ölüm meleği gibi bir şey.

"Kimsin, nereye gidersin?" diye soruyor.

Varlık cevap veriyor.

"Benim adım Veba'dır. Bu kasabadan bin can almaya geldim!"

Olmaz öyle şey, hemşerim geçemezsin, o canları alamazsın diyecek hali yok muhafızın. Zaten böyle varlıklarla polemiğe girilmeyeceğini de bilir masalın içindeki.

"Geç, gir" diyor...

Aradan zaman geçiyor, günler aylar geçiyor....

Muhafız yine kapıda... Kasaba yerle yeksan olmuş. Binlerce can kaybı olmuş, adeta toplu mezarlığa dönüşmüş.

O da yakınlarını kaybetmiş, sevdiklerini kaybetmiş.

Bir kafasını kaldırıyor yine o! Veba.

Üzerine yürüyor.

"Seni alçak, seni hain" diyor. "Hani bin kişinin canını alacaktın. Mezarlığa döndü kasabamız, on bin kişi öldü!"

Cevap veriyor Veba: "Ben sana da söylediğim gibi bin kişinin canını aldım. Kalanları korkudan öldü!"

Şimdi hikâyemize geçelim. Bize Eda Bebek'in hikâyesini halası Reyhan Hanım anlattı.

"Benim değil, kardeşimin çocuğunun hikâyesi bu. Hamilelikte gelinimiz covid geçirdi ve hastaneye yattı. Hastaneden çıktı, arkasından büyük yeğenim, üç yaşında, o da covid oldu ve onun için de tekrardan girdi, hastaneye yattılar. Çok zorlu bir süreçti. Suyunun az olduğu söylendi. Doğumu hep dinlenerek hatta annemin evinde bekledi. Hep ölecek gibi, hep tedirginliği var. Derken bebeğimiz dünyaya geldi. İlk gün annenin yanına getiremediler. Bizi çağırdılar. Babayı yani kardeşimi çağırdılar. Ben de gittim yanına, doktor o kadar telaşlı bir vaziyette ki. Bebeği entübe edeceğiz dedi. Sonuç olarak entübe edildi, daha ilk günden! 25 gün hastanede kaldı, kuvözde. Bu arada anne çok üzülüyor tabii. Gidip bakıyor camdan ama üzülüyor. Bebeğin ciğerinde çekilmeler vardı. Çocuk seri bir şekilde nefes alıp veriyordu. 25 gün sonra hastaneden çıkardık. Dediler ki göğüs doktoruna gitmesi gerekiyor. İşin kötüsü bebeğin oksijen seviyesi 70'lere düşüyordu. Bir cihaz aldık. Onunla yaşıyor çocuk. Oksijen cihazı. Sizi hep takip ediyorum, iki yıldır. Ve gelinimizle bu durumu çalıştık."

Reyhan Hanım NeuroFormat sistemini biliyor. Gelinlerine de öğretiyor. Uykudayken bebeğe uyguluyorlar. "Doğum sürecindeki her şeyi, bütün sıkıntıları çalıştık" diyerek anlatıyor Reyhan Hanım. "Gelinimiz ağladı ağladı, son gözyaşı damlası geldi ve dedi ki Reyhan Abla, içimden ölüm korkusu gitti!"

Sonra ne mi olmuş? Eda Bebek'in oksijen seviyeleri 90'lara, 95'lere çıkmış. Doktora muayeneye götürmüşler, "Artık cihaza gerek yok" demiş. Üç hafta içinde bebeğin göğsündeki çekilme tamamen geçmiş. Son götürdükleri doktor "Akciğerler gayet güzel havalanıyor. Hiçbir sıkıntı yok ve çocuğun rengi de çok iyi" demiş.

İşin daha enteresan tarafı bu iyileşmeden önce doktorların "Bu çok ender rastlanan bir akciğer rahatsızlığı. Genetik tahliller lazım. Hatta biyopsi yapmamız lazım. Ancak biyopsi sonucuyla karar verebiliriz, araştırmadan olmaz" demiş olmaları.

Oysa o üç haftanın sonunda çekilen tomografiye bakarken doktorlar, asistanlar şaşkınlık içinde. Bu nasıl oldu diye...

Son olarak şunu da soralım. Çalışmayı nasıl yapmışlar. Benzer durumdaki annelere ilham versin.

Anlatıyor Reyhan Hanım:

Eda bebeğe doğum, öncesinde ve sonrasında yaşadığı her şeyi kitabın başında anlattığım uykuda çalışma yöntemiyle anlatıyor annesi. Pıt pıt minik vuruşlar da yapıyorlar.

Kurdukları cümlelerden bazılarının şunlar olduğunu söylemişti Reyhan Hanım: "Bu korkular sana ait değil, sen güvendesin, bu korkular bana aitti, sen güvendesin, annen, baban, halan hepimiz seni çok seviyoruz. Sen güvendesin..."

Aslında öyle mantıklı ki. Zaten akciğer sorunlarında ilk bakmamız gereken yerlerden biri ölüm korkusu.

Güzel haber şu ki annenin ölüm korkusuyla başlayan travma duyguyla, gözyaşlarıyla temizlenmiş. Hala Reyhan Hanım sayesinde NeuroFormat sistemi devreye girmiş. Ve güzel kızımız Eda bebek yeniden can bulmuş.

Sonsöz

İtiraf etmek gerekirse beş sene önce bana böyle bir kitap yazacaksın deseler pek de inanmazdım. Bunun olabilme ihtimalini imkânsıza yakın görürdüm.

Bu kitapta size benim evrenle ilgili algımı, hayata bakış perspektifimi tamamen değiştiren yepyeni bir bilgiden söz ediyorum.

Aslında NeuroFormat sistemini kurarken çocuklarla ilgili özellikle çocukların erken yaşta başlayan sorunlarıyla ilgili oldukça ümitsizdim. Zaten devrim niteliğinde bir sistemden bahsediyor, birçok rahatsızlığın travmatik olayların çözümüyle bitebileceğinden dem vuruyor, büyük ve yeni bir bilgiyi ortaya koyuyordum.

Ama açıkçası çocukları iyileştirmek konusunda en ufak bir umudum yoktu. Çocukta başlayan, bebeklikten başlayan sorunları çözmek konusunda pek bir umudum olduğunu söyleyemem. Zira bir sorun ne kadar erken başlamışsa, travmasının hatırlanmayacağı ve onu çözmenin hiç de kolay olmadığı barizdir. Sonuçta travma hatırlanamıyorsa çözümü de çok net değildir. Sadece fobilerde ve bazı başka konularda travmayı bulmadan da birçok iyileşmeler yaşanabileceğini biliyordum, ama şu an bu kitapta anlattığım iyileşmeler benim beklentimin bile onlarca hatta yüzlerce kat üzerinde desem yeridir. Bu kitabı yazmasam olmazdı.

Açıkçası kitabın başında anlatmaya çalıştığım, her şey nasıl işliyor, bu evren nasıl bu şekilde birbirine bağlı, yaşamlar –yaşayan canlılar ve tüm cansız maddeler– nasıl birbiriyle bağlı, hepimiz nasıl birbirimize bağlıyız, bu sistemi de birebir oturttuğumuzu söyleyemem. Bu muazzam bir sistem ve onu çözmenin tam anlamıyla mümkün olacağını da düşünmüyorum.

Ama geldiğim nokta hayatımda hiç tahmin ettiğim bir nokta değil. Hep söylediğim gibi Batı tedrisatından geçmiş, hayatını tamamen pozitif, müspet bilime adamış biri olarak, itiraf etmek gerekiyorsa, bu kitapta bahsettiğim ve gerçekleşmiş olduğundan emin olduğum bu iyileşmeleri öngöremezdim. Ve bu iyileşmelerin nasıl gerçekleşebildiğini tam anladığımı da söyleyemem. Hâlâ anlamakta zorluk çekiyorum. Tabii ki kitapta bir ana sunucuya tüm bilgilerin yüklenmesi ihtimalinden, evrenin düşündüğümüz gibi olmadığı ihtimalinden bahsediyorum. Ama bu sadece bir tezdir.

Umarım ilerleyen yıllarda öne sürdüğümüz tezi daha iyi anlayıp hakikate o kadar çok yaklaşırız. Yine itiraf etmek gerekirse oldukça şüpheci, sadece mantığıyla öğrenmeye, anlamaya çalışan biri olarak ne kadar yanılmış olduğumu söyleyebilirim.

Müspet bilim her şeyi madde üzerinden anlamaya çalışıyor. Yaptığı, kurduğu her tez maddesellik ve biraz da tesadüfler üzerine dayanıyor. Müspet bilime göre hiçbir şeyin anlamı yok, hiçbir şeyin sebebi yok, yaşam kendiliğinden oluşmuş ve nereye gittiğinin de bir önemi yok. Sadece belirli kurallar tüm hayat çeşitlerini tesadüfler sonucu çok da önemli olmayan sonuçlara götürüyor.

Ama ben evrenin ve yaşamın çok daha karmaşık, çok daha muazzam ve umuyorum ki çok daha anlamlı olduğu sonucuna doğru inancımı geliştirdim. Doğrusu açık fikirli olmanın, sana ilk anda mantıklı gelmese de, her şeyi bilmediğinin de farkında olarak, tüm duyduklarını açık fikirle dinlemenin ne kadar önemli olduğuna bir kez daha kanaat getirdim.

Tüm insanların ve insanlığın çok daha önyargısız, çok daha açık fikirli olmasını diliyorum.

Sevgilerimle
M. Barış Muslu

Hastalıklar ve Travmalar

Hastalık adı ya da bölge / Travma konusu

A

Addison: Kaybolma, yanlış yöne gitme travması.

Âdet Düzensizliği: Kayıp, ayrılık, ölüm, terk edilme travması.

Âdet Sancısı-Menstrüasyon (ağrılı): İlk âdet görülme anında alınan negatif tepki, utanmak. Hamile kalmakla ilgili travmalar. Kadınlığın kabulü ile ilgili değersizlik travmaları.

Adrenal Kanser: Aşırı stresle baş etmek zorunda kalınan travmalar. Yanlış yolu seçmiş olmak, kaybolma travmaları.

Aft-Ağızda aft: Elde edememe, kurtulamama travmaları. Özellikle dudak ve ağızla dokunmak istenip elde edilemeyen yiyecek, emzik, sigara gibi alışkanlıklarda oluşabilir.

Agesuia (tat kaybı): Tat alma travması. Ağız bölgesinden tehlike beklemek. Beyin beklentisindeki tehlikeden etkilenmemek için tat alma duyusunu keser. Pandemi şartlarındaki tat kaybının bu kadar yüksek seyretmesinin, oluşturulan korku ortamıyla tetiklenmesi yine çok ciddi bir olasılıktır.

Agorafobi: Bayılma ya da bir madde kullanımıyla aklı kontrol edememe korkusu.

Ağız Kokusu: Çok isteyip yiyememek, aşermek.

Ağız Bölgesi (dil, damak): Kanser dahil birçok sorun için sağ taraf istenilen bir fiziksel nesne ya da mecazi bir durumu elde edememek, sol taraf dışarı atamamak. İstemek, bir yiyecekten kariyere, ödüle, paraya kadar birçok durumu kapsayabilir. Kurtulmaksa örneğin okula teslim edilmesi gereken bir ödev, kurtulmak istenilen bir kişi, hastalık, görev olabilir. Ayrıca söylemek isteyip bir türlü söyleyemediğimiz sözler ağzın sol tarafında sorunlar yaratabilir. Baskın el kuralı geçerli değildir.

Ailevi Akdeniz Ateşi: Genetik yapıda olmasına rağmen ayrılık, değersizlik travmaları çalışılarak sonuç alan kişiler mevcuttur.

Akciğer Amfizemi: Ölüm korkusu, nefessizlik travması.

Akciğer Embolisi: erkeklerde alanda savaş, kadınlarda cinsel rekabet benzeri travmalar.

Akciğer Fibrozu: Ölüm korkusu, nefessizlik travması.

Akciğer Kanseri: Ölüm korkusu, nefessizlik travması (alveol hücreleri), alana yapılan müdahale (bronşlar). Tek bir kitle varsa genellikle bir yakının ölmesi korkusu, çok fazla kitle varsa kendi ölümünden korkmak.

Akciğer Tüberkülozu-Verem: Ölüm korkusu, nefessizlik travması. Çoğu zaman akciğer kanserinin iyileşme dönemidir. Savaşlardan sonra çok fazla verem vakası görülür. Sebebi ölüm korkusunun bitmesiyle toplumun rahatlamasıyla iyileşmeye girilmesidir.

Akciğer Zarı (plevra): Göğse fiziksel saldırı tehdidi. Göğüs ameliyatları ve ameliyat korkusunu da içerebilir.

Alerji: Travma yaşanırken ortamdaki baskın bir tetikleyiciyle (besin, ilaç, polen, toz, koku, tat, hayvanlar, yerler) travmayı ilişkilendirmek. Alerjinin vücutta başlattığı etki travmayı, hangi maddeye olduğu da hangi maddenin travma sırasında orada olduğunu belirliyor. Mesela süt alerjisi egzama benzeri cilt rahatsızlıkları ortaya çıkarıyorsa, demek ki travma ayrılma kaynaklı, travma yaşanırken kişinin sindirim sisteminde süt (laktoz) sindirildiği anlamına geliyor.

Alerjik Kaşıntı: Ayrılık, bir yerden ayrılmak.

Alerjik Rinit: Koku travması.

Alopesi (saç kıran): Aile büyüklerinden birinin kaybı, ayrılık, terk edilme travması, dokunulmayı özlemek. Ya da ayrılmak istemek, dokunulmasını istememek.

ALS: Tüm motor nöron hastalıklarında olduğu gibi kal gelme travması. Donup kalmak, kaçamamak, savaşamamak, ne yapacağını bilemeyip kararsız kalmak (bkz: Temel Travmalar).

Alzheimer: Birisini kaybetmek, çok yakın birinin ölümü.

Anevrizma: Bulunduğu yere göre değersizlik, suçluluk, başarısızlık travmalarında görülür. Travma konuları kas ve kemiklerle benzerlik gösterir. Beyindeki anevrizmanın travmasının ne olduğu belirlenemez.

Ankilozan Spondolit: Değersizlik, suçluluk, başarısızlık. Çok ciddi temel değersizlik, rezil olma ya da yalnız bırakılma ve kimliğiyle ilgili değersizlik konularını kapsayabilir.

Anksiyete-Kaygı Bozukluğu: Dört farklı travma türü: Cinsel utanma travmaları. Bayılma ya da bir madde kullanımıyla aklı kontrol edememe korkusu. Hastalık teşhis ve hastane travmaları. Kontrol edilemeyen genel dönemler.

Anoreksiya Nervoza: Cinsel utanma ya da kilosu ile ilgili alay edilme, anneyle çok ciddi çatışma, rekabet, öfke.

Anosmia (koku kaybı): Koku travması. Burun bölgesinden koku ile tehlike beklemek. Beyin beklentisindeki tehlikeden etkilenmemek için koku duyusunu keser. Pandemi şartlarındaki koku kaybının bu kadar yüksek seyretmesinin oluşturulan korku ortamıyla tetiklenmesi çok ciddi bir olasılıktır.

Aort Damarı Genişlemesi: Değersizlik, suçluluk, başarısızlık.

Apandisit: Çok aşağılık bir olay karşısında sindirilemeyen öfke. Açlık korkusu, para kaybı ve maddi konularda travmalar.

Arpacık: Göze yapılan saldırı. Kişinin gördüğü bir şeyle ilgili lekelenmiş hissetmesi. Ayrılık korkusu.

Artrit: Değersizlik, suçluluk, başarısızlık. Bulunduğu ekleme göre travması değişir. Bulunduğu yer, travmaları bulmak adına önemli ipuçları verir. Kas ve kemiklerdeki kurallar geçerlidir.

Astım: Çok ciddi bir korku, alana yapılan müdahale, nefes alamama travması.

Ateş Basması: Cinsel utanma travması. Menopoz.

Atriyal Fibrilasyon: Kalbin yeterince güçlü olmadığı, görevini yapamadığı hissedilen travmalar.

Avesküler Nevroz: Değersizlik, suçluluk, başarısızlık. Özellikle taşıyabileceğinden daha fazla yük almak zorunda kalmak.

Ayak Altı (epidermis): Alanı terk etmek, taşınmak zorunda kalmak. Ya da terk etmek istemek.

Ayak Altında Yanma: Sert ayrılık travması. Sevdiği bir bölgeden ayrılmak. Gitmek istenmeyen bir yere gitmek zorunda kalmak.

Ayak Bileği: Değersizlik, suçluluk, başarısızlık. Özellikle karşı koyamamak, kaçamamak.

Ayak (düztaban): Ayakla ilgili değersizlik, yetersizlik. Anneden uzak kalmak, dokunamamak.

Ayak (içe basma): Belirli bir cismin, özellikle de ayağın yanına düşmesiyle korkma ya da utanma.

Ayak Üşümesi: Stres döneminde olduğu anlamına gelir. Yaşanan travma her ne ise beyin bir türlü çözememişse dolaşımda sorun var demektir.

Ayaklar: Ayakta duramamak, gitmek istenilen yere, ileri gidememek.

Azospermi: Terk edilme, ayrılma, birisini kaybetme, ölüm temalı travmalar.

B

Bacaklar-Kemik ve Kaslar: Değersizlik, suçluluk, başarısızlık. Özellikle, zorluğa karşı ayakta duramamak.

Bacaklar-Kas Hareketleri (motor nöron): Travma sırasında kaçamadığını, tuzağa düşürüldüğünü, hapsolacağını hissetmek ya da hayatı boyunca bir tekerlekli sandalyeye mahkûm olacağından korkmak, bacaklarıyla gitmesi, çıkması gereken yerlere çıkamadığını hissetmek.

Bademcik: Elde edememek, kurtulamamak. Özellikle söz söyleyememek, içinde kalması durumu. (bkz: Temel Travmalar)

Bağırsak (ince-onikiparmak): Sindirilmeyen öfke. Bir olayı, konuyu, sözü hazmedememe, sindirememe, içine oturması, ağırına gitme.

Bağdoku Sorunları: Görüldüğü bölgeyle ilgili olarak değersizlik, yetersizlik, suçluluk, başarısızlık.

Bağırsak (kalın-kolon): Sindirilmeyen öfke. Bir olayı, konuyu, sözü hazmedememe, sindirememe, içine oturması, ağırına gitmesi. Sorunun sindirim sisteminin sonlarına (çıkışa) doğru olması, hem içine oturan durumun belli oranda kabul edilmek zorunda kalındığı ama tabii ki rahatsızlık yarattığı, hem de kahpece konularla ilgili konular olması ihtimalini güçlendiriyor.

Basedow Hastalığı: Tiroit sorunlarından bildiğimiz elde edememek ve kurtulamama travmalarının ayrıca gözün başarısız olma travmasıyla aynı anda tetiklenmesi.

Bazal Hücre Karsinomu: Ayrılık ve kayıp travmaları.

Behçet Hastalığı: Ayrılık acısı, birisini kaybetmek, saldırı, iğrenmek, görmek istemediğin bir durumla karşı karşıya kalmak.

Bel Fıtığı: Değersizlik, suçluluk, başarısızlık. Özellikle yalnız kalmak zorunda olmakla ilgili değersizlik, kimliksel değersizlik, destek görememe, tek başına bırakılma, yardımsız kalma.

Benler: Saldırı ya da pislik travmaları. Özellikle benin çıktığı bölgeye fiziksel ya da mecazi saldırı hissetmek. Cilt, beni çıkartarak o bölgeyi biyolojik olarak kalınlaştırmaya çalışıyor.

Beyin Kanaması: Travma her şey olabilir.

Beyin Kistleri/Tümörleri: Travma her şey olabilir. Birçok beyin tümörü aslında vücuttaki hastalığı yöneten ilgili beyin merkezinde, süreç iyileşmeye girince çıkabilmektedir.

Beyin ödemi: Bu durum herhangi bir hastalığın iyileşme döneminin en önemli belirtilerinden biridir. Zira iyileşme döneminde iyileşen bölgeye olduğu gibi hastalığı kontrol eden ve o an iyileşmeye girmiş beyindeki bölgeye de ödem gönderilir. Bu ödem özellikle böbrek toplama tüplerinin aşırı aktif olduğu ayrılık, kayıp, taşınma, sudan çıkmış balığa dönme benzeri durumlarda çok fazla artabilir. Bir başka deyişle vücutta böbrek çok su tuttuğu için başıboş dolaşan ödem, beyinde iyileşmede olan bölgeye nüfuz ederek bu durumu çok şiddetlendirebilmektedir.

Bipolar (manik depresif): Cinsel utanma travması.

Önemli uyarı: Tüm psikoz vakalarında çalışma yapmak büyük riskler içerebilir. Zira kişinin özellikle de intihar eğiliminin olması, kendisine ya da başkasına şiddet gösterme ihtimali olması, çalışma sonrası dönemde çok zor bir süreç yaşanma ihtimalini ortaya çıkarıyor. Belirli ilaçlarla dengede olan bir duruma, tıpkı sakin bir arı kovanına çomak sokulması gibi bir etkisi olabilir. Böyle bir çalışma sadece yetkin kişiler tarafından gerçekleştirilmelidir. NeuroFormat ile bu sürece müdahale sadece tam teşekküllü, kişinin 24 saat kontrol edilebildiği, psikiyatrist denetimindeki özel kliniklerde gerçekleştirilebilir.

Böcek Korkusu: Genellikle yaşanan ani bir durumla ya da bir filmde çok korkunç bir durum görme benzeri travmaları kapsamaktadır. Çalışmalar kedi/köpek fobisinde yapıldığı gibi yapılabilir ama gerçek böcek yerine böcek videoları da tetiklemek ve çözmek için yeterli olabilmektedir.

Böbrek-Parankim: Su veya sıvı ile ilgili tehdit.

Böbrek-Toplama Tüpleri: Ayrılık travmaları. Ayrıca taşınmak, bir bölgeyi terk etmek zorunda kalmak, varlığının tehlikeye girdiğini düşünmek. Sudan çıkmış balığa dönmek.

Böbrek Taşı: Ayrılık travmaları. Ayrıca taşınmak, bir bölgeyi terk etmek zorunda kalmak, varlığının tehlikeye girdiğini düşünmek. Sudan çıkmış balığa dönmek. Alana yapılan müdahale travmaları.

Böbrek Yetersizliği: Tek başına kalmak, ayrı hissetmek, birini kaybetmek, sıvı travması, sudan çıkmış balığa dönmek (aşı, boğulma, paranın sular seller gibi gitmesi, doğumda suyun erken gelmesi, doğumda oluşan tansiyon, serum takılması.

Böbreküstü Kabuğu Kisti: Kaybolma, yanlış yöne gitme travması.

Boğaz Şişliği: Elde edememek, kurtulamamak (bkz: Temel Travmalar).

Boğazda Yumru Hissi: Boğulma tehlikesi.

Boyun Düzleşmesi: Değersizlik, suçluluk, başarısızlık. Özellikle adaletsizlik ya da entelektüel (akıl ve zekâ ile ilgili) değersizlik.

Boyun Fıtığı: Değersizlik, suçluluk, başarısızlık. Özellikle adaletsizlik ya da entelektüel (akıl ve zekâ ile ilgili) değersizlik.

Bronşit: Alana yapılan müdahale.

Bronş Kanseri: Alana yapılan müdahale.

Bruksizm: Elde edememenin değersizliği.

Bulimia Nervoza: Cinsel utanma travması, kilo ile ilgili alay edilmesi, utandırılması, anneye karşı ciddi rekabet ve öfke.

Bursit: Görüldüğü bölgeyle ilgili olarak değersizlik, yetersizlik, suçluluk, başarısızlık.

Burun Tıkanıklığı: Koku travması ya da herhangi bir travma sırasında travmayı etraftan gelen koku ile özdeşleştirme.

C-Ç

Candida Mantarı: Bulunduğu organ travmanın ne olduğunu anlatır.

Böbrekteyse ayrılık, bağırsaktaysa sindirilemeyen öfke, derideyse saldırı-pislik travmalarıyla ilgili diyebiliriz.

Chron Hastalığı: Sindirilemeyen öfke.

Cilt Lekesi: Ayrılık travması ya da alt derideyse saldırı ve pislik travması.

Cushing Sendromu: Kaybolma, yanlış yöne gitme travması.

Cücelik: Küçük olduğu için istenilen bir nesneyi ya da hedefi elde edememe ya da kurtulamama travması (hipofiz beziyle ilgili).

Çene Kilitlenmesi (bruksizm): Bir şeyi ısıramamak, diş geçirememek ya da elde edememekle ilgili değersizlik.

Çene Kanseri: Bir şeyi ısıramamak, diş geçirememek ya da elde edememekle ilgili değersizlik.

Çıban: Saldırı ya da pislik travması. Kirletilmiş hissetme. Değersizlik, suçluluk, başarısızlık.

Çölyak: Sindirilemeyen öfke. Travma sırasında glütenin travmayla koşullanmasıyla ilgili.

D

Dalak: Kan travması. Kanlı yaralanma, kan görme.

Damarlar: Değersizlik, suçluluk, başarısızlık. Daha düşük şiddette bu tür travmalar damarlarda görülür. Bulunduğu yer, travmaları bulmak adına önemli ipuçları verir. Kas ve kemiklerdeki kuralla aynıdır.

Demans: Birisini kaybetmek, çok yakın birinin ölümü.

Demir Eksikliği: Değersizlik, suçluluk, başarısızlık.

Depresyon: Her türlü travma olabilir, majör depresyonda cinsel utanma travması da olabilir.

Deri Hastalıkları-Alt Deri (dermis): Alt derideyse; kişiliğe, kimliğe tehdit ya da fiziksel saldırı veya pislik travması.

Deri Hastalıkları-Üst Deri (epidermis): Üst derideyse; terk edilme, ayrılma, birisini kaybetme, ölüm temalı travmalar. Sevdiğim kişi artık bana dokunmuyor, gitti, öldü. Bebeklerde memeden kesilme.

Deri Tüberkülozu: Saldırı ya da pislik travması. Kirletilmiş hissetme.

Dikkat Eksikliği: Ölüm, birisini kaybetmek, ayrı kalmak, özlemek. Sıkça annenin hamilelik travmalarıyla da ilgili olabiliyor. Böyle durumlarda hem kayıp hem de annenin dikkatini belli bir konudan ya da kişiden kaçırmak istemesi durumu olabilir. Annenin acıdan kaçmak için epidural anestezi yaptırması.

Dilde Yara: Harita dil de dahil olmak üzere elde edemediği bir şeyi, yiyeceği aşermek. Özellikle hamilelik dönemi.

Dirsek: Değersizlik, suçluluk, başarısızlık. Kolla ilgili bütün başarısızlıklar genellikle dirseklerde öncelikli olarak çıkabilir. Kolların saramaması, kendini savunamaması, bir spor aktivitesi dahil bir görevi iyi ifa edememesi.

Dışkı Kaçırmak (inkontinans): Alana müdahale. Sınırlarını çizememek.

Diş Çürüğü: Elde edememenin, diş geçirememenin değersizliği. Yemeye izinli olmamak. Aşermek.

Diş Eti Çekilmesi (iltihabı): Genelde bir şeyi fiziksel olarak yemek isteyip yiyememek. Ağzın temas istediği durumların gerçekleşmemesi. Veya emmek ya da öpmek istememek.

Diş Gıcırdatmak-Diş Sıkmak: Elde edememenin değersizliği.

Diş Minesi: Isırmak ya da ısıramamak travması. Isırmak istiyorum.

Dişçi Korkusu: Bazen vücudun bütünlüğüne yapılan tehditlerle ilgili olabilir. Mesela cinsel saldırı travmaları.

Disleksi: Çok küçük yaştaki anneyle ilgili ayrılık travması. Annenin hamilelikte yaşadığı ayrılık ve başarısızlık travmalarıyla da ilgili olabilir.

Diyabet (şeker hastalığı): Kadınlar için: İğrenme, tiksinme ve korku yaşanılan anlık bir travma (taciz, tecavüz gibi korkuyla karışık iğrenme ya da kan, kusmuk, dışkı, iğrenilen bir hayvanın da içinde olduğu travmalar). Erkekler için: Uzun süre mücadele edilmesi, direnilmesi gereken bir durumla karşı karşıya kalma.

Diabetes Insipidus (Yalancı Diyabet): Ayrılık travmaları. Ayrıca taşınmak, bir bölgeyi terk etmek zorunda kalmak, varlığının tehlikeye girdiğini düşünmek. Sudan çıkmış balığa dönmek.

Distoni: MS ve Parkinson'la benzer travma konusu etkilidir. MS başlığında yazıldığı şekliyle çeşitli vücut bölümlerinde olmasına göre hep çok sert yaşanılan ve bu yüzden aşırı çaresizlik içererek kişiye "kal" gelme hissettiren, karar verilemeyen arada kalınan travmalar.

Dişeti Kanaması: Bir şeyi fiziksel olarak yemek isteyip yiyememek. Ağzın temas istediği durumların gerçekleşmemesi.

Dişçi Korkusu: Çoğunlukla bir diş hekimiyle yaşanan kötü bir tecrübeden kaynaklansa da, bazen cinsel taciz travmaları da bu korkuyu tetikleyebilir. Zira vücut bütünlüğüne dışarıdan yapılan müdahale hissi yüzünden kişi diş müdahalelerini de kabul etmeyebilir.

Diz: Değersizlik, suçluluk, başarısızlık. Bacağın yetersiz, başarısız olduğu ve bacakla ilgili suçluluk içerebilecek tüm durumlar. Esnek olamamak, spor benzeri aktivitelerde performansını yeterli bulmama, bir yere gidememek, gitmediği için kendini suçlamak.

Doğum Lekeleri: Hamilelikte yaşanan ayrılık ya da saldırı travması olabilir.

Down Sendromu: Özellikle hamileliğin ilk üç ayındaki işitmeyle ilgili çok sert korku. Birden fazla sesle ilgili travmanın yaşandığı sıklıkla görülmekte.

Duchenne Musküler Distrofi (DMD): "Kal" gelme travması. Kaçamıyorum, savaşamıyorum o halde ölü taklidi yapmalıyım. Donakalmak, kaçamamak, savaşamamak, kurtulamamak, karar verememek.

Dudaklar-Çatlaklık: Söylenen söz ile ilgili değersizlik. Sözlerinin hiçbir anlam ifade etmemesi.

Dürtüsellik: Bebeğin çok acil olarak doğuma alınması. Annenin hamileliğinde düşük veya kaybetme korkusu yaşaması. Yine hamilelik döneminde annenin çok yoğun temas ihtiyacı.

E

Egzama: Sedef, dermatit, kurdeşen, vitiligo benzeri tüm epidermis (üst deri) rahatsızlıkları ayrılık travmalarıyla ilgilidir. Temel Travmalar bölümünde detaylarını okuyabilirsiniz. Egzamanın bulunduğu bölge, beynin ayrılık acısını bizzat yaşadığı yerdir. Ayrılık yaşanan kişinin ona hep dokunduğu, onu kodladığı yerde durum yaşanır. Mesela saçlarda egzama: Kendinden büyük birinin kaybı, saçını okşayan birinin, anne-babanın kaybı. Ellerde egzama, elini tuttuğun birinin kaybıdır. Egzamalar ve tüm üst deri rahatsızlıkları genellikle ayrılmayı istememek, özlemekle ilgiliyse de bazen tam tersi şekilde hayatında bir kişiyi istememek, ayrılmayı şiddetle istemekle de ilintili olabilir. Bu tarz egzamalar kol dışı, dirsekler, elin dışı, diz üstü, kaval kemikleri ve ayak üstünde çıkabilir.

El Titremesi: Özellikle anlık şaşkınlık, kararsızlık ve büyük bir çaresizlik içinde fiziksel olarak bir cismi ya da mecazi olarak bir insanı tutmayı başaramamak, kendini elleriyle korumayı başaramamak, ellerini kullanması gerektiği yerde bunu başaramamak.

Eller ve Kollar (kemikler ve kas dokusu): Âciz kalmak, tutamamak, savunamamak, manuel bir işlemi gerçekleştirememek.

Eller ve Kollar (kas hareketleri): Özellikle motor nöron rahatsızlıkları, mesela el titremesiyle ilgili olarak bu bölüm geçerlidir. Fiziksel olarak bir cismi ya da mecazi olarak bir insanı tutmayı başaramamak, kendini elleri ve kollarıyla korumayı başaramamak, bir şeyi (fiziksel ya da mecazi olarak) elleriyle uzağa itememek.

Ellerin Terlemesi: Pislikle ilgili travma, pis bir şeyi elleme, iğrenme.

Endometriozis (çikolata kisti): Kayıp, ayrılık travmaları.

Epifiz Tümörü: Karanlıkta yaşanan travma.

Epifiz Bezi Tümörü: İstenilmeyen ve beklenmedik bir şekilde uzun süre karanlıkta kalmak zorunda kalma travması.

Epilepsi: Zorla bir yerde hareketsiz bırakılmak, aşı, sünnet ya da doğum kanalında sıkışıp kalmak, zor doğum olabilir. Çocuğun doğum kanalında çok uzun kalması ya da annenin hamilelik ya da doğum sırasında -özellikle çocuğun hareketsiz olması durumunda- ölmesinden korkması da olabilir. Ya da birileri tarafından bağlanıp sıkıca tutulmak, dövülmek. Doktorda, dişçide aşı, iğne yapılırken kıpırdamadan durmak zorunda kalmak. Hareketin zorla engellenmesi. Bazen bir travma sırasında tamamen sıkışmış hissetmek de bu duruma sebebiyet verebilir.

Erken Boşalma: İktidar kaybı, güçlü erkek olamama travması.

Erken Ergenlik: Kaybolma, yanlış yöne gitme travması. Hem soyut hem somut konularda olgunlaşmama travması. Olgunlaşmamakla suçlanmak.

Erken Kıllanma: Kaybolma, yanlış yöne gitme travması.

Erken Menopoz: Tüm kayıp travmaları, boşanma, terk edilme ya da erkeklerin yaşattığı travmalar.

F

Faranjit: Yutmak istememe. Söylenen sözleri kabul etmek istememe, söyleme isteği de olabilir.

Felç (kısmi ya tamamen): "Kal" gelme travması. Kaçamıyorum, savaşamıyorum o halde ölü taklidi yapmalıyım. Donakalmak, kaçamamak, savaşamamak, kurtulamamak, karar verememek.

Fibromiyalji: Değersizlik, başarısızlık, suçluluk.

Fistül: Alana yapılan müdahale.

Friedreich's Ataxia: Beyinde en az iki düşme travmasının beraber bulunması.

G

Ganglion Kisti: Görüldüğü bölgeyle ilgili olarak değersizlik, yetersizlik, suçluluk, başarısızlık.

Gastrit: Alana yapılan müdahale.

Gaz-Bağırsak Gazı-Kolit: Sindirilemeyen öfke.

Geç Ergenlik: Hem soyut hem somut konularda olgunlaşmama travması. Olgunlaşmamakla suçlanmak.

Geniz Akıntısı: Koku travması. Ortamdaki tehlike. Elde edememe, kurtulamama. Özellikle sözü bir türlü söyleyememe, bir türlü söylemek istediklerini anlatamama.

Gırtlak: Alana yapılan müdahale. Dumandan zehirlenme korkusu.

Gigantism (devleşme): Küçük olduğu için istenilen bir nesneyi ya da hedefi elde edememe ya da kurtulamama travması (hipofiz beziyle ilgili).

Glokom (göz tansiyonu): Çok sert genelde arkadan gelen bir tehlikenin korkusu.

Göğüs Kisti: Baskın el kuralı geçerli. Sağlak bir kadınsa sağ taraf baba ya da eş ile ilgili bir sorun, sol taraf anne ya da çocuk ile ilgili bir sorundur. Solaklarda tabii ki kural ters işliyor.

Görme Bozukluğu-Astigmat: Görsel kayıp.

Görme Bozukluğu-Hipermetrop: Uzak mesafedeki sorunu, tehlikeyi görememe (uzağa odaklandığın için yakını görme fonksiyonu bozuluyor). Görsel ayrılık korkusu, çok yüksek korku.

Görme Bozukluğu-Miyop: Yakın mesafedeki sorunu görememe (yakına odaklandığın için uzağı görme bozuluyor). Mesela okuduğun, yakın mesafeden izlediğin bir içerikte tehlike travması yaşama. Görsel ayrılık korkusu, çok yüksek korku.

Göz-Aşırı Göz Kırpma: İş üzerinde yakalanma. Ne yaptığının, planının anlaşıldığı bir travmatik olay. Mesela kopya çekerken yakalanma.

Göz Altı Morluğu: Gözünü uzun süre açık bırakmak zorunda kalmak.

Göz-Blefarit: Gördüğü bir manzaradan rahatsız olmak. Hayata veya birine duyulan yüksek öfke.

Göz-Camsı Cisim: Saldırı, özellikle de arkadan saldırı korkusu.

Göz-İris: Görmek istediğin bir şeyi görememek ya da görmek istemediğin bir manzarayla karşı karşıya kalmak.

Göz Kanlanması: Görsel ayrılık.

Gözkapağı Düşüklüğü: Gözünü gerekli zamanda açmayı ya da kapamayı başaramamak. Mesela bir saldırıda gözünü kapatamamak. Ya da açık tutman gerektiği bir durumda uyuyakalmak benzeri travmalar olabilir.

Göz-Lensler (katarakt): Görsel ayrılık. Onu bir daha göremeyeceğim, gözlerim hep onu arıyor, onu görmeden nasıl yaparım...

Göz-Keratakonus: Görsel ayrılık.

Göz-Konjonktiva: Görsel ayrılık. Onu bir daha göremeyeceğim, gözlerim hep onu arıyor, onu görmeden nasıl yaparım... Ayrıca gördüğü bir manzaradan rahatsız olmak.

Göz-Kornea-Kreatitis: Güçlü görsel ayrılık.

Göz Kuruluğu: Görsel ayrılık ya da görmek istemediği manzarayla karşılaşma. Ağlaması yasaklanma, ayıplanma. Otoriterlik ve ceza korkusu.

Göz-Kristalin: Görsel ayrılık.

Göz-Makula Dejenerasyonu: Çok yüksek korku. Özellikle saldırgan korkusu.

Göz-Nistagmus: Belli bir yöne bakmak istememek veya belli bir yöne bakmaya izin verilmemesi.

Göz-Retina: Çok yüksek korku. Özellikle saldırgan korkusu.

Göz Tembelliği: Özellikle de anne ya da babadan ayrılma travması.

Göz-Sarı Nokta: Ayrılık, kayıp travması. Çok yüksek korku.

Göz Seğirmesi: Bir şeye çok şaşırma, şok olma. Göz kaslarındaki iyileşme krizi anlamına geliyor.

Göz Tansiyonu: Özellikle de arkadan yapılan büyük bir saldırı.

Gözler-Tavuk Karası-Retinitis Pigmentosa: Gördüğü bir manzaradan rahatsız olmak. Birinin ölümüne şahit olmak.

Gözyaşı Bezi Tümörü-İltihabı: Genelde sağ göz, görmek istediğini görememek, görsel bir kayıp, ayrılıktır. Sol gözse görmek istemediğin bir manzarayla karşılaşmakla ilgilidir.

Gözde Kaşıntı: Görsel ayrılık.

Grip/Nezle: Koku travması. Burundan kötü koku ya da tehlike sinyali hissetme. Bu gerçek anlamda kötü bir kokudan yaklaşan bir tehlikeyi koklama ihtimaline ya da burundan virüs alma korkusuna kadar birçok durumu kapsayabilir.

Guatr: Kadınlar için: aşırı âciz kalma travması. Erkekler için: önden gelen tehlike.

Guatr (sert): Elde edememe ya da kurtulamama (söyleyememe, konuşamama).

Guillain-Barré Sendromu: "Kal" gelme travması. Kaçamıyorum, savaşamıyorum o halde ölü taklidi yapmalıyım. Donakalmak, kaçamamak, savaşamamak, kurtulamamak, karar verememek.

Gut: Değersizlik, suçluluk, başarısızlık travmalarının ayrılık travmalarıyla beraber yaşanması. Ayrılık derken ayrıca taşınmak, bir bölgeyi terk etmek zorunda kalmak, varlığının tehlikeye girdiğini düşünmek. Sudan çıkmış balığa dönmek.

Gül Hastalığı: Diğer tüm üst derideki sıkıntılar gibi ayrılık travması anlamına gelmektedir (Bkz: Egzama).

H

Hafıza Kaybı: Ayrılık acısı. Beyin ayrılık travmalarında acıyı minimize etmek için unutkanlıktan dikkat bozukluğuna, demanstan Alzheimer'a varan birçok farklı süreç başlatabilir.

Hallux Valgux: Ayakla ilgili olarak değersizlik, yetersizlik, suçluluk, başarısızlık. Gidememe, ayakta duramama, hızlı olamama.

Hapşırmak: Koku travmasının iyileşme krizi.

Harita Dil: Bir şeyi yediği için pişman olmak. Mesela yanlışlıkla oruç bozup bundan yüksek derecede suçluluk hissetmek.

Hassas Bağırsak Sendromu: Sindirilemeyen öfke.

Hashimoto: Elde edememek, kurtulamamak.

Hashimoto Tiroidi: Elde edememe ya da kurtulamama (söyleyememe, konuşamama). Sağ taraf istenilen bir fiziksel nesne ya da mecazi bir durumu elde edememek, sol taraf dışarı atamamak. İstemek bir yiyecekten kariyere, ödüle, paraya kadar birçok durumu kapsayabilir. Kurtulmaksa örneğin okula teslim edilmesi gereken bir ödev, kurtulmak istenilen bir kişi, hastalık, görev olabilir. Ayrıca söylemek isteyip bir türlü söyleyemediğimiz sözler ağzın sol tarafında sorunlar yaratabilir. Baskın el kuralı geçerli değildir.

Hemoroid: Alana müdahale travması ya da sindirilemeyen öfke. Bir olayı, konuyu, sözü, parçayı hazmedememe, sindirememe, içine oturma, ağırına gitme... Özellikle çok aşağılık görülen konularda bir olayı, sözü hazmedememe.

Hepatit: Alana yapılan müdahale.

Hıçkırık (uzun süreli): Ani çok yüksek korku.

Hiperaktivite: Zorla bir yerde kıstırılıp hareket etmesine izin vermemek, epilepsi ve huzursuz bacak sendromuna benzer travmalar. Bir çocuğun zor doğumu ya da annesinin hamilelik sırasında yaşadığı, hareket edemediği travmalar. Hamilelik döneminde annenin çocuğun ölümünden korktuğu bir travmada çocuğun hareket edip yaşadığını kanıtlamasını istemesiyle tetiklenebiliyor. Böylece çocuğun beyni bu durumda takılarak çocuğu sürekli hareket eden hiperaktif bir çocuk olmasına sebebiyet verebiliyor.

Hipertansiyon (yüksek tansiyon): Sıvı travması.

Hipertiroidi: Elde edememe ya da kurtulamama (söyleyememe, konuşamama). Sağ taraf istenilen bir fiziksel nesne ya da mecazi bir durumu elde edememek, sol taraf dışarı atamamak. İstemek bir yiyecekten kariyere, ödüle, paraya kadar birçok durumu kapsayabilir. Kurtulmaksa örneğin okula teslim edilmesi gereken bir ödev, kurtulmak istenilen bir kişi, hastalık, görev olabilir. Ayrıca söylemek isteyip bir türlü söyleyemediğimiz sözler ağzın sol tarafında sorunlar yaratabilir. Baskın el kuralı geçerli değildir.

Hipofiz Adenom: Genelde çocuk gibi birine bakamama, çocuk gibi görülen konularla ilgili sorunlar. Küçük olma travması. Bir başka deyişle kişinin küçük olmanın dezavantajlarını yaşadığı olaylar. Mesela fiziksel şiddet, kendini savunamama.

Hipoglisemi: Kadınlar için: İğrenme, tiksinme ve korku yaşanılan anlık bir travma (taciz, tecavüz gibi korkuyla karışık iğrenme ya da kan, kusmuk, dışkı, iğrenilen bir hayvanın da içinde olduğu travmalar). Erkekler için: Uzun süre mücadele edilmesi, direnilmesi gereken bir durumla karşı karşıya kalma.

Hipotansiyon (düşük tansiyon): Sıvı travması. Aşırı güçsüz hissetme.

Hipotiroidi: Elde edememe ya da kurtulamama (söyleyememe, konuşamama). Sağ taraf istenilen bir fiziksel nesne ya da mecazi bir durumu elde edememek, sol taraf dışarı atamamak. İstemek bir yiyecekten kariyere, ödüle, paraya kadar birçok durumu kapsayabilir. Kurtulmaksa örneğin okula teslim edilmesi gereken bir ödev, kurtulmak istenilen bir kişi, hastalık, görev olabilir. Ayrıca söylemek isteyip bir türlü söyleyemediğimiz sözler ağzın sol tarafında sorunlar yaratabilir. Baskın el kuralı geçerli değildir.

Hodgkin Lenfoma: Değersizlik, suçluluk, başarısızlık.

Horlama: Elde edememe, kurtulamama. Özellikle söyleyememe, ifade edememe. Gece yaşanmış travmatik olaylar. Gece nefes alınamayan travmatik olaylar.

Huntington Hastalığı: "Kal" gelme travması. Kaçamıyorum, savaşamıyorum o halde ölü taklidi yapmalıyım. Donakalmak, kaçamamak, savaşamamak, kurtulamamak, karar verememek.

Huzursuz Bacak Sendromu: Gitmek istenen yere gönderilmemek, alıkonulmak, hapsedilmek. Bazen de zorla istemediğin bir yere gönderilmek.

Huzursuz Bağırsak Sendromu (IBS): Sindirilemeyen öfke.

I-İ

İğne Korkusu: Çoğunlukla iğneyle yaşanan kötü bir tecrübeden kaynaklansa da, bazen cinsel taciz travmaları da bu korkuyu tetikleyebilir. Zira vücut bütünlüğüne dışarıdan yapılan müdahale hissi yüzünden kişi iğne vurulmayı kabul etmeyebilir.

İdrar Kaçırma (enürezis): Alana müdahale travması. Otoriter baba, sert aile çatışmaları olabilir.

İdrar Yolları Enfeksiyonu: Alana müdahale travması. Sınırını çizememek.

İdrara Çıkamama (anüri): Aşırı korkulan bir olay. Ayrılık travmaları. Ayrıca taşınmak, bir bölgeyi terk etmek zorunda kalmak, varlığının tehlikeye girdiğini düşünmek. Sudan çıkmış balığa dönmek.

İdrara Sık Çıkma (poliüri): Alana yapılan müdahale. Ayrılık travmaları.

İdrarda Protein Kaçağı: Yalnız bırakılma, terk edilme, birisini kaybetme ya da sıvı travması.

İktidarsızlık-Cinsel Yetersizlik: Cinsel ilişki sırasında yaşanan travmalar, başka bir erkek ile iktidar mücadelesinin kaybedilmesi, alana müdahale travmaları.

İltihaplı Romatizma: Değersizlik, suçluluk, başarısızlık. Romatizma bölgesi travmanın detaylarını verecektir.

İnce Bağırsak: Sindirilemeyen öfke.

İshal: Sindirilemeyen öfke. Ayrıca bağırsakların iyileşme ödemini hızlıca attığı iyileşme krizidir.

İştahsız Çocuk (düşük kilolu): Bebeğin küvez ya da yoğun bakımda kalması. Annenin hamileliği gizlemek zorunda kalması. Annenin cinsel utanma travması. Hamilelik dönemi veya öncesinde ebeveynlerin ayrılık ihtimali, travması. Bebeğin cinsiyeti ile ilgili hayal kırıklığı yaşanması.

İnsülin Direnci: Kadınlar için: İğrenme, tiksinme ve korku yaşanılan anlık bir travma (taciz, tecavüz gibi korkuyla karışık iğrenme ya da kan, kusmuk, dışkı, iğrenilen bir hayvanın da içinde olduğu travmalar). Erkekler için: Uzun süre mücadele edilmesi, direnilmesi gereken bir durumla karşı karşıya kalma.

İstemsiz Hareketler ve Seğirmeler: Kal gelme, donakalma, karar verememe benzeri travmatik olaylar.

İşitme Kaybı: Genellikle sağ kulak duymak istediğin bir sesi ya da bilgiyi duyamamak (işitsel kayıp, ölüm) sağ kulaksa istemediğin bir sese, habere, söze maruz kalmak. Hamilelikte annenin ve çocuğun maruz kaldığı gürültü de olabilir.

İTP (İmmün trombositopenik purpura): Değersizlik, yetersizlik, suçluluk, başarısızlık.

J

Jinekomasti: Pasif, edilgen baba modeli alan çocuk. Bir annenin oğluna sürekli babasını kötülemesi.

K

Kabızlık: Sindirilemeyen öfke. Aidiyetsiz hissetme, alandan ayrılma. Cinsel değersizlik.

Kadınlarda Tüylenme: Kaybolma, yanlış yöne gitme travması.

Kafa: Değersizlik, suçluluk, başarısızlık. Özellikle entelektüel değersizlik.

Kafatasında Kemik Büyümesi: Değersizlik, suçluluk, başarısızlık. Özellikle entelektüel değersizlik.

Kalça: Değersizlik, suçluluk, başarısızlık. Cinsel değersizlik.

Kalp Çarpıntısı: Kalp krizi geçirme korkusu, kalbin görevini yapmadığıyla ilgili travmatik olaylar.

Kalp Damarları-Arter: Değersizlik, suçluluk, başarısızlık.

Kalp Kası: Aşırı genel stres.

Kalp Krizi (koroner kalp damarları): Temel travmalarda bölgedeki savaş travmaları. Stresin aniden ortadan kalkması ile iyileşme krizi. Emeklilik sonrası çok huzurlu bir yere taşınma benzeri durumlar olabilir.

Kalp Krizi (kalp kası): Kaldırılamayacak kadar çok stres. Yine stres azaldığında iyileşme krizinde kasın spazmı.

Kalp Ritim Bozukluğu: Genel bir korku, kalbin görevini yapmadığıyla ilgili travmatik olaylar.

Kalp Üfürümü: Hamilelikte yüksek suçluluk duygusu. Kalple ilgili korkular, kalp krizine şahit olmak, kalp krizinden yakını kaybetmek, ailede kalp hastalığının ve ölüm ihtimalinin sürekli konuşulması.

Kalp Zarı (perikart) hastalıkları: Kalbe fiziksel saldırı tehdidi. Ameliyat korkusu da olabilir.

Kalp Zarı İltihabı (perikardit): Kalbe saldırı korkusu. Kalp ameliyatı korkusu da bu durumu tetikleyebilir.

Kan Damarları: Değersizlik, suçluluk, başarısızlık.

Kansızlık (anemi): Değersizlik, suçluluk, başarısızlık.

Kaposi Sarcoma (KS): Saldırı ya da pislik travması. Kirletilmiş hissetme.

Karaciğer: Açlık korkusu ve travması.

Karaciğer Yağlanması: Açlık korkusu ve travması.

Karpal Tünel Sendromu: Elleri kullanmakla ilgili değersizlik, suçluluk, başarısızlık. Mesela gitar, piyano benzeri müzik aletlerinde, bilgisayar klavyesi kullanırken kendini yetersiz, başarısız hissetmek. Elle yapılan bir sporda başarısızlık.

Kaslar: Değersizlik, suçluluk, başarısızlık.

Karın Zarı (periton): Karna fiziksel saldırı tehdidi. Ameliyat korkusu ya da travması olabilir.

Karın Zarı İltihabı (peritonit): Karına saldırı korkusu. Karında yapılacak bir ameliyatın korkusu da bu durumu tetikleyebilir.

Kas Kaybı (atrofi): Değersizlik, suçluluk, başarısızlık.

Kas Krampları: "Kal" gelme travması. Kaçamıyorum, savaşamıyorum o halde ölü taklidi yapmalıyım. Donakalmak, kaçamamak, savaşamamak, kurtulamamak, karar verememek. Kramplar iyileşme krizinin belirtisidir.

Kasık Kemiği: Değersizlik, suçluluk, başarısızlık. Cinsel değersizlik.

Kaş-Kirpik Yolma: Cinsel utanma travması. Babaya yüksek öfke.

Kaşıntı: Ayrılık travmaları. Özellikle de bir bölgeden, yurttan, evden ayrılık. Özlediğin, sevdiğin bir yeri terk ettin veya sevdiğin birinden ayrı kaldın, birini kaybettin. Bazen pislik ya da saldırı travmaları da olabilir.

Kedi Korkusu: Genellikle travması hatırlanmaz. Çok az kişide travma saldırı, tırmalama gibi durumları kapsar. Ama çözülmesi için zaten travmaya gidilmeden NeuroFormat çalışılması yeterli olmakta. Genellikle kısa sürede tamamen çözülmektedir. Ancak diğerlerine göre çok daha yoğun olan kedi fobilerinde zaman zaman temelde cinsel utanma travmaları görülebilmektedir.

Kekemelik: Ani bir sert korku. Ya da konuşulamayan, ağlamaya izin verilmeyen bir travma.

Kellik: Özellikle de kendinden büyük birinin kaybı, saçını okşayan biri, anne-baba kaybı.

Keloid: Bağdoku sorunları değersizlik, suçluluk, başarısızlık travmalarıyla ilgilidir. Görüldüğü bölgeyle ilgili olarak değersizlik, yetersizlik, suçluluk, başarısızlık.

Kemik Erimesi: Değersizlik, suçluluk, başarısızlık.

Kemik İliği: Değersizlik, suçluluk, başarısızlık.

Kemik Zarı (periost): Çok şiddetli ayrılık ve acının (kendine ya da diğerine fiziksel acı çektirmek) bir arada olduğu travmalar. Ya ayrılık üzüntüsünü yaşayan ya da ayrılan kişi, travması sırasında o fiziksel acıyı çekiyor olabilir.

Kepek: Kayıp ayrılık, ölüm, terkedilme travmaları.

Kıkırdak: Değersizlik, suçluluk, başarısızlık. Bulunduğu yere göre kemik ve kaslarla aynı travma teması geçerli.

Kıl Dönmesi: Saldırı travması. İlgili bölgede saldırı hissetme. Çok derin bir ayrılık, kayıp travması.

Kıllanma (aşırı): Kaybolma, yanlış yöne gitme travması.

Kısırlık (infertilite): Kadında ve erkekte her türlü kayıp travmaları. Kürtaj, hamilelikte çocuk kaybında yaşanan üzüntüler en büyük sebeplerden olabilir. Kadında özellikle çocuğun doğacağı dünyaya, finansal duruma, kocaya güvenmeme benzeri korkular. Ayrıca bazen çocuk yapmaya aşırı takmak da bu durumun kronikleşmesine sebep olabilir.

Kifoz: Değersizlik, suçluluk, başarısızlık. Aşağılanma, rezil olma. Çok temel değersizlik.

Kireçlenme: Değersizlik, suçluluk, başarısızlık.

Kistik Fibrozis: Nefes alamama, boğularak ölme korkusu.

Klostrofobi (Kapalı alan korkusu): Deprem, kapalı kalma, boğulma, boğazına yiyecek takılma, nefessiz kalma travmaları. Özellikle panik atak, uçak fobisi ve klostrofobi birbiriyle ortak travmalarla tetiklendiklerinden çoğu kez beraber görülebilmektedir.

KOAH: Çok ciddi ölüm korkusu, alana yapılan müdahale.

Kolestrol: Alana müdahale, alanda savaş ve temel değersizlik, yetersizlik, suçluluk, başarısızlık travmaları.

Kolik: Sindirilmeyen öfke. Bir olayı, konuyu, sözü hazmedememe, sindirememe, içine oturma, ağırına gitme.

Kollar ve Eller: Fiziksel olarak bir cismi ya da mecazi olarak bir insanı tutmayı başaramamak, kendini elleri ve kollarıyla korumayı başaramamak, bir şeyi (fiziksel ya da mecazi olarak) elleriyle uzağa itememek.

Kolon-Kalın Bağırsak: Bir olayı, konuyu, sözü, parçayı hazmedememe, sindirememe, içine oturma, ağırına gitme.

Kolon Kanseri: Sindirilemeyen öfke. Özellikle hazmedilmek zorunda kalınan daha aşağılık konularda.

Koltukaltı Yağ Bezesi: Elde edememek, aşermek, canı bir şey istemek.

Konversiyon Bozukluğu: Cinsel utanma travması.

Köpek Korkusu: Genellikle hatırlanan bariz bir saldırı, havlama benzeri travmalar söz konusudur. Ama çözülmesi için zaten travmaya gidilmeden NeuroFormat çalışılması yeterli olmakta. Genellikle kısa sürede tamamen çözülmektedir.

Kulak Enfeksiyonu-Ağrısı-Ortakulak: Önemli bir bilgiyi duyamama ya da duyulan bir sesten kurtulamama. Sol kulak genellikle duymak isteyip duyamama, sağ kulaksa istemediği bir sesi, sözü duymak zorunda kalma.

Kulak Altı Tükürük Bezleri: Elde edememek, kurtulamamak.

Kulak Çınlaması-Tinnitus: Bir travma sırasında özellikle de bir travmatik "haber" alırken beynin o travma ile ortamdaki baskın sesi koşullandırıp ilişkilendirmesi. O yüzden kulak çınlaması ne sesine benziyor? Travmayı bulabilmek için şu soruyu sorun: Ben hangi travmam sırasında bu sesi duymuş olabilirim?

Kulak Polipleri: Önemli bir bilgiyi duyamama ya da duyulan bir sesten kurtulamama. Sol kulak genellikle duymak isteyip duyamama, sağ kulaksa istemediği bir sesi, sözü duymak zorunda kalmak.

Kulak Vestibüler Sistem: Bkz. Vertigo.

Kulakta Mantar: Duymak istemediği kötü söz, haber.

Kurdeşen: Ayrılık, kaybetme travması. Özellikle bir yerden ayrılma travmalarının kurdeşenleri sıkça tetiklediğine şahit olduk.

L

Larenjit: Yüksek korku ya da alana yapılan müdahale.

Leğen Kemiği: Cinsel değersizlik.

Lenfler: Değersizlik, suçluluk, başarısızlık. İşe yaramama, bedenin bir bölümünün işe yaramaması, gereksiz, âciz, işe yaramaz biri gibi hissetmek.

Lenfoma: Değersizlik, suçluluk, başarısızlık.

Lenf-Ödem: Çirkinlik, başarısızlık, suçluluk ve ayrılık travmaları beraber tetiklendiğinde ortaya çıkabilir.

Lipoma: Görüldüğü bölgeyle ilgili olarak değersizlik, yetersizlik, suçluluk, başarısızlık.

Lordoz: Değersizlik, suçluluk, başarısızlık. Kimlikle ilgili değersizlik, yardım görememe, tek başına bırakılma.

Lösemi: Değersizlik, suçluluk, başarısızlık.

Lupus: Ayrılık ve değersizlik, suçluluk, başarısızlık travmaları.

M

Makat Çatlağı: Alana müdahale travması.

Mantar: Eğer tırnak veya ciltteyse bulunduğu bölgede pislik, iğrenme ve saldırı travmaları. Diğer organlardaysa travma o organın bölümlerine (dokusuna) göre değişecektir. Mesela bağırsaklar sindirilemeyen öfke, genital bölge pislik hissedilen durumlar ya da böbrekler ayrılık travmaları olabilir.

Megalomani: Cinsel utanma travması, şiddetli değersizlik travmalarıyla beraber.

Melanom: Saldırı ya da pislik travması. Kirletilmiş hissetme.

Meme Kanseri (ve kistler): En çok bulunan iki türü var. Duktal ve meme bezi kaynaklı. Her ikisinin de travmaları birbirine benziyor. Memenin bütün bölümlerinde baskın el kuralı geçerli.

Menopoz (erken): Kayıp ve ayrılık travmaları.

Meniere: Düşme ya da birisini düşerken görme ve işitme travmalarının beraber yaşanması. Fiziksel olduğu kadar mecazi mesela statü ya da maddi olarak düşme olabilir.

Mesane-Mukoza: Alana yapılan müdahale.

Mesane Torbası: Alana yapılan müdahale travmaları.

Mide: Onikiparmak Bağırsağı Kanseri: Sindirilmeyen öfke. Bir olayı, konuyu, sözü hazmedememe, sindirememe, içine oturma, ağırına gitme.

Mide Fıtığı: Reddedilme travması, köşeye sıkıştırılma, tuzağa düşme.

Mide Ülseri: Alana yapılan müdahale.

Mide-Yemek Borusu: Sindirilmeyen öfke. Bir olayı, konuyu, sözü hazmedememe, sindirememe, içine oturma, ağırına gitme.

Migren: Migrenin travması her şey olabilir. Belirlenemez. Migren, travmadan sonra süreç rahatlayınca hem organın hem beynin iyileşme dönemine girmesinden sonra iyileşme ödeminin iyileşme krizi sırasında hızlıca atılma çabasıdır.

Miyom-Rahimde: Bir kadının üreyememesi, cinsellikle ilgili performansı ya da çocuk doğurmayla ilgili yaşadığı sıkıntılar ya da erkeklerle ilgili yaşadığı tüm travmalar.

MS: "Kal" gelme travması. Kaçamıyorum, savaşamıyorum o halde ölü taklidi yapmalıyım. Donakalmak, kaçamamak, savaşamamak, kurtulamamak, karar verememek.

MS-Bacaklar: Gideceği yer konusunda kararsız kalma.

MS-Boyun: Bakakalma ya da olay sırasında başını çevirememe.

MS-Eller: Tutamama, olay sırasında ellerle ne yapacağını bilememe.

MS-Kol: Kendini savunamama. Olay sırasında kollarıyla kendini savunamama, kollarıyla ne yapacağını bilememe.

MS-Omuz-Sırt: Kaçamama, yoldan çekilememe.

MS-Yüz: Utanma, rezil olma.

Myastenia Gravis (MG): "Kal" gelme travması. Kaçamıyorum, savaşamıyorum o halde ölü taklidi yapmalıyım. Donakalmak, kaçamamak, savaşamamak, kurtulamamak, karar verememek.

N

Nasır: Ayrılık, kayıp travmaları. İstemediği halde ayrılmak zorunda kalmak. Ya da terk etmek, ayrılmak istemek.

Nefrit: Yalnız bırakılma, terk edilme, birisini kaybetme. Hastaneye yatırılma ve orada kendini yalnız hissetme de bu durumu tetikleyebilir.

Nefrotik Sendrom: Yalnız bırakılma, terk edilme, birisini kaybetme ya da sıvı travması.

Nörofibromatozis (NF): Dokunulmak istememek, herhangi bir dokunuş tecrübesinin çok acılı geçmiş olması.

Nöropatik Ağrılar: Çok şiddetli ayrılık ve acının (kendine ya da diğerine fiziksel acı çektirmek) bir arada olduğu travmalar. Ya ayrılık üzüntüsünü yaşayan ya da ayrılan kişi travma sırasında o fiziksel acıyı çekiyor olabilir.

O

OKB-Takıntılar: Cinsel utanma travması.

Omuz ve Sırt (kas hareketleri): (Motor nöron) Yeterince hızlı bir şekilde yana doğru hamle yapamamak.

Omuz ve Sırt (kemik ve kaslar): Değersizlik, suçluluk, başarısızlık. Aileye bakamamak, aileyle ilgili sorunlar olabilir. Baskın el kuralı geçerli.

Onikiparmakbağırsağı: Sindirilmeyen öfke. Bir olayı, konuyu, sözü hazmedememe, sindirememe, içine oturma, ağırına gitme.

Osteoporoz: Değersizlik, suçluluk, başarısızlık.

Osteosarcoma: Görüldüğü bölgeyle ilgili olarak değersizlik, yetersizlik, suçluluk, başarısızlık.

Otizm: Çok sert korku. Bebek ya da çocuk o kadar korkuyor ki beyin tamamen bağlantıyı kesiyor.

Ö

Ödem: Genel ödemin fazla olması ayrılık, kayıp travmalarıyla ilgili. Ayrıca taşınmak, bir bölgeyi terk etmek zorunda kalmak, varlığının tehlikeye girdiğini düşünmek. Sudan çıkmış balığa dönmek. Ayrıca lokal ödemler, bir bölgenin iyileşmekte olduğunu gösterir. Zira her türlü iyileşme ödem ile gerçekleşir.

Öksürük (kuru): Alana yapılan müdahale travmaları.

P

Panik Atak: Üç farklı tür travması var. Boğulmak, kapalı ve nefessiz kalmak. Mesela deprem benzeri bir olayda havasız kalmak, nefes alamamak. Empati yapan biri için bir yakını defnedilirken izlemek de benzer etki yaratabilir. İkincisi kalp krizi konulu travmalar. Örneğin kalp krizi geçiren birini görmek. Üçüncüsüyse bayılma ya da bir madde kullanımıyla aklı kontrol edememe korkusu.

Pankreas: Sindirilemeyen öfke. Özellikle aileyle tartışma, aileden destek görememe, ailenin maddi konularda desteklemediğini hissetmek, vaat edilen veya hak edilen şeyleri alamamak, maddi sorunlar yüzünden hayati tehlike algılamak, parasızlık korkusu, miras kavgaları, anlaşmazlıkları.

Pankreas Alfa Hücreleri-Düşük Kan Şekeri: Kadınlar için: İğrenme, tiksinme ve korku yaşanılan anlık bir travma (taciz, tecavüz gibi korkuyla karışık iğrenme ya da kan, kusmuk, dışkı, iğrenilen bir hayvanın da içinde olduğu travmalar). Erkekler için: Uzun süre mücadele edilmesi, direnilmesi gereken bir durumla karşı karşıya kalma.

Pankreas Beta Hücreleri-Yüksek Kan Şekeri: Kadınlar için: İğrenme, tiksinme ve korku yaşanılan anlık bir travma (taciz, tecavüz gibi korkuyla karışık iğrenme ya da kan, kusmuk, dışkı, iğrenilen bir hayvanın da içinde olduğu travmalar). Erkekler için: Uzun süre mücadele edilmesi, direnilmesi gereken bir durumla karşı karşıya kalma.

Pankreas-Mukoza-Pankreas İltihabı: Alana yapılan müdahale.

Pankreatit: Parasal paylaşımlarla ilgili büyük öfke ya da alana yapılan müdahale.

Paranoya: Cinsel utanma travması.

Paratiroit Bezleri: Elde edememe ya da kurtulamama.

Parkinson: Kal gelme benzeri motor nöron travması. Bir başka deyişle, MS'e benzer şekilde karar verememek, hareket edememek. Parkinson, motor nöron programının iyileşme döneminde takılarak sürekli spazm yaratmasıdır. Hastalıktan dolayı hissedilen işe yaramazlık, rezil olma hissi hastalığı kalıcı hale getiriyor.

Parmak Emme: Memeden aniden ve istemeden kesilmek.

Penis: Penetrasyon, üreme tehdit travması.

Periton (karın zarı): Kanser dahil karına yapılan saldırı travmalarıyla ilgili. Ameliyat ve ameliyat korkusu da bu durumu yaratabilir.

Plevra-Akciğer Zarı İltihabı (plörizi): Akciğere saldırı korkusu. Akciğer ameliyatı korkusu da bu durumu tetikleyebilir.

Polen Alerjisi: Bahar ayında travma, sorunun polenlerle ilişkilendirilmesi, annenin hamilelikte polenle ilişkilendirebileceği travma yaşaması.

Polikistik Over: Birisini kaybetme, ölüm. Baskın el kuralı geçerli. (Sağlak için sağ: baba, eş, sol: anne, çocuk.)

Prolaktin Hormonunun Artışı: Genelde çocuk gibi birine bakamama, çocuk gibi görülen konularla ilgili sorunlar. Küçük olma travması. Bir başka deyişle kişinin küçük olmanın dezavantajlarını yaşadığı olaylar. Mesela fiziksel şiddet, kendini savunamama.

Prostat: İktidar kaybı, cinsel değersizlik, erkek gibi hissedememe. Emekli oldum, kendimi yaşlı ve işe yaramaz hissediyorum, ailem beni evin direği olarak görmüyor artık.

Protein Eksikliği: Özellikle endoderm dokusunda bulunan kist ve tümorlerin bakteriler tarafından temizlendiği vücuttan atıldığı dönemde, bakteriler protein eksikliğine sebep olabilirler. Bu yüzden birçok travma türü bu duruma sebebiyet verebilir.

Psikozlar: Cinsel utanma travması. Erkeklerde bazen çok şiddetli alana müdahale travmaları da bu durumu tetikleyebiliyor. *Önemli uyarı:* Tüm psikoz vakalarında çalışma yapmak büyük riskler içerebilir. Zira kişinin özellikle de intihar eğiliminin olması, kendisine ya da başkasına şiddet gösterme ihtimali olması, çalışma sonrası dönemde çok zor bir süreç yaşanma ihtimalini ortaya çıkarıyor. Belirli ilaçlarla dengede olan bir duruma, tıpkı sakin bir arı kovanına çomak sokulması gibi bir etkisi olabilir. Böyle bir çalışma sadece yetkin kişiler tarafından gerçekleştirilmelidir. NeuroFormat ile bu sürece müdahale sadece tam teşekküllü, kişinin 24 saat kontrol edilebildiği, psikiyatrist denetimindeki özel kliniklerde gerçekleştirilebilir.

R

Rahim: Cinsel yetersizlik, çirkinlik travması. İlişki sorunları, yaşlanıyorum, çirkinleştim, menopoza giriyorum, ilişki sorunları yaşıyorum, artık çocuk da yapamam, ben yetersizim, dişiliğimi kaybettim, gençliğim, güzelliğim ve üretkenliğimden eser kalmadı, beni kimse beğenmiyor. İstesem de artık hamile kalamam.

Rahim Ağzı (ülser, âdetten kesilme, tümör): Erkeklerin yaşattığı cinsel travma, terk edilme, aldatılma, boşanma. Sevgilimden, eşimden ayrıldım, iğrenç bir adam bu, bu ilişki iğrenç gidiyor. Beni kullandı ve çekip gitti. Bu adama güvenilmez. Bundan çocuk doğurulmaz.

Rahim Ağzı Kasları: Cinsel yetersizlik, çirkinlik travması. İlişki sorunları, yaşlanıyorum, çirkinleştim, menopoza giriyorum, ilişki sorunları yaşıyorum, artık çocuk da yapamam, ben yetersizim, dişiliğimi kaybettim, gençliğim, güzelliğim ve üretkenliğimden eser kalmadı, beni kimse beğenmiyor. İstesem de artık hamile kalamam.

Rahim-Dölyatağı Borusu: Cinsel travma, çirkinlik travması. İftiraya uğradım, hafif meşrep sandılar, dedikoduya maruz kaldım tarzı utançlar.

Rahimde Polip/Miyom/Kist: Cinsel yetersizlik, çirkinlik travması. İlişki sorunları, yaşlanıyorum, çirkinleştim, menopoza giriyorum, ilişki sorunları yaşıyorum, artık çocuk da yapamam, ben yetersizim, dişiliğimi kaybettim, gençliğim, güzelliğim ve üretkenliğimden eser kalmadı, beni kimse beğenmiyor. İstesem de artık hamile kalamam.

Raynaud Hastalığı: Çok şiddetli ayrılık ve acının (kendine ya da diğerine fiziksel acı çektirmek) bir arada olduğu travmalar. Ya ayrılık üzüntüsünü yaşayan ya da ayrılan kişi travma sırasında o fiziksel acıyı çekiyor olabilir.

Rektum: Sindirilemeyen öfke. Özellikle çok aşağılık görülen konularda bir olayı, sözü hazmedememe. Hemoroid ve rektum kanseri.

Rektum-Mukoza: Alana müdahale travması. Hemoroid ve ağrılı ülser.

Reflü: Çok yüksek seviyede sindirilemeyen öfke.

Rinit (saman nezlesi): Koku travması.

Ritim Bozukluğu: Çok yüksek seviyede stres ya da kalbin işlevini yeterince iyi yapamadığına dair travmalar. Mesela kalp krizi geçirdiğini zannetmek, birisini kalp krizi geçirirken görmek.

Romatizma: Değersizlik, suçluluk, başarısızlık. Bazen kişinin genel psikolojisi ile ilgili, bazen de belli bir vücut parçasının başarısızlığı.

Romatoid Artrit: Değersizlik, suçluluk, başarısızlık.

S

Saç Beyazlaması: Kayıp, ayrılık. Özellikle büyüklerin kaybında ve özellikle de travma sırasında ölen kişinin saçlarıyla ilgili bir konu gündeme gelirse.

Saç Dökülmesi-Kellik: Aile büyüklerinden birinin kaybı, ayrılık, terk edilme travması, dokunulmayı özlemek. Ya da ayrılmak istemek, dokunulmasını istememek.

Saç Kepeği: Ayrılık, özellikle büyük birisini kaybetmek.

Saçta Egzama: Başını okşayan, yaşça büyük birisini (anne-baba) kaybetmek.

Saç Koparma: Cinsel utanma travması. Babayla şiddetli tartışmalar ve öfke.

Saçkıran (alopesi): Başını okşayan, yaşça büyük birisini (anne-baba) kaybetmek.

Safra Kesesi: Alana yapılan müdahale. Benim alanımı nasıl işgal ederler, rekabetten bıktım, burası bana aitti. Benim kişisel sınırlarımı ihlal etmeye çalışıyorlar. Betim benzim attı, sinirden sapsarı oldum, sinirden patlayacağım.

Safra Kesesi Taşı: Alana yapılan müdahale. Benim alanımı nasıl işgal ederler, rekabetten bıktım, burası bana aitti. Benim kişisel sınırlarımı ihlal etmeye çalışıyorlar. Betim benzim attı, sinirden sapsarı oldum, sinirden patlayacağım.

Sarılık: Alana yapılan müdahale. Benim alanımı nasıl işgal ederler, rekabetten bıktım, burası bana aitti. Benim kişisel sınırlarımı ihlal etmeye çalışıyorlar. Betim benzim attı, sinirden sapsarı oldum, sinirden patlayacağım.

Sarkoidoz (Besnier-Boeck hastalığı): Alana yapılan müdahale.

Sedef: Ayrılık, kayıp travması.

Sedef Romatizması: Ayrılık, kayıp, değersizlik bir arada.

Selülit: Bacaklarda değersizlik, suçluluk, başarısızlık. Bacakların görevini yapamaması, görsel olarak bacaklarını beğenmeme. Özellikle yağlı olmakla ilgili. Ben bir işe yaramam, zaten şişman ve çirkinim, bacaklarım şişman ve selülitli.

Seğirme: "Kal" gelme travması. Kaçamıyorum, savaşamıyorum o halde ölü taklidi yapmalıyım. Donakalmak, kaçamamak, savaşamamak, kurtulamamak, karar verememek. Seğirmeler iyileşme krizinin belirtisidir.

Serebral Palsi: Hamilelikte annenin yaşadığı bir travma olabilir. "Kal" gelme travması. Kaçamıyorum, savaşamıyorum o halde ölü taklidi yapmalıyım. Donakalmak, kaçamamak, savaşamamak, kurtulamamak, karar verememek.

Ses Kısılması: Söylemek istediğin şeyi söyleyememek. Alana yapılan müdahale. Yüksek korku. Söylenen bir sözden dolayı hissedilen suçluluk, pişmanlık.

Sese Karşı Aşırı Duyarlılık (mizofoni): Travma anındaki sesi travmayla eşleştirme ve sesten hoşlanmama.

Sırt Ağrısı: Değersizlik, suçluluk, başarısızlık. Destek görememe ya da rezil olma benzeri büyük değersizlik travmaları.

Sırt ve Omuz-Kas Hareketleri (motor nöron): Yeterince hızlı bir şekilde yana hamle yapamamak, kaçamamak, sıyrılamamak, donakalmak.

Siğil-Ayakta: İstemediği halde bir yerden ayrılmak zorunda kalmak. Ya da bir yeri terk etmek istemek. Yayınlarımızda bir kaç kez delikli çoraplardan utanmakla ilgili olduğunu da gördük.

Siğil-Elde: İstediği bir şeyi ellerinden kaçırmak ya da istediği şeye ulaşamamak, birisini kaybetmek, tutamamak.

Sinüzit: Koku travması.

Siğil-Cinsel Bölgede: Cinsellikle ilgili travma, terkedilme, aldatılma, istenmeyen cinsel ilişki, cinsel ilişkide pislik hissiyatı, cinsel taciz.

Siroz: Alana müdahale travması.

Sistit: Alana müdahale travması, kahpece konularla ilgili olarak sindirilemeyen öfke.

Sivilce: Belirli bir bölgeye yapılan fiziki ya da mecazi saldırı. Fiziki saldırılar bir tokattan yüze doğru yaşanan bir patlamaya kadar geniş yelpazeyi barındırabilir. Ya da mecazi saldırı hissiyatı da sivilceleri başlatabilir. Mesela yüze karşı yapılan kötü söz ya da kötü bir bakış da sivilceleri aktifleştirebilir. Mesela, yeterince çekici değilim benzeri düşünceler, başkalarının beğenmediği belirli bir yüz bölümüne bakışları, o bölümde sivilce çıkarabilir. Yüzde çıkma sebebi kimliğimizin en "eşsiz, bize özel yeri" olması. Travma bulunamazsa sivilcelere duyulan öfkeyi boşaltma ve sivilcelerle bilinçaltı seviyesinde barışma çalışması yapılabilir. Sırttaki sivilce; ihanet, arkadan saldırı, pislik hissi.

Siyatik: Değersizlik, suçluluk, başarısızlık. Kimlik, cinsel kimlik ve finansal konularda değersizlik, yetersizlik, başarısızlık.

Sjögren Sendromu: Görsel ayrılık travması. Görülmek istemek, görülmek istememek. Elde edememek, kurtulamamak. Yiyememek veya yemeye izinli olmamak.

Skolyoz: Değersizlik, suçluluk, başarısızlık. Aşağılanma, rezil olma. Yukarıdaysa çok temel değersizlik, daha aşağıdaysa kimlikle ilgili değersizlik, yardım görememe, tek başına bırakılma.

Spina Bifida: Sert bir hamilelik travması.

Sosyal Fobi: Cinsel utanma travması.

Ş

Şaşılık: Bir yere bakmaya izin verilmemek ya da bir yere baktığı için zarar görmek. Mesela kopya çeken biri dayak yediyse ya da gördüğü bir durumun yarattığı tehlikeyle şaşı olabilir.

Şeker Hastalığı: Bkz. Diyabet.

Şişkinlik-Gaz: Sindirilemeyen öfke.

Şişmanlık-Az Yiyerek: Birisini kaybetmek (anne-baba), taşınmak, okul-iş-şehir-ülke değiştirmek, ayrılmak, terk edilmek, yalnız kalmak, dışlanmak. Güçlü olmak, güçlü görünmek (makam doldurmak için, iyi bir anne olmak için, dayak yediğin için). Cinsel taciz, tecavüz (yaşadıklarını bir daha yaşamamak için çirkinleşmek).

Şişmanlık-Çok Yiyerek: Kendine duyduğun öfke, başkasına duyduğun öfke, bağımlılık ve koşullanma (belli bir saatte yemek, sevdiğin pastanenin önünden geçerken yemek vs.), bir olay olduktan sonra yemeye başladıysan o olayın travması (şişmanlamadan 6 ay-1 yıl öncesinde ne oldu). Bununla beraber insülin direnci, hashimoto, hipotiroid, polikistik over travmalarına da bakılmalı.

Şizofreni: Cinsel utanma travması. Önemli uyarı: Tüm psikoz vakalarında çalışma yapmak büyük riskler içerebilir. Zira kişinin özellikle de intihar eğiliminin olması, kendisine ya da bir başkasına şiddet gösterme ihtimali olması, çalışma sonrası dönemde çok zor bir süreç yaşanma ihtimalini ortaya çıkarıyor. Belirli ilaçlarla dengede olan bir duruma, tıpkı sakin bir arı kovanına çomak sokulması gibi bir etkisi olabilir. Böyle bir çalışma sadece yetkin kişiler tarafından gerçekleştirilmelidir. NeuroFormat ile bu sürece müdahale sadece tam teşekküllü, kişinin 24 saat kontrol edilebildiği, psikiyatrist denetimindeki özel kliniklerde gerçekleştirilebilir.

T

Takıntılar-OKB: Cinsel utanması travması.

Tansiyon: Bkz. Hipertansiyon.

Tat Alma Kaybı (agüzi): Tat duyusunun tehlikeli olarak algılanması. İstemediği bir şeyin tadına bakmak zorunda kalmak.

Tendonlar: Değersizlik, suçluluk, başarısızlık. Bulunduğu yere göre kemik ve kaslarla aynı travma teması geçerli.

Tendonit: Görüldüğü bölgeyle ilgili olarak değersizlik, yetersizlik, suçluluk, başarısızlık.

Tenisçi Dirseği: Kolla ilgili olarak değersizlik, yetersizlik, suçluluk, başarısızlık. Mesela kendini savunamamak, birisini tutamamak, ölümünü engelleyememek, kol kullanılan bir sporda başarısız olmak.

Tetik Parmak: Değersizlik, suçluluk, başarısızlık. Elleri ve parmakları kullanamama ile ilgili değersizlik, yetersizlik.

Terleme-Baş: Başa yapılan saldırı ya da başla ilgili bir pislik travması.

Terleme-Aşırı: Saldırı, pislik travması, iğrenme.

Terleme-El/Ayak: Pislikle ilgili travma, pis bir şeyi elleme ya da üstüne basma, kendini pislenmiş hissetme ya da cinsel travma da olabilir.

Testisler: Kayıp, ayrılık, ölüm, terk edilme travması. Baskın el kuralı geçerli.

Tikler: Cinsel utanma travması, rezil olma, donakalma.

Tinnitus: Bkz. Kulak çınlaması.

Tiroit-Bezler: Elde edememek, kurtulamamak (bkz: Temel Travmalar).

Tiroit-Kanallar: Kadınlar için güçsüzlük, âcizlik. Erkekler için önden gelen tehlike.

Tiroit Kanseri: Elde edememek, kurtulamamak.

Tırnak Yeme: Otorite altında ezilme ve cevap verememe, cinsel utanma travması. Çok sevilen birinden ayrılık, kayıp.

Topluluğa Konuşma Korkusu: Genellikle okul döneminde topluluk karşısında ya da sözlü sınavlarda başarısız olunan travmalar.

Topuklar: Yeterince hızlı olamamak, acil bir duruma yetişememek. Fiziksel bir hareketle ilgili ya da herhangi bir başka görevle ilgili yavaş kalmak.

Topuk Dikeni: Yeterince hızlı olamamak, acil bir duruma yetişememek. Fiziksel bir hareketle ilgili ya da herhangi bir başka görevle ilgili yavaş kalmak.

Tourette Sendromu-Tikler: Cinsel utanma travması, rezil olma, donakalma.

Trigeminal Nevralji: Çok şiddetli ayrılık ve acının (kendine ya da diğerine fiziksel acı çektirmek) bir arada olduğu travmalar. Ya ayrılık üzüntüsünü yaşayan ya da ayrılan kişi travma sırasında o fiziksel acıyı çekiyor olabilir. Ya da kişinin yüzüyle ilgili değersizlik, yetersizlik, başarısızlık, çirkinlik, suçluluk travmaları.

Tüberküloz: Tetikleyici travma organdan organa değişecektir. Akciğer tüberkülozu ölüm korkusu, böbrek tüberkülozu terk edilmek, ayrı kalmak. Karaciğer tüberkülozuysa açlık tehlikesi gibi...

U

Uçak Korkusu: Uçakta yaşanan korku ve tehlike, kapalı kalma korkusu, klostrofobi. Nadir de olsa bazen yükseklik korkusu.

Uçuk–Herpes: Dudak ile dokunmak isteyip dokunamamak. Dudakta temas kaybetme, birini ya da bir maddeyi (sigara, emzik) bırakmak zorunda kalmak. Cinsel organda, uzun süren cinsel ayrılık sonrası yeniden birleşmede çıkabilir.

Unutkanlık: Birisini kaybetmek veya çok acı çekmemek için travmayı ve yakın zamanları bloklamak. Cinsel travmalar da unutkanlıkla bloklanabilir.

Üretra Darlığı: Alana yapılan müdahale, kadınlarda cinsel rekabet travmaları.

Utangaçlık: Eğer çok yoğun bir seviyedeyse cinsel utanma travması. Hamilelik döneminde anne tarafından yaşanmış da olabilir. Daha az seviyedeyse yine hamilelikte yaşanan değersizlik, özgüvensizlik travmaları da olabilir. Eğer topluluk karşısındaysa, topluluk karşısında yaşanılan olaylarla ilgilidir. Mesela okulda topluluk karşısında yaşanan, utandıran bir olay.

Uyku Apnesi: Uykuda nefes alamama ya da uykuda nefes alamayan birisini görüp etkilenme. Uykuda ya da gece yaşanan travma, mesela alınan kötü bir haber.

Uykusuzluk: Uykuda ya da gece yaşanan travma, mesela alınan kötü bir haber.

Uyurgezerlik: Gece gerçekleşen çok kötü bir olay.

Ü

Ülser (mide): Alana yapılan müdahale.

Ürtiker: Kayıp, ayrılık travması.

Üşüme: Ayrılık travması. Ya da stres döneminde bir travmanın takılması, dolaşım bozulduğu için üşüme hissi hissediliyor. Veya soğuk bir ortamda yaşanan travma.

Üveit: Genelde sağ göz görmek istediğini görememek, görsel bir kayıp, ayrılıktır. Sol gözse görmek istemediğin bir manzarayla karşılaşmakla ilgilidir.

V

Vajinal Akıntı: Vajinal kuruluk travması. Cinsel ilişkiye girememek.

Vajinal Kuruluk: Cinsel ayrılık travması. Cinsel istek yüzünden suçlanma. Kadının partnerini cezalandırma isteği. Cinsellikle ilgili yasaklar.

Vajina Mukozası: Cinsel ilişkiye girememe ya da izin verilmeme travması, yanlış bir şey yapma duygusu.

Vajinal Mantar: O bölgeye ait pislik hissiyatı, cinsel saldırı.

Vajinal Siğiller: Cinsel ayrılık travması.

Vajinal Uçuk: Cinsel ayrılık travması.

Vajinismus: Cinsel taciz, babayla kavga, gerdek gecesi korkusu, doğum videosu izleyip korkma. Belirli bir erkeğe ya da tüm erkeklere çok ciddi öfke hissedilen bir travma.

Varikosel: Testislerdeki toplardamar varisidir. Cinsel değersizlik, yetersizlik, başarısızlık travmaları.

Varis: Bacaklarıyla ilgili değersizlik, başarısızlık mesela çirkinlik travması. Zorla bir yere gönderilmek, uzun süre atıl oturmaktan ya da ayakta bekletilmekten dolayı değersiz hissetmek.

Vertigo: Düşmek ya da başkasını düşerken görme, hayal etme. Sizi hiç etkilemediğini düşündüğünüz, hiç tanımadığınız kişilerin düşmeleri de olabilir. Depremde eşyaların düşmesi, araç devrilmesi, uçakta türbülansta düşme ya da uçağın düşme tehlikesine maruz kalmak gibi fiziksel düşmeler kadar mecazi düşmeler de geçerli olabilir. Mesela kişinin statü ya da maddi olarak düşmesi, sağlıklı birinin sağlığını kaybetmesi, yatalak olması da ihtimal olarak düşünülmelidir.

Vitiligo: Ayrılık travması, birisini kaybetme.

Vücut Kokusu: Kendini pislenmiş hissetme, iğrenme.

Y

Yağ Dokusu: Değersizlik, suçluluk, başarısızlık. Bulunduğu yere göre kemik ve kaslarla aynı travma teması geçerli.

Yalan Söyleme: Cinsel utanma travması.

Yılan Korkusu: Genellikle yılanı gerçek hayatta ya da televizyonda çok korkunç bir durumda görme benzeri travmaları kapsamaktadır. Çalışmalar kedi/köpek fobisinde yapıldığı gibi yapılabilir ama gerçek bir yılan yerine yılan videoları da tetiklemek ve çözmek için yeterli olabilmektedir.

Yol (Araba) Tutması: Zehirlenme travması.

Yüksek Ateş: Vücudun iyileşmekte olduğu anlamına gelmektedir.

Yumurtalıklar Kist ya da Kanser: Kayıp, ayrılık, ölüm, terk edilme travması. Baskın el kuralı geçerli.

Yüz Felci: Rezil olma, yüzü olmamak. Cinsel utanma travması. Savaşılamadığı ya da kaçılamadığı için ölü taklidi, düşman gidene kadar donma refleksi. Yüze yapılan bir hakaret karşısında kendini savunamama. Yapılan bir suçlama karşısında hissedilen büyük utanç. Yüzümü kaybettim. Beni rezil ettiler, rezil oldum. Ne yüzle insan içine çıkacağım...

Yüz Kızarması: Cinsel utanma travması.

Z

Zatürree: Alana yapılan müdahale ile ayrılık travmaları beraber düşünülmelidir. Ayrılık travması derken, terk edilmek veya tek başına kalmak, varlığının tehlikeye girmesi, sudan çıkmış balığa dönmek de olabilir.

Zona: Saldırı ya da pislik travması.

M. Barış Muslu'nun diğer kitapları

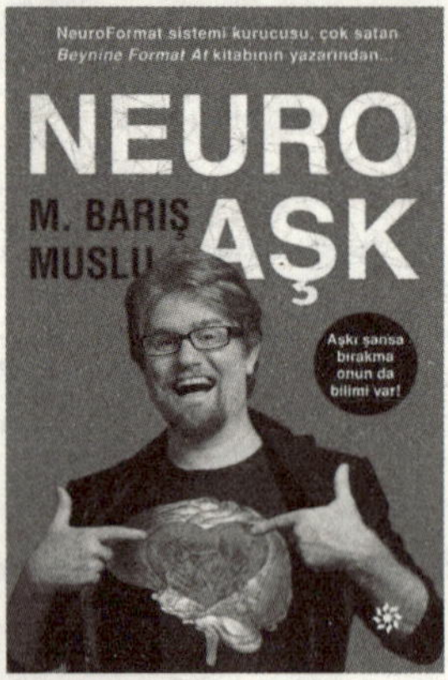